JULIAN HANNES
JAROW

Der Mensch ist böse
Wahre Kriminalgeschichten, wahre Abgründe

JULIAN HANNES
JAROW

Der Mensch ist böse

Wahre Kriminalgeschichten, wahre Abgründe

INHALT

JETZT WIRD'S GRUSELIG ...	6
IST DER MENSCH WIRKLICH BÖSE?	8
DAS HORRORHOTEL	20
VERMISST WIRD MADDIE MCCANN	36
UNSCHULDIG VERURTEILT?	74
UNMÖGLICHE FLUCHT	94
SPIEL BIS ZUM TOD	112
»IHR WERDET IHN NIEMALS FINDEN«	124
UNTER BEOBACHTUNG	142
DER RÄCHER	166
GEHEIMNISVOLLE DOPPELGÄNGERIN	184
DAS GROßE FEUER	202
TIGERELTERN	222
LETZTER FUNKSPRUCH	240
DER FALL REBECCA R.	254
PASST AUF EUCH AUF	284
IMPRESSUM	286

JETZT WIRD'S GRUSELIG ...

Das Geräusch des prasselnden Regens hatte fast etwas Beruhigendes. Rhythmisch schlugen die Tropfen auf den schwarzen Asphalt und bildeten immer größere Pfützen. Auf den sonst so belebten Straßen der Großstadt war niemand zu sehen oder zu hören. Nur eine junge Frau lief schnellen Schrittes durch die Gassen, die Kapuze ihrer Jacke tief ins Gesicht gezogen, um sich vor dem immer stärker werdenden Regen zu schützen. Sie kam von einer Party und hatte sich entschieden, das Geld fürs Taxi zu sparen und die 15 Minuten zu ihrem Wohnheim zu Fuß zu gehen. Ängstlich schaute sie sich an jeder Kreuzung um, doch die Gegend war wie ausgestorben. Die Autos standen still. Die Bars waren geschlossen. Keine Menschenseele weit und breit.

Das letzte Stück ihres Heimweges führte durch einen Park, der nur spärlich von Straßenlaternen beleuchtet wurde. Sie kannte den Ort gut, bei Tageslicht war er eine grüne Ader in den Häuserschluchten. Jetzt, bei Dunkelheit, jedoch wirkte alles ganz anders. Finster und bedrohlich. Sie dachte kurz daran, einen Umweg zu nehmen, entschied sich aber dagegen. Es würde keine drei Minuten dauern, den Park zu durchqueren. Und sie war einfach nur müde und wollte ins Bett.

Sie hielt ihr Handy ans Ohr und drückte eine Kurzwahltaste, die sie mit ihrer besten Freundin verbinden sollte. Sie wollte wenigstens eine Stimme bei sich haben, die sie auf diesem dunklen Weg begleitete. Aber es klingelte vergeblich. Also steckte sich die Frau ihre Kopfhörer ins Ohr, um etwas Musik zu hören.

Sie sah ihn weder, noch hörte sie ihn kommen. Er dagegen hatte sie schon von Weitem beobachtet. Hatte sich versteckt. Ihr aufgelauert wie ein Jäger seiner Beute. Und sich dann herangepirscht. Die Dunkelheit war seine Verbündete. Es war eine Sache von Sekunden. Wie aus dem Nichts presste er das Tuch auf ihr Gesicht. Sie war viel zu überrascht, um sich zu wehren. Hilflos zappelte sie ein letztes Mal, konnte gerade so realisieren, was passiert war, da wirkte bereits das Chloroform...

VORWORT

Diese fiktive Geschichte gibt wieder, wie wir uns ein Verbrechen vorstellen: Es findet nachts statt, im Dunkeln, an einem einsamen Ort. So kennen wir Morde aus Filmen und Serien. Und deswegen hat man manchmal den Eindruck, hinter jeder Ecke lauere ein Serienmörder, ein Psychopath oder Killer. Die Wahrheit jedoch ist eine andere.

Die größte Gefahr, ermordet zu werden, erwartet euch nicht draußen. Der Killer lauert nicht in einem dunklen Park, nicht in einer nächtlichen Großstadtgasse und nicht in einem düsteren Wald. Geht man nach den Statistiken, ist der Mörder auch kein geheimnisvoller Unbekannter, kein Phantom oder Serienkiller. Es ist der eigene Partner, der Nachbar oder der beste Freund. Jemand, den wir kennen. Denn Menschen, denen wir vertrauen, von denen wir ganz fest denken, dass sie uns niemals ein Leid zufügen, sind die, die genau das am ehesten tun würden. Der Tatort ist das Schlafzimmer, die Küche oder der Garten – Orte also, an denen wir uns eigentlich sicher und beschützt fühlen.

Jeder noch so gute Mensch hat eine böse Seite an sich und manche Experten behaupten sogar, dass unter den entsprechenden Umständen jeder zum Mörder werden könnte. In diesem Buch beschreibe ich 13 spektakuläre echte Kriminalfälle, von denen einige niemals aufgeklärt wurden. Ein paar davon zeigen die schlimmsten menschlichen Abgründe auf und in nicht wenigen findet sich der Täter im nächsten Umfeld des Opfers. Eine Mutter entführt ihr eigenes Kind. Ein charmanter Arzt baut ein Hotel voller Geheimgänge, in dem er grausam mordet. Ein Mädchen engagiert Auftragskiller für ihre eigenen Eltern...

Bei drei der ominösen Fälle hat mir der erfahrene Kriminal- und Geheimdienstanalyst Mark T. Hofmann seine Sicht der Dinge geschildert. Von ihm stammt auch das erste Kapitel, in dem er über die Arbeit als Profiler schreibt und darüber, was einen Psychopathen von anderen Verbrechern unterscheidet.

Bist du bereit, in die Schattenseiten unserer Welt einzutauchen? Dann wünsche ich dir viel Spaß beim Lesen! Nur noch ein kleiner Tipp: Lies es nicht unbedingt nachts alleine zu Hause.

IST DER MENSCH WIRKLICH BÖSE?

»Wenn du lange in einen Abgrund blickst, blickt der Abgrund auch in dich hinein.«

Friedrich Nietzsche

Die Aufgabe eines guten Profilers ist es, das Verbrechen mit den Augen des Täters zu sehen: Zu spüren, was der Täter spürt. Zu sehen, was der Täter sieht. Zu denken, was der Täter denkt. Es erfordert wahre Empathie, sich in Menschen und Taten zu versetzen, für die man eigentlich nur Verachtung empfindet. Das Böse hat etwas Abschreckendes und Faszinierendes zugleich.

Ich hatte die Gelegenheit, zahlreiche Interviews mit solchen Menschen zu führen, die die meisten nur aus Krimis kennen – vom Serienmörder bis zum funktionellen Psychopathen in der Wirtschaft. Dennoch kennen weder Profiler noch Analysten oder Kriminologen die genaue Formel für das, was einen Menschen zum Mörder macht. Sonst wüsste man wahrscheinlich auch, wie man Morde verhindert. Zumindest aber können wir aufgrund der aktuellen Forschung und aus zahlreichen Befragungen sagen, was Mord wahrscheinlich macht.

Wir haben oft nur eine Erklärung für Mörder: Die sind einfach böse! Aber ist das wirklich so? Wird jede böse Tat von einem bösen Menschen verübt? Oder können auch gute Menschen Böses tun? Wie wird ein Mensch zum Mörder? Kann jeder dazu werden? Oder noch präziser: Könnten Sie zum Mörder werden? Um diese Fragen zu beantworten, müssen wir einen kurzen Blick in den Kopf der Täter werfen – und in Ihren.

Psychopathen

Auch wenn das, was böse ist, immer im Auge des Betrachters liegt, gibt es doch Menschen, die dem, was die meisten als böse bezeichnen, am nächsten kommen: Psychopathen. Ihre Wesensmerkmale: ein flaches Gefühlsleben, keine echte Empathie und manipulatives Verhalten.

Ob ein Mensch psychopathisch ist, wird wissenschaftlich meist auf einer Skala von 0 bis 40 gemessen – wobei man ab etwa 30 Punkten von Psychopathie spricht. Psychopathie ist also keine Schwarz-Weiß-Kategorie, sondern eine fortlaufende Skala – und wir alle befinden uns auf dieser Skala irgendwo zwischen 0 und 40 Punkten.

Psychopathen sind nicht verrückt im klassischen Sinne. Sie wissen, was sie tun, sind klar orientiert im Hier und Jetzt und haben oft ein auffallendes Charisma. Psychopathen wirken nicht selten sympathisch und charmant und können Empathie oft täuschend echt nachspielen – eine Eigenschaft, die als Mask of Sanity[1], also »Maske der Vernunft«, bezeichnet wird. Robert D. Hare, einer der führenden Forscher auf dem Gebiet, beschreibt Psychopathen als geistreich und wortgewandt mit einer chamäleonartigen Anpassungsfähigkeit.[2] Ein exzellentes Beispiel für so ein »Schauspiel« ist das letzte Interview des Serienmörders Ted Bundy, das bis heute auf YouTube zu finden ist.

Ein Prozent aller Menschen sind das, was die Psychologie als Psychopathen bezeichnet. Dieser Begriff ist, auch wenn er klingt, als stamme er aus einem Thriller, die wissenschaftlich korrekte Bezeichnung für dieses Persönlichkeitsprofil. Soziopathie und die antisoziale Persönlichkeitsstörung sind nicht gleichbedeutend. Ein Prozent: Das mag wenig klingen, bedeutet aber auch, dass jeder von uns zumindest einen Psychopathen kennt und jedes große Unternehmen ein paar davon beschäftigt. In manchen Branchen und Berufsgruppen liegt die Psychopathiequote sogar

---

1 Hervey Cleckley, The Mask of Sanity, An Attempt to Clarify Some Issues about the So-Called Psychopathic Personality, 1950
2 Robert D. Hare, Gewissenlos: Die Psychopathen unter uns, 2005, S. 2–30

deutlich höher: Zu den drei »Topgruppen« zählen Geschäftsführer, Anwälte und Medienleute, insbesondere aus TV und Radio.[3]

Vielleicht fragen Sie sich jetzt, wie ein Psychopath Geschäftsführer werden kann? Sind Psychopathen ohne Gewissen und Empathie nicht zwangsläufig kriminell? Nun, das grundlegende Profil bei Psychopathen ist immer ähnlich: flaches Gefühlsleben, Empathielosigkeit, kein Gewissen. So gut wie immer haben diese Menschen Freude daran, Macht auszuleben und sich das zu nehmen, was sie wollen. Allerdings ist der Modus Operandi, also die Art, wie das Motiv befriedigt wird, unterschiedlich. Ein Versager, der weder in der Schule noch im Beruf oder bei Frauen jemals erfolgreich war, braucht ein Messer in der Hand, um ein einziges Mal in seinem Leben ein Machtgefühl über einen Menschen auszuleben. Wer dagegen in Harvard studiert hat, findet im Leben andere Wege, sein Machtgefühl über Menschen ohne physische Gewalt auszuleben.

Ich selbst begegnete Serienmördern das erste Mal in einem Gefängnis in Palm Beach, einer kleinen Stadt in Florida, wo auch Donald Trump gerne Urlaub macht. Die meisten von ihnen sind keine cleveren Masterminds. Wir sollten diese Killer also nicht geheimnisvoller oder interessanter machen, als sie sind. Oder um es deutlicher zu sagen: Nur die Versager morden, die Cleveren gehen eher in die Wirtschaft.

Nicht alle Psychopathen sind also kriminell – genauso wie nicht alle Kriminellen Psychopathen sind. In Gefängnissen liegt der Psychopathenanteil bei etwa 20 Prozent.[4] Das ist deutlich höher als in der Normalbevölkerung, aber immer noch weit entfernt von 100 Prozent. Dieses eine Fünftel der Insassen ist jedoch für besonders viele und besonders schwere Gewalttaten verantwortlich. In Nordamerika zum Beispiel geht rund die Hälfte der schweren Gewaltkriminalität auf Psychopathen zurück.[5]

---

3 Kevin Dutton, Psychopathen: Was man von Heiligen, Anwälten und Serienmördern lernen kann, 2013, S. 202
4 Robert D. Hare, Gewissenlos: Die Psychopathen unter uns, 2005, S. 76
5 ebd.

Psychopathen sind blind für Gefühle

Will man verstehen, warum ein Mensch mordet und was Mörder unterscheidet, ist Psychopathie ohne Zweifel ein wesentlicher Faktor in der Mordformel. Betrachtet man die typischen Mordmotive, wie verletzter Selbstwert, Habgier und Rache, sind diese gar nicht so unmenschlich. Wir alle hätten doch gerne einen Groschen mehr in der Tasche oder waren schon einmal wütend auf den Ex-Partner, die Ex-Partnerin. Die Motive hätten wir also, wir morden aber deswegen nicht.

Anstatt danach zu suchen, was Mörder haben, das uns fehlt, muss man die Frage daher eher umdrehen: Was haben wir, das vielen Mördern (und insbesondere den Psychopathen) fehlt? Wir haben Empathie, ein Gewissen und ein funktionierendes Gefühlsleben. Wir übernehmen Verantwortung, können unsere Impulse kontrollieren und sind clever genug, die Konsequenzen unseres Handelns (wie zum Beispiel 15 Jahre Gefängnis) vorher abzusehen. Kriminelle Psychopathen dagegen übernehmen keine Verantwortung und handeln impulsiv, ohne vorher über die Konsequenzen nachzudenken.

Meine Faszination für das Böse ist bis heute ungebrochen. Mir ist jedoch klar geworden, dass ich die cleveren Psychopathen eher an der Wallstreet suchen muss als im Gefängnis. Um Psychopathie umfassend zu verstehen, musste ich also nicht nur Interviews mit Kriminellen führen, sondern auch mit sogenannten funktionellen Psychopathen aus der Wirtschaft. Dazu waren unzählige anonyme Apps, viel Überzeugungskraft und jede Menge Geduld nötig.

Am meisten fasziniert mich die völlige »Blindheit« für Gefühle. Manche Psychopathen sagten mir, sie hätten Gefühle, obwohl nichts aus dem Gespräch darauf hindeutete. Auf die Frage, was genau Trauer sei, antwortete mir zum Beispiel eine junge Dame: »Trauer ist zum Beispiel, wenn man den Bus verpasst.« Ein Naturwissenschaftler, der anonym mit mir sprach, beschrieb Liebe als »einen sich annulierenden Adrenalinpegel«. Und keiner meiner Probanden konnte mir den Unterschied zwischen Glück und Liebe erklären. Stattdessen lernen Psychopathen Gefühle oft wie Vokabeln: Auf Beerdigungen muss man traurig sein und über Geschenke muss man sich freuen. Sobald man jedoch nach den feinen Schattierungen der Emotionen fragt, wird die Luft sehr, sehr dünn.

Born or made?

Wenn wir über Mord, das Böse und Menschen wie Adolf Hitler sprechen, wird eine Frage immer wieder gestellt: Werden diese Menschen so geboren oder sind sie im Lauf ihres Lebens zu dem geworden, was sie sind und waren? Oder wie man in Amerika kurz und knapp fragt: »Born or made?«

In einer TV-Doku zum Thema Pädophilie wurde einmal ein Sexualmediziner mit der Frage konfrontiert, warum Menschen pädophil sind. Er gab darauf die beste Antwort, die ich bis dato gehört habe: Das hat biopsychosoziale Gründe – was in meinen Augen die wahrscheinlich cleverste Art ist zu sagen, dass wir keine Ahnung haben, wo es herkommt.

Bei Psychopathie ist die Antwort ähnlich ernüchternd: Zwillingsstudien und Gehirnscans zeigen, dass es gewisse biologische und genetische Veranlagungen gibt. Ich halte es jedoch für gefährlich, diese genetischen Faktoren zu stark hervorzuheben, weil es die Täter in gewisser Weise von ihrer Schuld freispricht. Wenn sie so geboren sind, können sie ja nichts dafür. Das ist jedoch falsch! Um noch einmal auf das Beispiel der Pädophilie zurückzukommen: Die betroffenen Menschen können zwar nichts dafür, was sie sexuell anziehend finden. Sie können aber sehr wohl etwas für ihre Taten.

Bei manchen Serienmördern lassen sich erstaunliche Parallelen in der Kindheit entdecken. Viele berichten zum Beispiel, dass sie als Kind zugesehen haben, wie Tiere geschlachtet wurden, und sehen darin eine Art Schlüsselerlebnis. Solche Faktoren alleine sind jedoch keine Erklärung. Tausende andere Kinder, die ebenfalls bei einer Schlachtung dabei waren, führen ein völlig normales Leben. Es muss also eine ganz bestimmte Person mit ganz bestimmten Genen ein ganz bestimmtes Schlüsselerlebnis machen. Es ist ein Zusammenspiel biologischer, psychischer und sozialer Faktoren – und die exakte Formel ist bislang nicht bekannt.

Ein fundamentaler Denkfehler

Wenn wir die Frage stellen, warum Menschen morden, fokussieren wir uns auf zwei Möglichkeiten: Entweder sie sind böse geboren oder sie sind böse geworden. Auf jeden Fall aber steht außer Zweifel, dass die Ursache in der Person liegt.

Mit so einem Menschen muss einfach irgendetwas nicht stimmen. Wer Böses tut, muss böse sein. Was wir dabei eindeutig unterschätzen, ist die Macht der Umstände. Und dieser Denkfehler ist solchermaßen typisch und gravierend, dass er in der Psychologie einen eigenen Namen erhalten hat: fundamentaler Attributionsfehler.

Wir neigen dazu, die Ursache einer Handlung immer in der Person zu sehen, die sie ausübt: Jemand fährt nicht los, obwohl die Ampel grün ist? Sonntagsfahrer! Die Rezeptionistin lächelt nicht? Arrogant! Jemand schreit am Flughafen rum? Aggressiver Choleriker! Alles eine Sache der Persönlichkeit.

Aber stellen Sie sich vor, jemand würde mir nur zwei Situationen aus Ihrem Leben erzählen: eine, in der Sie einen Fehler gemacht haben, und eine, in der Sie wütend waren. Das Profil, das ich daraufhin von Ihnen erstellen würde, lautet: dumm und aggressiv. Wahrscheinlich würden Sie sofort widersprechen und erklären, dass das ja zwei Ausnahmesituationen waren. Sie würden erklären, wie es dazu kam, was die Vorgeschichte war, warum das passieren konnte. Wie Sie normalerweise sind, welche Personen involviert waren und was die vorher gemacht oder gesagt haben. Was danach passiert ist ...

Bei uns selbst sehen wir durchaus die Komplexität hinter dem, was wir tun. Bei anderen dagegen sehen wir nur das Ergebnis ihrer Handlungen, nicht, wie es dazu kam.

Extremsituationen

Wenn ein Prozent aller Menschen Psychopathen sind, heißt das auch, dass 99 Prozent aller Menschen keine Psychopathen sind. In vielen Fällen liegt die Lösung, um zu verstehen, warum Menschen töten, also gar nicht im Kopf der Täter, sondern in der Situation. Auch gute Menschen können Böses tun, sofern sie in Extremsituationen geraten.

Der Psychologe Kurt Lewin hat eine gute Formel gefunden, um menschliches Verhalten zu erklären: Verhalten = Person x Umwelt. Um Verhalten zu analysieren, muss man also die Person und die Situation kennen.

Anfang 2017 stach in England die 34-jährige Diane C. mit einem Messer auf ihren Freund ein, weil er ihre Pommes gegessen hatte.[6] Man weiß nicht genau, ob man lachen oder weinen soll, wenn man so eine Geschichte hört. Tatsache aber ist: Manche Personen haben ein so hohes Gewaltpotenzial, dass schon kleinste Provokationen der Umwelt zu einem Gewaltexzess führen können. Immer wieder gibt es Meldungen von schweren Körperverletzungen und Morden wegen eines falschen Blickes, einer Beleidigung, lächerlich kleinen Geldbeträgen – oder eben auch Pommes frites. In diesen Fällen sind die Psychopathiewerte wahrscheinlich höher als gewöhnlich. Zumindest der Aspekt »Impulskontrolle« scheint nicht gegeben zu sein.

Es gibt aber auch wirkliche Extremsituationen, die selbst friedliche Menschen aggressiv machen können. Ein kleines Gedankenexperiment: Ich nehme an, dass Sie nicht wegen ein paar Pommes auf jemanden einstechen würden. Aber wie sieht es aus, wenn Sie Ihren Partner oder Ihre Partnerin beim Fremdgehen erwischen würden? Können Sie auch hier sicher sagen, dass Sie ruhig und besonnen reagieren würden? Was wäre, wenn Ihr Kind Opfer von sexuellem Missbrauch geworden wäre und Sie dem Täter vor Gericht begegnen würden? Das freche Grinsen auf dem Flur brächte Sie vermutlich bereits innerlich zum Kochen.

---

6 https://www.focus.de/panorama/welt/futterneid-fuehrt-zu-koerperverlet-zung-frau-in-england-verletzt-freund-mit-messer_id_6463223.html

Aber was, wenn er auch noch stolz auf seine Taten wäre und Ihnen wortwörtlich ins Gesicht spucken würde? Könnten Sie dann immer noch sicher Ihre Reaktion vorhersagen?

Ich will das Töten eines Menschen in keiner Weise rechtfertigen und Selbstjustiz nicht verteidigen. Manchmal liegt die Erklärung für eine böse Tat aber nicht in der Person, sondern in der Situation. Wir wissen zum Beispiel, dass Menschen in der Geschichte immer wieder zu Kannibalismus neigten, wenn die Alternative die war zu verhungern. Die Situation muss nur extrem genug sein, damit auch ganz normale Menschen Dinge tun, die sie sonst nie tun würden.

Kann also jeder Mensch zum Mörder werden? Diese Frage beantworten Experten unterschiedlich. Ich persönlich würde sagen: Nein, nicht jeder, aber wahrscheinlich die Mehrheit – wenn die Umstände extrem genug sind. Ich glaube aber auch, dass es Menschen gibt, die niemals töten würden – egal, in welche Situation sie kommen, und egal, was passiert. Andere hingegen würden wegen einer Pommes töten. Profiling bedeutet, Details zu beobachten, rückwärts zu denken und Motive herauszufinden. Wir sollten Verhalten immer im Kontext sehen, im Sinne der Formel: Person x Situation.

Blinder Gehorsam

Wohl kaum ein Versuch in der Psychologie wurde so berühmt wie die Gehorsamkeitsexperimente von Stanley Milgram. Auch wenn seine Gehorsamkeitsexperimente heute umstritten sind und die Ergebnisse teils anders interpretiert werden, wurden die wesentlichen Erkenntnisse doch immer wieder bestätigt. Was war das für ein Experiment?

Stellen Sie sich vor, Sie betreten ein Versuchslabor. Ein Versuchsleiter kommt auf Sie zu und begrüßt Sie. Er trägt einen weißen Kittel und hat einen festen Händedruck. Er erklärt Ihnen, dass es in dem Experiment um das Thema Gedächtnis und Bestrafung gehen soll. Es gibt zwei Teilnehmer. Sie bekommen die Rolle des Lehrers zugewiesen, eine andere Person nimmt die

Rolle des Schülers ein. Der Schüler wird in einen Nebenraum gebracht, wo Sie ihn zwar nicht mehr sehen, aber immer noch gut hören können. Er wird dort an einen Elektroschocker angeschlossen – und Sie sitzen an den Schaltern, um die Elektroschocks auszulösen. Der Versuchsleiter erklärt Ihnen, dass der Schüler gleich Aufgaben bekommt. Wenn er einen Fehler macht, sollen Sie ihm einen Schock verpassen – und dabei die Stärke der Elektroschocks bei jedem Fehler steigern.

Es geht los, der erste Fehler passiert und Sie lösen einen kleinen Schock von etwa 15 Volt aus. Die Fehler werden immer mehr, die Schocks immer stärker. Sie werden nervös, der Schweiß steht Ihnen auf der Stirn. 75 Volt, Sie hören den Schüler bereits deutlich leiden. Der Versuchsleiter jedoch erklärt, Sie müssen weitermachen. 120 Volt: Sie hören laute Schmerzensschreie aus dem Nebenraum. Fragend sehen Sie zum Versuchsleiter, aber der meint, es ist wichtig, dass Sie weitermachen. 150 Volt: Der Schüler will abbrechen. 200 Volt: laute Schreie, die Ihnen das Blut in den Adern gefrieren lassen. 300 Volt: Der Schüler trommelt gegen die Wand des Raums. 315 Volt: Er schreit und trommelt nochmals gegen die Wand. 330 Volt: Stille. Sie hören nichts mehr. Keine Antwort, keine Schreie. Haben Sie die andere Person getötet? Der Versuchsleiter aber bittet Sie immer noch, weiterzumachen und die Stärke der Schocks zu erhöhen…

So hätte es sich abgespielt, wenn Sie einer der 40 Teilnehmer des ursprünglichen Experiments gewesen wären – zumindest aus Ihrer Sicht. Aber keine Sorge, in diesem Experiment wurde niemand wirklich verletzt: Der Schüler und der Versuchsleiter waren Schauspieler. Es gab keine echten Schocks, alles war nur Inszenierung. Das Experiment war wie ein Theaterstück, der Einzige, der nicht eingeweiht war, war derjenige, der die Schocks verpasste. Es ging auch nicht um das Thema Gedächtnis. Es ging darum, herauszufinden, wie weit die Probanden gehen. Wann würden sie abbrechen? Wann würden sie sich weigern weiterzumachen?

Wahrscheinlich werden Sie jetzt sagen, dass Sie nie bis über 300 Volt gegangen wären. Dass Sie spätestens beim ersten Schrei abgebrochen hätten. Die Ergebnisse der Studie zeigen aber etwas anderes: Von den 40 Teilnehmern haben nur 14 das Experiment vor dem stärksten Schock abgebrochen. Die meisten Menschen gehen immer weiter und weiter und weiter – nur weil eine scheinbare Autorität das befiehlt.

Aber ist es so einfach? Kann man durchschnittliche Personen in einem so simplen Experiment zu Mördern machen? Wie schon gesagt, wurde der Versuch oft kritisiert. Seine wesentlichen Ergebnisse aber werden immer wieder bestätigt.

Der Luzifer-Effekt

Dass normale Menschen durchaus im Stande sind, Böses zu tun, hat auch der Forscher Philip Zimbardo in seinem berühmten Stanford-Prison-Experiment herausgefunden, das trotz Kritik bis heute die Psychologie und Kriminologie prägt. Zimbardo hatte den Keller der Universität zu einem Gefängnis umgebaut und seine Studenten in Gefängnisinsassen und -wärter eingeteilt. Das Experiment eskalierte jedoch und musste bereits nach sechs Tagen abgebrochen werden, weil die Wärter zu grausam wurden.

Dass Menschen unter bestimmten Umständen immer abscheulichere Taten begehen, nannte Zimbardo den Luzifer-Effekt. Eine der Erklärungen dafür haben Sie bereits gehört: Es ist der Gehorsamkeit gegenüber Autoritäten. Es sind aber noch zwei weitere psychologische Phänomene von zentraler Bedeutung, damit gute Menschen Böses tun. Das erste: Sie sehen sich nicht mehr als Individuen, sondern als Teil einer Gruppe (Deindividuation), wodurch sich die Verantwortung zerstreut. Das zweite: Sie sehen ihre Opfer nicht mehr als einzelne Menschen, sondern als »die Häftlinge«, »die Juden« oder »die Ungläubigen« (Dehumanisierung).

Was bleibt?

Extremsituationen, Autoritätsgehorsam und der Luzifer-Effekt sind Beispiele für die Macht der Umstände, die wir oft unterschätzen. Die Ursachen für Psychopathie, Gewalt und böse Taten sind deswegen schwer zu definieren: Es ist ein Mix aus biologischen, genetischen, psychischen und sozialen Faktoren. Das mag unbefriedigend klingen, aber zumindest grundlegend können wir so die Fragen zu Beginn des Kapitels beantworten:

- Wird jede böse Tat von bösen Menschen verübt? Nein.
- Können auch gute Menschen Böses tun? Definitiv.
- Wie wird ein Mensch zum Mörder? Biopsychosoziale Faktoren + die Macht der Umstände (Person x Situation).
- Kann jeder zum Mörder werden? Vielleicht nicht jeder, aber die meisten.
- Könnten Sie zum Mörder werden? In Extremsituationen wahrscheinlich ja. Aber egal, mit welchen Voraussetzungen Sie geboren sind und in welche Situation Sie geraten: Sie haben immer eine Wahl.

Nun viel Spaß mit einigen der spannendsten gelösten und ungelösten Kriminalfälle. Sie wurden (noch) nicht aufgeklärt, weil sie schwierig sind, weil die Beweislage dünn ist und die Antwort unklar. Haben wir es mit skrupellosen Psychopathen zu tun? Oder ist der Täter der verzweifelte Familienvater? Julian Hannes hat einen bemerkenswerten Blick für Details, stellt die richtigen Fragen und rekonstruiert die Ermittlungen lebhaft und spannend.

Mark T. Hofmann,
Kriminal- und Geheimdienstanalyst (Profiler)

Mark T. Hofmann ist Kriminal- & Geheimdienstanalyst (Profiler), spezialisiert auf psychologische Techniken. Er hat Organisationspsychologie studiert und wurde in den USA in Profiling- & Geheimdiensttechniken ausgebildet und staatlich zertifiziert.

Er ist bereits in jungen Jahren einer der führenden Experten seines Metiers und gefragter Gastredner auf Firmenevents, Galas und Kongressen. Zu seinen Kunden zählen Unternehmen jeder Größe, Behörden & Topverhandler im Wirtschafts- & Sicherheitsbereich.

www.mark-thorben-hofmann.de

DAS
HORRORHOTEL

Ein Mann errichtet seine eigene
Burg — samt Geheimgängen,
Falltüren und Folterkammern.
In ihr lässt er vor allem junge
Frauen übernachten, die danach
spurlos verschwinden. Er ist
geschickt, lange kommt ihm
niemand auf die Schliche. Doch
mit der Zeit wird er gieriger
und beginnt, Fehler zu machen...

Ein Hotel ist ein Ort, an dem man sich wohlfühlen soll – zumindest für eine kurze Zeit. Wie bei allem im Leben gibt es aber auch hier große Unterschiede. Zwischen tristen, standardisierten Businesshotels in der Großstadt und tropischen Luxusresorts an weißen Traumstränden liegen natürlich Welten, aber im Grunde haben sie den gleichen Zweck: Sie sollen uns an einem fremden Platz ein Zuhause bieten. Einen Rückzugsort, auch wenn es nur ein Zimmer mit einer Nummer ist, das wir mit einer Chipkarte öffnen.

Viele Geschäftsreisende mögen diesen nüchternen Stil, andere beklagen die oft unpersönlichen und austauschbaren Räume, in denen mit etwas Glück vielleicht gerade mal ein Stückchen Schokolade als Willkommensgruß auf dem frisch bezogenen Bett liegt. Viele Hotels versuchen daher dagegenzuhalten und ihren Gästen den Aufenthalt so angenehm und persönlich wie nur möglich zu gestalten.

In Chicago, der drittgrößten Stadt der USA, gibt es heutzutage für jeden Reisenden die passende Unterkunft: Während Backpacker ganz zentral in preiswerten Hostels mit Mehrbettzimmern übernachten können, existieren für die »Upperclass« unweit der Promenade des berühmten Lake Michigan feinste Nobelherbergen.

In Zeiten wie jetzt, in denen die Konkurrenz groß ist und jeder empörte Gast seine Meinung per Google-Rezension in den Weiten des Internets kundtun kann, müssen sich die Betreiber anstrengen mitzuhalten. Jeder Skandal, jede Unachtsamkeit gegenüber einem Gast kann schon Sekunden später über Social Media kommuniziert werden und dem Haus einen schweren finanziellen Schaden zufügen.

Das war nicht immer so. Es gab Zeiten, da konnten Hoteliers in Chicago abseits von Meldepflichten und dem Druck der öffentlichen Meinung schalten und walten. Einer von ihnen nutzte diesen Umstand gnadenlos aus. Seine Name: H. H. Holmes, besser bekannt als der »Teufel von Chicago«.

WIE ALLES BEGANN

Wenn man Serienmörder analysiert, fällt in vielen Fällen schnell auf, dass der Schlüssel zu ihren grausamen Taten in der Kindheit liegt. Nicht wenige probieren das Töten schon als Kinder aus, wenn auch nicht an Menschen, sondern an Tieren. Die meist wehrlosen Geschöpfe stellen, so abscheulich das auch klingen mag, für die angehenden Mörder die perfekten Versuchskaninchen dar. Sie können zum ersten Mal spüren, wie es ist, ein Leben auszulöschen – ohne direkt Konsequenzen fürchten zu müssen. Und haben sie sich genug an Tieren erprobt, setzen sie ihre Serie an Menschen fort.

Holmes erblickte am 16. Mai des Jahres 1861 das Licht der Welt. Er war das dritte von fünf Kindern einer Bauernfamilie und sein richtiger Name lautete Herman Webster Mudgett. Seine Eltern betrieben eine kleine Farm in Gilmanton im US-Bundesstaat New Hampshire. Ihre Vorfahren stammten aus England und sollen sich als eine der ersten Auswanderer dort an der Nordostküste niedergelassen haben.

Holmes' Eltern verfolgen eine strikte, autoritäre Erziehung, der Vater setzte den Rohrstock öfter ein als das Herz. Gewalt gegenüber den Kindern war an der Tagesordnung, und wenn überhaupt, war es meist die Mutter, die mal etwas Herzlichkeit in die kalte Welt des kleinen Jungen brachte.

Herman emanzipierte sich schnell von seiner Familie. Schon als kleiner Junge stahl er sich während der Hofarbeiten gerne mal davon, um im Verborgenen seinem Hobby nachzugehen. Er stellte Fallen in der Umgebung der Farm auf, um kleine herumstreunende Tiere zu fangen. War er erfolgreich, tötete, zerlegte und sezierte er die Tierchen mit chirurgischer Präzision. Angeblich soll er die sie davor auch noch grausam gefoltert haben. Belegt ist dies jedoch nicht.

Der kleine Herman hatte aber auch noch ein weiteres, weniger grausames Hobby. Er erfand nützliche Gegenstände – durchaus auch zum Wohl seiner Familie. Für die Farm entwickelte er zum Beispiel ein Gerät, das durchgehend ein so schreckliches Geräusch erzeugte, dass es die Vögel von den Feldern fernhielt.

Mit 16 beendete Herman die Highschool und ging an die Universität in Vermont, nahe der kanadischen Grenze. Noch davor heiratete er im zarten Alter von 17 Jahren Clara Lovering, ein Mädchen aus gutem Elternhaus, das etwas Geld mit in die Beziehung brachte. Geld, das Herman Mudgett gut gebrauchen konnte, denn er hatte in seinem Leben eine Menge vor. Bald schon wechselte er enttäuscht die Universität und begann in Michigan Medizin zu studieren, seine wahre Leidenschaft. Das Leben als Student war teuer. Zwar konnte seine Frau einen Teil des Geldes stellen, den Rest aber musste Herman selbst verdienen. Er war jedoch schon immer kreativ, wenn es darum ging, an Geld zu kommen – und seine Welt spielte sich meist jenseits des Legalen ab. Zunächst verdingte er sich als Lehrer und jobbte als Wärter in einem Irrenhaus, später wechselte er in ein dreckigeres Handwerk. Es war die Zeit der aufkommenden Humanmedizin, viele Wissenschaftler und Ärzte brauchten, um in der Forschung voranzukommen, frische Leichen, an denen sie arbeiten und forschen konnten. Weil sich die feinen Professoren und Doktoranden ungern selbst die Finger schmutzig machten, erledigten Leute wie Herman Mudgett die Drecksarbeit für sie: Sie gruben frisch bestattete Leichen auf Friedhöfen aus und bekamen dafür Geld. Das Ganze war durchaus ein lohnendes Geschäft und eine Arbeit, die Herman Mudgett gerne machte, denn der Tod hatte für ihn schon immer etwas Faszinierendes. Nebenbei betrog er noch Versicherungen und verdiente sich so etwas dazu.

Nach Jahren des anstrengenden Studiums machte er 1884 endlich seinen Abschluss in Medizin. Er war kein brillanter Schüler gewesen, aber durchschnittlich begabt und mit dem nötigen Ehrgeiz ausgestattet, die Prüfungen zu bestehen. Nun konnte er offiziell als Arzt tätig werden. Seine Frau Clara war längst zurück nach New Hampshire gezogen. Das gemeinsame Kind hatte sie mitgenommen. Mitbewohner der beiden sagten später, Herman hätte sie nicht gut behandelt und wäre hin und wieder auch gewalttätig geworden. Später sollte Clara sagen, sie hätte ihren Mann nie wirklich gekannt – und damit recht behalten.

Wann genau Herman Mudgett anfing zu morden, lässt sich nicht zweifelsfrei belegen. Nach seinem Abschluss reiste er erst einmal umher, lebte zwischenzeitlich in einer kleinen Stadt im Bundesstaat New York. Als ein Junge in der Kleinstadt spurlos verschwand, galt er als Verdächtiger, weil er mit dem Kind gesehen worden war. Er tauchte daraufhin unter und zog in eine andere Stadt. Vielleicht war der Junge eines seiner ersten Opfer?

Später jobbte Herman als Apotheker in Philadelphia, doch auch dort wurde er zur Flucht gezwungen. Ein kleiner Junge kam ums Leben, nachdem er Medizin von ihm bekommen hatte. Mudgett bestritt zwar, irgendetwas damit zu tun zu haben, floh aber erneut. Er hatte sowieso ein größeres Ziel: Anstatt ein langweiliges Leben als Kleinstadtapotheker oder Landarzt zu führen, wollte er seiner größten Leidenschaft nachgehen: dem Töten.

CHICAGO

Es zog ihn nach Chicago, das 1886 regelrecht boomte. Aus dem ganzen Land zog es junge Amerikaner in die damals nach New York zweitgrößte Metropole, darunter viele europäische und vor allem deutschstämmige Migranten. Gerade hatte die Stadt die Eine-Million-Einwohner-Schallmauer durchbrochen.

Mudgett stellte sich von nun an jedem unter dem Namen H. H. Holmes vor. Seines alten Namens hatte er sich entledigt wie eines Paars alter Handschuhe. In der damaligen Zeit war es um ein Vielfaches leichter, mal eben eine andere Identität anzunehmen, und im Fälschen von Papieren war der Betrüger sowieso geübt. Es war eine reine Vorsichtsmaßnahme, denn als Herman Webster Mudgett war er in viele Betrügereien, einen Vermissten- und einen Todesfall involviert. In Chicago wollte er neu anfangen – frei von Altlasten, Ehefrau und Kind.

Die Stadt imponierte ihm sofort. Es war Liebe auf den ersten Blick. Sie war dreckig, aber auch ehrlich. Eine Arbeiterstadt.

Motivierte, nach mehr Wohlstand strebende Einwohner auf der einen, zugemüllte und stinkende Straßen auf der anderen Seite. Dafür sorgten unter anderem die schier unendliche Zahl an Schlachthöfen, die an jeder Straßenecke zu finden waren. Zu Hochzeiten produzierte die Stadt am Lake Michigan 82 Prozent des amerikanischen Fleischbedarfs.

Dr. Holmes, wie er sich nun nannte, gab sich als gebildeter, charmanter Mann. Er hatte Charisma und wusste, wie er die Menschen um den Finger wickeln konnte. Vor allem die Damenwelt lag ihm zu Füßen. Junge und ältere Frauen verfielen reihenweise dem eloquenten Betrüger, der sich so sehr von den grobschlächtigen und einfachen Arbeitern unterschied.

Elizabeth S. Holton sollte sein erstes Opfer werden. Die gutmütige Frau gab ihm einen Job in ihrer Apotheke im Stadtteil Englewood. Sie mochte den tüchtigen Holmes, so einen Mann konnte sie in diesen harten Zeiten sehr gut gebrauchen. Ihr Mann, Mr. Holton, lag todkrank im Sterben. Holmes spielte den Einfühlsamen, war immer für Elizabeth da und hielt den Laden am Laufen. Und als Elizabeths Mann starb, überzeugte er sie, ihm die Apotheke zu überschreiben.

Kurz darauf verschwand Elizabeth Holton spurlos. Als Freunde beharrlich nachfragten, wo sie denn wäre, behauptete Holmes, sie wäre nach Kalifornien ausgewandert. Die Bekannten glaubten Elizabeths treuestem Mitarbeiter. Vielleicht wollte die Dame einfach nicht mehr in der Stadt leben, in der ihr geliebter Mann starb. Was in Wahrheit passiert war, kann man sich bei dem, was noch kommen sollte, sicherlich ausmalen.

Holmes hingegen fand bald eine neue Liebe. Sie hieß Myrta Z. Belknap. Er kannte sie von früher und stand im regen Briefkontakt mit ihr. Myrta, blond und hübsch, dachte, Dr. Holmes wäre eine gute Partie. Stets höflich und charmant, wie er war, kannte sie genau wie seine erste Frau jedoch nur die äußerste Oberfläche. Als sie Holmes heiratete, wusste sie nicht einmal, dass er eigentlich noch verheiratet war, denn eine offizielle Scheidung von Clara gab es nie.

Das Ehepaar Holmes zog in die Wohnung der verschwundenen Apothekerin Elizabeth Holton. Myrta wurde schnell schwanger, doch da begann Holmes auch schon, das Interesse an ihr zu verlieren. Er war kein Mann für eine romantische Beziehung bis ans Lebensende und noch dazu entwickelte Myrta eine Eifersucht, die ihm auf die Nerven ging. Unter Vorwänden verfrachtete er daher Frau und Kind in eine Wohnung in einem Vorort Chicagos und besuchte sie nur noch ab und an, um Myrta bei Laune zu halten. Er wollte alleine in Chicago sein, denn er plante das ganz große Ding. Etwas, wovon er sein Leben lang geträumt hatte. Ein Todeshaus, erbaut, um endlich alle seine Fantasien zu befriedigen. Und jetzt hatte er das Geld und die Mittel, sich diesen Wunsch zu erfüllen.

»THE CASTLE«

Holmes kaufte ein Stück Land, nicht weit von seiner kurz zuvor erschlichenen Apotheke. Und er entwickelte, technisch überaus begabt, Skizzen für das Gebäude, das darauf entstehen sollte. Im unteren Bereich sollte es Geschäfte beherbergen, im Obergeschoss ein Hotel. 1893 sollte die Weltausstellung nach Chicago kommen, man rechnete mit Millionen von Besuchern. Vier Jahre zuvor waren zum selben Anlass 32 Millionen Menschen aus aller Herren Länder in die französische Hauptstadt geströmt. Mit diesem Argument fand Holmes rasch Investoren, die ihm Geld liehen, mit dem er seine »Burg« bauen konnte.

Ein Hotel, nicht weit entfernt von der Weltausstellung, schien vielen als lukratives Anlageprojekt. Doch obwohl Holmes genug Geld beisammenhatte, betrog er stets Arbeiter und Lieferanten und feilschte um jeden Cent. Zudem wechselte er mehrmals die Baufirmen, denn kein Architekt, kein Bauarbeiter und kein Maurer sollte wissen, was er da eigentlich genau baute. Die vollständigen Pläne kannte nur Holmes selbst.

Im Inneren war das Hotel ein Labyrinth. Es gab Treppen ins Nirgendwo, Falltüren und eine Gas- und Folterkammer. Holmes hatte sich seine »Burg« ganz nach den kranken Vorstellungen in seinem Kopf gebaut. Nur er kannte sich in ihr aus, wusste, wo die Geheimwege und die Verbindungsgänge in den Keller lagen. Im Keller nämlich hatte er sein eigenes Reich errichtet. Dort wollte er ganz alleine mit den Toten sein. Für später gab es dann eine Verbrennungskammer.

Doch Holmes' Vorbereitungen blieben nicht ganz unbemerkt. Einige Arbeiter hielten ihren Chef durchaus für merkwürdig. Als er dann noch literweise Chloroform bestellte, wurde mehr als einmal skeptisch nachgefragt. Aber Holmes war schon immer ein guter Lügner, er bräuchte das Chloroform für Forschungszwecke, lautete seine Ausrede – und man glaubte ihm.

DIE ERSTEN OPFER

Wie viele Menschen Dr. Holmes wirklich umbrachte, kann man nur schätzen. Er selbst gestand 27 Morde, es könnten aber auch weit mehr gewesen sein. Eines seiner ersten Opfer war Julia Conner. Ihr Mann Ned suchte einen Laden für sein Juweliergeschäft und Holmes schlug ihm die Räumlichkeiten unterhalb des Hotels vor. Seine Frau Julia könnte derweil in Holmes' Apotheke arbeiten. Es klang nach einem guten Deal für Ned Conner, doch schnell verfiel seine Frau dem Charme des gerissenen Arztes. Holmes manipulierte sie über Monate hinweg und schaffte es, die Ehe mit Ned zu torpedieren. Am Ende zog Ned aus Chicago weg und überließ Julia und ihre gemeinsame acht Jahre alte Tochter Pearl dem Horrorarzt. Nun waren die beiden allein mit ihm in seiner Burg.

Julia und Holmes waren ein Liebespaar, doch dann wurde sie auf einmal schwanger. Es war kurz vor Weihnachten, als er sie überredete, das Kind abzutreiben. Er sei Arzt, er könnte das schmerzlos durchführen, versprach er ihr. Julia Connor glaubte ihm. Gemeinsam mit ihrer Freundin Sylvia Crowe schmückte sie noch in einem Hotelzimmer den Weihnachtsbaum, unter dem ihre Tochter Pearl am nächsten Morgen die Geschenke finden sollte. Nur ihre Schwester Gertie war nirgendwo auffindbar. Sie war über die Festtage extra nach Chicago gekommen, doch auf einmal kam sie nicht mehr ins Hotel. Julia machte sich Sorgen, aber Holmes tischte ihr eine Lüge auf, die sie beruhigte. In Wahrheit aber war Gertie sehr wohl im Hotel – allerdings einige Stockwerke tiefer. Im Keller.

Als Julia Conner sich an Weihnachten der Operation unterziehen wollte, legte sie sich bereitwillig auf den Tisch und schloss die Augen. Doch Holmes hatte nie vor, die Abtreibung wirklich zu vollziehen. Er packte seine hilflose Geliebte und drückte ihr ein in Chloroform getunktes Tuch ins Gesicht. Er ließ nicht los, bis das letzte Leben aus ihren Gliedern gewichen war, dann ging er weiter in das Hotelzimmer, in dem Julias kleine Tochter Pearl schlief. Sie hatte keine Chance und auch diesmal benutzte Holmes das Chloroform in einer tödlichen Dosis.

Über seine Falltüren schaffte er die Leichen hinab in den Keller. Dann benachrichtigte er Charles Chappell. Dieser gehörte zu dem kleinen kriminellen Netzwerk, das sich Holmes aufgebaut hatte – genauso wie Benjamin Pitezel, ein Zimmermann mit ebenfalls kriminellem Background. Er und Holmes wurden schnell Freunde und später sollte ihn ein Staatsanwalt als Holmes' »Werkzeug« bezeichnen. Auch Charles Chappell war im wahrsten Sinne des Wortes ein Werkzeug. Er durfte mit in den geheimen Keller und sollte Holmes dort helfen, die Leichen zu zerlegen. Chappell hatte als Arbeiter am Horrorhotel mitgewirkt und wollte sich nun ein wenig dazuverdienen. Er wusste nicht, wie die beiden ums Leben gekommen waren, und das Gesicht von Julia hatte Holmes vorsorglich entfernt. Dass ein Arzt in dieser Zeit zwei Tote im Keller liegen hatte, war für den Arbeiter nichts Besonderes. Und Holmes zahlte ihm 36 Dollar. Das Geld holte er sich später wieder, indem er das Skelett seiner Geliebten für gutes Geld an eine Universität verkaufte. Der Schreckensarzt war eben immer auch schon ein guter Unternehmer.

Als Sylvia Crowe am nächsten Tag wiederkam, um sich nach Julia und Pearl zu erkundigen, tischte Holmes ihr einfach eine weitere Lüge auf: Die beiden wären spontan weggefahren.

DIE TODESMASCHINE

Von nun an begann in seinem Horrorhotel die Arbeit. Die Zimmeranfragen boomten, viele wollten in die Stadt und Holmes' Herberge schien günstig und zentral gelegen. Doch wenn Männer oder ganze Familien anfragten, war »The Castle« seltsamerweise stets ausgebucht. Nur allein reisenden Frauen bot Holmes zu jeder Tageszeit gerne ein Zimmer in seinem Schloss an. Meist nachts begann er dann sein teuflisches Werk: Er betäubte seine Opfer mit Chloroform und schickte sie über die Falltüren nach unten in schallisolierte Räume. Mal ließ er die Frauen dort dann verhungern oder verdursten, mal tötete er sie mit Gas oder Gift. Bei den Baumaßnahmen hatte er ein Guckloch eingebaut, die Arbeiter hatten keine Ahnung, zu welch grausigem Zweck es einmal benutzt werden sollte – von einem kranken Psychopathen, der seinen Opfern beim Sterben zusah. Holmes liebte es, sie in ihren letzten Momenten zu beobachten, ehe er sie zerlegte, verbrannte oder ihre Leichen an die Forschung verkaufte.

Alternativ stellte Holmes auch gerne Frauen als Sekretärinnen ein. So wie zum Beispiel Emeline Cigrand, eine weitere junge hübsche Frau, die ihm verfiel. Spielend luchste er ihr ihre Ersparnisse ab und schwärmte ihr von der bevorstehenden Hochzeit vor. Doch seine Verlobte schöpfte Verdacht und hinterfragte mit der Zeit ihren zukünftigen Ehemann. Holmes hatte keine Lust auf Diskussionen und löste das Problem wie gewöhnlich auf seine Art – im Keller des Horrorhotels. Er gab selbst eine gefälschte Anzeige auf, in der stand, dass Emeline einen anderen Mann geheiratet hätte. Wenn Freunde nach ihr fragten, spielte er den verlassenen Liebenden und zeigte ihnen unter Tränen die Annonce.

Sein Spiel blieb lange unentdeckt. Doch während der Weltausstellung wurde Holmes zu übermütig und tötete seine Opfer in immer kürzeren Abständen. Die Angestellten und Besucher des Horrorhotels bemerkten irgendwann einen beißenden chemischen Geruch. Und wo waren eigentlich die ganzen Sekretärinnen? Hatten sie so schnell wieder gekündigt? Erste Gerüchte gingen um in den Straßen von Englewood. Holmes war zu unvorsichtig und neben seinen Morden wie eh und je im Betrugsgeschäft mit seinem Kumpel Benjamin Pitezel aktiv. Doch die Versicherungen schöpften langsam Verdacht. Sie wollten ihn drankriegen, setzten Privatdetektive auf ihn an. Sie vermuteten, dass er selbst Brandstiftung begangen hätte, um das Geld für eine kurz zuvor abgeschlossene Gebäudeversicherung einzustecken. Holmes wusste: Wenn sie tiefer bei ihm gruben, würden sie auf seine Geheimnisse stoßen. Und die waren um einiges schlimmer als seine betrügerischen Geschäfte. Als die Schlinge sich immer enger um seinen Hals zog, floh er schließlich nach Texas. Hier hatte er einer seiner »Geliebten« ein Stück Land auf ihn überschreiben lassen. Jetzt war auch diese Frau nicht mehr am Leben. Kurzzeitig plante er, auf dem Land ein neues »The Castle« zu errichten. Ein Horrorhaus, noch größer und verzweigter als das in Chicago. Doch die Träumereien endeten jäh. Holmes wurde festgenommen und muss zum ersten Mal in seinem Leben ins Gefängnis. Es ging jedoch nur um ein paar kleinere illegale Handelsaktivitäten, weshalb er auf Kaution wieder freikam. Wieder floh er, an seiner Seite diesmal sein letzter Getreuer, Benjamin Pitezel. Der wusste nichts von Holmes' Serienmorden. Er kannte ihn nur als kumpelhaften Kleinkriminellen und darum war er einverstanden, als Holmes ihm einen letzten großen Deal vorschlugt, der sie beide mit Geld versorgen sollte.

DER LETZTE BETRUG

Der Coup schien ganz einfach, Holmes hatte ihn in der Vergangenheit schon oft ausgeführt. Sein Freund Benjamin sollte eine Lebensversicherung auf sich abschließen, dann wollten sie mit einer fremden Leiche seinen Tod vortäuschen und das Geld einkassieren. Sie wollten halbe-halbe machen und dann jeder seiner eigenen Wege gehen.

Pitezel hatte keine Bedenken. Er wusste, wie gewieft Holmes war und dass er bisher mit allem durchgekommen war. Was er nicht wusste: Holmes kannte keine Freunde, er besorgte keinen Leichnam vom Friedhof, sondern tötete Pitezel selbst – wie immer mit Chloroform. Dann zündete er ihn an, um das Ganze als Unfall zu tarnen. Danach drehte Holmes völlig durch. Er fuhr zu Pitezels Frau und log ihr vor, ihr Mann wolle seine drei Kinder sehen und er solle sie zu ihm bringen. Die Ehefrau ahnte nicht, wer da vor ihrer Tür stand. Sie sah nicht den psychopathischen Mörder, sondern nur den zuvorkommenden, wortgewandten Arzt und Kumpel ihres Mannes. Also vertraute sie ihm Alice, Nellie und Howard an. Die drei wurden die nächsten Opfer des Serienmörders. Er tötete sie auf grausame Weise, indem er sie in einen Koffer sperrte und ersticken ließ. Die Leichen vergrub er in einem Keller in seinem Mietshaus in Toronto/Kanada, wo er sich kurzzeitig versteckt hielt. Doch mittlerweile hatte Holmes einen Gegenspieler auf den Plan gerufen, der nicht bereit war, ihn entkommen zu lassen: Detektive Geyer von der Detektei Pinkerton aus Philadelphia. Die Versicherung hatte wegen des Pitezel-Betrugs Ermittlungen einleiten lassen. Es hätte Hinweise gegeben, dass Holmes ein Betrüger wäre. Daraufhin setzten sie mit Detektive Geyer ihren besten Mann auf den Fall an.

Geyer ermittelte zunächst wegen Versicherungsbetrugs, doch schnell wurde ihm klar, dass es um viel mehr ging. Die Detektei und die Polizei von Philadelphia waren Holmes auf der Spur – und sie entdeckten die Leichen der Kinder in Toronto. »Je tiefer wir gruben, desto schrecklicher wurde der Geruch. Und als wir die Tiefe von drei Fuß erreichten, entdeckten wir etwas, das der Unterarmknochen eines Menschen zu sein schien«, schrieb Frank Geyer später nieder.

Es begann eine wilde Verfolgungsjagd, die die Ermittler am Ende gewannen. In Boston erfolgte 1894 endlich der Zugriff. Holmes wurde abgeführt und ins Philadelphia-County-Gefängnis gebracht. Endlich wurde auch das »Castle« durchsucht. Kriminalbeamte stürmten das Horrorhotel und machten im Keller einen grausamen Fund nach dem anderen. Knochen, Haarbüschel, menschliche Überreste.

Es war der erste Hype um einen Serienmörder in den USA. Die Zeitungen übertrafen sich gegenseitig mit ihren Schlagzeilen. Die Hearst-Zeitung zahlte H. H. Holmes im Gefängnis ganze 7500 Dollar für ein Exklusivinterview – das entspricht dem heutigen Wert von über 200 000 Dollar. Und Holmes sprach gerne mit den Reportern. Erst behauptete er, unschuldig, später, vom Teufel besessen zu sein. Wie immer versuchte er, sich durch Lügen besser darzustellen. Die Leute saugten seine Worte auf, schließlich war dies neben den Morden Jack the Rippers, die zur ähnlichen Zeit in London stattfanden, einer der größten Kriminalfälle weltweit.

Vor Gericht stand Holmes kurioserweise nur wegen des Mordes an seinem Freund Pitezel – trotz all der grausigen Funde in seinem Horrorhotel. Aber der eine Mord reichte dem Richter, um ihm zum Tod durch Erhängen zu verurteilen.

Holmes wirkte ruhig, als man ihn zu seiner Hinrichtung führte. Es war der 7. Mai 1896, nur wenige Tage später wäre er 35 Jahre alt geworden. Die Wärter beschrieben ihn als einen der liebsten Gefangenen, den sie je gehabt hätten. Er war mit sich selbst im Reinen. »Ich konnte nichts dagegen tun, dass ich ein Mörder wurde«, lauteten seine letzten Worte. »So wenig wie ein Dichter dagegen tun kann, dass die Muse ihn zum Singen verführt. Der Teufel stand neben dem Bett, in dem ich in die Welt hinausgestoßen wurde, und seitdem war er immer bei mir.« Dann legte man die Schlinge um seinen Hals. Der Todeskampf dauerte 20 Minuten, dann endlich starb Holmes – vor den Augen von sieben Ärzten und einem Priester, der für ihn betete. Es war vorbei. Der Teufel von Chicago war besiegt.

Später kamen Verschwörungstheorien auf, Holmes wäre gar nicht ermordet worden. Stattdessen soll er es auf seine immer charmante Art geschafft haben, die Wärter im Gefängnis zu manipulieren. Sie richteten daraufhin einen anderen Gefangenen an seiner Stelle hin, während er entkam. Doch das sind nur Legenden. 2017 wurde die Leiche von H. H. Holmes, auch bekannt als Herman Mudgett, auf Wunsch seines Urenkels exhumiert.

Ein DNA-Treffer ergab, dass es sich wirklich um seine Überreste handelte. Trotz aller Eloquenz, Raffinesse und Cleverness war Holmes seinem eigenen Tod also nicht entkommen.

Allerdings wäre da noch die Theorie, dass H. H. Holmes in Wahrheit zeitweise in London mordete, als legendärer Jack the Ripper. Aber das ist eine ganz andere Geschichte...

MEIN FAZIT

H. H. Holmes war einer der ersten Serienmörder der USA – und bis heute einer der schlimmsten. Seine Geschichte ist ausführlich dokumentiert und führt uns wieder einmal deutlich vor Augen, dass selbst die schrecklichsten Serienmörder nicht zwingend die düstere Aura eines Bond-Bösewichts haben müssen, sondern dass sich ihr teuflisches Wesen auch hinter einer netten, bürgerlichen Fassade verstecken kann.

Holmes war beliebt bei seinen engsten Freunden, er nutzte durch seinen Charme und seine Manipulationskünste eine alte Frau aus, um an ihre Apotheke zu kommen. Er tötete vor allem in seinem engsten Umfeld, die Opfer waren meist Menschen, die ihm absolut vertrauten. Manche liebten ihn sogar. Was ich besonders pervers finde: Holmes' Tötungswahn machte selbst vor Freunden, die ihn bei seinen kriminellen Aktivitäten unterstützten, nicht halt.

Doch warum konnte er so lange ungeahndet seiner tödlichen Leidenschaft nachgehen und immer weitermorden? Ich denke, das ist vor allem seiner kriminellen Energie geschuldet – gepaart mit einer überdurchschnittlichen Intelligenz und der Tatsache, dass die Möglichkeit, DNA-Nachweise durchzuführen, noch in weiter Ferne lag. Heutzutage, da bin ich mir ganz sicher, wäre Holmes viel früher aufgeflogen und zahlreiche Menschenleben wären verschont geblieben.

SERIENMÖRDER

Wer war der erste deutsche Serienmörder?

Einer der ersten dokumentierten Serienmorde in Deutschland ist der Fall von Peter Nirsch aus dem Jahre 1575. Nirsch soll laut eigenen Angaben 520 Menschen getötet haben, darunter viele schwangere Frauen. Nachdem man ihn 1581 in einem Gasthof in der Nähe von Nürnberg erkannt hatte, wurde er festgenommen und hingerichtet.

Welcher Serienmörder tötete die meisten Menschen?

Der Killer mit den meisten bestätigten Opfern ist Dr. Harold Shipman, ein englischer Hausarzt, der viele seiner Patienten durch Heroininjektionen tötete. 218 Tote gehen mindestens auf sein Konto, es können jedoch auch weit über 400 gewesen sein.

In Südamerika gab und gibt es einige Serienmörder, denen man viele Taten nicht eindeutig zuweisen kann. Dort leben Killer, die von sich selbst behaupten, noch deutlich mehr Menschen umgebracht zu haben.

Wer ist der bekannteste nicht gefasste Serienmörder?

Der »Zodiac Killer« tötete zwischen 1968 und 1969 rund um San Francisco mindestens fünf Menschen. Er wurde weltberühmt, weil er Katz und Maus mit den Behörden spielte und kryptische Rätseltexte verfasste, die niemals gelöst wurden. Die Polizei kam dem mysteriösen Killer nie auf die Schliche, seine Morde sind bis heute ungeklärt.

Wer war der charmanteste Serienmörder?

Ted Bundy tötete 30 Frauen und gilt als einer der schlimmsten Killer in der amerikanischen Geschichte. Bekannte beschrieben ihn als extrem charismatisch und vertrauenerweckend – das genaue Gegenteil von seinem Serienmörder-Ich. Bundy rettete einst ein Kind vor dem Ertrinken und arbeitete sogar einmal als Betreuer bei einer Telefonseelsorge-Hotline. Doch Bundy war ein Psychopath, der schon immer wusste, wie er sein Umfeld manipulieren konnte. Die »guten« Taten beging er wohl auch aus Machtgefühl.

VERMISST WIRD MADDIE MCCANN

Ein wunderbarer Urlaub am
Meer, doch dann verschwindet
die eigene Tochter. Niemand
hat etwas gesehen oder gehört.
Jeder hat Mitgefühl mit der
Familie. Doch auf einmal
schlägt die Stimmung um und
die eben noch trauernden Eltern
werden mit einem Schlag zu den
Hauptverdächtigen...

In den meisten Vermisstenfällen sind die Medien die größte Hoffnung für die Angehörigen. Denn trotz DNA-Analysen, Handyortung oder Überwachungskameras sind die klassischen Sichtungszeugen immer noch elementar wichtig. Die Welt hat überall ihre Augen und Ohren. Jeder potenzielle Zeuge kann helfen, das Verbrechen aufzuklären. Doch dafür muss er erst einmal wissen, dass es ein Verbrechen gab und dass die Person, die er vielleicht gerade vor seiner Haustür, auf der Arbeit oder im Wald gesehen hat, dringend gesucht wird. Die Presse muss ihre Aufgabe dabei schnell erledigen, denn unser Gedächtnis lässt uns mit der Zeit vieles vergessen. Wer von uns kann schon noch sagen, wen er vor acht Tagen auf dem Weg zur Arbeit oder Schule gesehen hat – und wen nicht?

Die Polizei ist bei vielen Fällen auf die Hilfe der Medien angewiesen. In Deutschland gibt es die Sendung Aktenzeichen XY, in anderen Ländern ähnliche Formate, über die sie sich zum Teil sogar direkt an die Bevölkerung wendet. In spektakulären, öffentlichkeitswirksamen Kriminalfällen treffen daraufhin oft Tausende Hinweise bei den Ermittlern ein. Das ist Fluch und Segen zugleich, denn nun gilt es zu selektieren: Welcher Hinweis ist brauchbar und wer will sich nur wichtig machen? Die Fehlerquote erhöht sich dabei meist, je »populärer« ein Verbrechen ist. Dann meint nämlich jeder, irgendetwas gesehen zu haben.

Manche Fälle interessieren Menschen ganz besonders und oft sind Verbrechen, die in einem alltäglichen Umfeld passieren, diejenigen, die uns am meisten faszinieren. Verbrechen, die jedem von uns passieren könnten. Und ein Kriminaldelikt an Kindern, den Schutzbedürftigsten unserer Gesellschaft, schockt die Gemüter am stärksten. Natürlich ist es rational betrachtet genauso schlimm, wenn ein Rentner nicht mehr auftaucht. Aber auf der Titelseite einer Tageszeitung wird man eher das Bild eines Kindes drucken.

Geht es um eine vermisste Person, werden Familien und Medien oft zu engen Verbündeten. So makaber es auch klingt: Es ist eine Win-win-Situation. Die Familien wollen sich an die potenziellen Entführer oder Zeugen wenden und Zeitungen oder das Fernsehen liefern ihnen die dazu nötige Plattform. Auf der anderen Seite sorgen die spannenden Geschichten natürlich auch für eine hohe Auflage und Einschaltquote. Viele Medien, gerade aus dem Boulevardbereich, sind daher nicht die Freunde, die sie auf den ersten Blick scheinen mögen. Da kann der nette Reporter noch so schmeichelhaft Fragen stellen: Am nächsten Tag kann sich alles drehen, wie das berühmte Fähnchen im Wind. Wer sich einmal öffentlich äußert, vor die Kamera setzt oder einem Interview zustimmt, wird von da an Teil der Diskussionen und Spekulationen. Jede Sekunde eines Auftritts wird penibel analysiert. Wie emotional ist die Darstellung? Zuckt man einmal zu viel mit den Augenbrauen? Ist das Weinen vor der Kamera echt oder wirkt es gestellt? Millionen von Lesern und Fernsehzuschauern sind nicht nur hilfsbereite mögliche Zeugen, die sich in die Situation hineinversetzen können und der Familie beiseitestehen wollen. Genauso erreicht man auch Tausende schwarze Schafe, die die leidenden Angehörigen danach permanent verdächtigen oder diffamieren. In emotional hoch geladenen Kriminalfällen kann die Stimmung durch ein einziges neues Indiz kippen und die trauernde Familie von einer Sekunde auf die nächste selbst verdächtig werden. Die Boulevardmedien, eben noch auf ihrer Seite, überschlagen sich dann gegenseitig mit wilden Spekulationen. Kein Fall auf der Welt zeigt dieses Phänomen so gut, wie der von Madeleine McCann.

GONCALO AMARAL

Goncalo Amaral war sich sicher, dass er die Täter geschnappt hatte. Sie saßen in seinem kleinen, sperrigen Verhörraum, aber er konnte ihnen die Tat nicht beweisen. Draußen stand eine tobende Meute aus Journalisten, Kamerateams und Schaulustigen. Sie wartete auf das Ergebnis. So viele Besucher hatte das kleine malerische Küstenstädtchen Praia da Luz an der portugiesischen Algarve noch nie gesehen.

Amaral stand unter Beobachtung, unter enormem medialen und sogar politischen Druck. Die portugiesische Polizei musste diesen Fall lösen. Kostete es, was es wolle. Und der Ermittlungsleiter wusste, dass er sich auf sehr dünnem Eis bewegte. Denn er verdächtigte ausgerechnet die beliebtesten und einflussreichsten Protagonisten: die Eltern. Es war der spektakulärste Fall in seiner Karriere – und die war bis dahin wahrlich nicht arm an spektakulären Fällen gewesen.

Amaral hatte sich einen Namen gemacht bei der PJ, der Policia Judiciária. Einst Jahrgangsbester im Polizeilehrgang, wurde er später zur Verbrechensbekämpfung im Bereich der organisierten Kriminalität eingesetzt. Außerdem ermittelte er in schwerstkriminellen Delikten: bewaffneter Raub, Entführung, Mord. Auf den Azoren hatte er einst einen als Unfall getarnten Mord aufgeklärt, den ein Vater an seiner Tochter begangen hatte. Seine Erfolgsquote war hoch. Daher schien er der beste Mann zu sein, um diesen Fall aufzuklären.

Amaral galt als unnachgiebig und intelligent, doch seine Methoden waren in der Vergangenheit auch schon kritisiert worden, weil seine Leute in einem anderen Fall ein Geständnis mit Gewalt erzwungen haben sollen. Bewiesen wurde diese Anschuldigung allerdings nicht.

URLAUBSSTIMMUNG

Die Südküste Portugals ist ein wunderbares Reiseziel. Lange malerische Sandstrände, günstige Preise, kulinarische Feinheiten serviert von freundlichen, herzlichen Gastgebern ... Die Algarve genießt einen ausgezeichneten Ruf. Besonders beliebt ist die Region bei englischen Urlaubern, sie machen einen Großteil der Touristen aus. Im Jahr 2017 besuchten über eine Million Briten den Süden Portugals. Es war ein Rekordjahr. Über eine Milliarde Euro Umsatz. Der Tourismus ist das wirtschaftliche Zugpferd der Region, von seinem Erfolg sind viele Arbeitsplätze abhängig. Man wählt die Algarve auch als Reiseziel, weil sie als sicher gilt – im Gegensatz zu Ländern wie Tunesien, Ägypten oder Marokko.

Beobachtet man heute die Touristen, wirken sie entspannt und sorglos – genau so, wie man es im Urlaub sein sollte. Kinder spielen unbeaufsichtigt am Sandstrand in der Sonne. Doch in den Hinterköpfen vieler Besucher schwirrt noch immer ein mysteriöser Vorfall, der die Algarve vor ein paar Jahren auf unschöne Weise bis in die USA und nach Asien »berühmt« machte und wegen dem damals keiner sagen konnte, ob danach überhaupt noch so viele Touristen ins Land strömen würden.

3. Mai 2007: »Warum bist du nicht gekommen, als Sean und ich letzte Nacht geweint haben?«, fragte die kleine Madeleine ihre Mutter beim Frühstück. Es war ein für ein kleines Kind vermeintlich unverdächtiger Satz, der im späteren Verlauf der Geschichte allerdings noch einmal wichtig werden könnte. Noch aber maß man ihm keine Bedeutung zu. Kate und Gerry McCann aus dem englischen Leicestershire machten mit ihren drei Kindern und Freunden Urlaub im Ocean Club, einem Resort im Badeort Praia da Luz. Sieben Erwachsene, acht Kinder. Es war eine erprobte Reisetruppe, die dem regnerischen Frühlingswetter in England an die verträumte Algarveküste entfliehen wollte.

Die Eltern unternahmen gemeinsam etwas oder spielten Tennis, für den Nachwuchs gab es ein eigenes Unterhaltungsprogramm im Club. Auch an diesem Tag verbrachten die Kinder der McCanns ihre Zeit im Kids Club, nur unterbrochen von einem gemeinsamen Mittagessen mit den Eltern.

Um 18 Uhr wurden sie von Kate McCann aus der Kinderkrippe abgeholt und ins Apartment gebracht. Um 19 Uhr, mittlerweile war auch Gerry McCann vom Tennisunterricht zurück, legten sie die drei Kleinen schlafen.

Madeleine McCann war zu diesem Zeitpunkt fast vier Jahre alt, die Zwillinge zwei. Alle drei sollen ruhig eingeschlafen sein und die Eltern hatten keinerlei Bedenken, sie im Apartment 5A zurückzulassen, um ein paar Meter entfernt gemeinsam mit ihren Freunden das Abendessen einzunehmen.

DIE »TAPAS SIEBEN«

Es war Tradition, dass die Gruppe in diesem Urlaub in der Tapasbar des Clubs speiste, die hinter dem Pool lag. Später bezeichneten die Medien die Freunde daher oft nur noch als die »Tapas Sieben« – ein Spitzname, der um die Welt ging. Luftlinie lag das Restaurant gerade mal 55 Meter von der Eckwohnung der McCanns entfernt. Um es fußläufig zu erreichen, musste man jedoch einen kleinen Umweg über eine öffentliche Straße nehmen.

Die Kellner des Restaurants hatten, wie die letzten vier Abende zuvor auch, eine schriftliche Nachricht von der Rezeption erhalten, für die McCanns und ihre Freunde um 20.30 Uhr einen Tisch zu reservieren – mit Blick auf die Rückseite des Apartments 5A. Die McCanns befanden sich also sogar in Sichtweite ihrer Ferienwohnung. Auf der Notiz war auch vermerkt, dass die Kinder der Familien in den Wohnungen schlafen würden.

Es herrschte Urlaubsstimmung unter den Freunden, leckeres Essen wurde serviert und Wein bestellt. Die milden Abendtemperaturen und die leichte Mittelmeerbrise erlaubten ihnen, draußen zu sitzen. So hatte man sich den Urlaub vorgestellt. Im späteren Verlauf sollten viele das Verhalten der »Tapas Sieben« negativ auslegen: Wie konnten diese Familien ihre Kinder einfach alleine in den Apartments zurücklassen und selbst den Abend bei Wein genießen? Gerade für die Portugiesen war dieses Verhalten seltsam, ja unvorstellbar. Zu ihrer Verteidigung kann man im Nachhinein anbringen, dass die Freunde durchaus ein Kontrollsystem vorgesehen hatten: Etwa jede halbe Stunde schaute einer von ihnen nach den Kindern.

Um 21.05 Uhr war Gerry McCann an der Reihe. Er sah nach seinen eigenen Kindern und fand sie ruhig schlafend im Apartment. Keinerlei Auffälligkeiten. Auf dem Rückweg traf er einen anderen britischen Urlauber, mit dem er ins Gespräch kam.

Währenddessen wollte Jane Tanner, eine Frau der »Tapas Sieben«, schnell selbst noch nach ihrer Tochter schauen. Sie sah Gerry mit einem ihr unbekannten Mann reden, wurde selbst von den beiden aber nicht bemerkt. Es war 21.15 Uhr, als sie einen dritten, merkwürdigen Mann beobachtete, der in untypischer Weise ein kleines Kind in einem hellen Schlafanzug auf dem Arm trug. Wegen der schlechten Lichtverhältnisse in der Straße konnte sie sein Gesicht nicht erkennen, nur seine auffällige Kleidung blieb ihr im Gedächtnis. Von dem Kind sah sie noch weniger. Was ihr jedoch auffiel: Der Mann wirkte nicht wie ein Tourist und schien auch noch nicht oft ein Kind getragen zu haben. Dennoch schöpfte Jane Tanner in diesem Moment keinen Verdacht.

Madeleines Mutter hatte vorgehabt, um 21.30 Uhr noch einmal nach den Kindern zu schauen. Doch Matthew Oldfield, einer der »Tapas Sieben«, schlug vor, den Gang zu übernehmen. Er wollte sowieso nach seinen Kindern schauen und das Apartment der Oldfields lag direkt neben dem der McCanns. Oldfield machte allerdings den Fehler, dass er nur kurz in die Wohnung 5A schaute und lauschte. Weil er nichts hörte, nahm er an, die Kinder würden weiter in aller Seelenruhe schlafen. Zwar war ihm aufgefallen, dass die Tür zum Kinderzimmer sperrangelweit offen stand, aber er hatte nicht hineingeschaut.

»SIE HABEN SIE GEHOLT!«

Um 22 Uhr war Kate schließlich doch an der Reihe. Eigentlich wollte ihr Mann den Gang übernehmen, aber der war gerade darin vertieft, den anderen eine lustige Anekdote von seiner Arbeit als Arzt zu erzählen, und sie wollte ihn nicht unterbrechen. Sie begab sich auf direktem Weg ins Apartment 5A und betrat die Eckwohnung durch die unverschlossene Terrassentür. Auch ihr sprang gleich die offene Tür des Kinderzimmers ins Auge, doch noch etwas spürte Kate McCann sofort: einen unnatürlichen Luftzug. Die Verandatür fiel mit einem Knall ins Schloss. Irgendein Fenster musste offen stehen und den Durchzug ausgelöst haben. Aber sicher hätte weder Gerry noch Matthew ein Fenster offen gelassen. Als Kate nachsah, stand das Schlafzimmerfenster offen, der Rollladen war hochgezogen. Gespenstisch wehten die Vorhänge im Wind. Kate wusste, dass etwas geschehen sein musste. Jemand war in die Wohnung eingedrungen. Diebe, Einbrecher? Ihr erster Instinkt war, nach den Kindern zu sehen. Die Zwillinge schliefen seelenruhig in ihrem Kinderbett, als wäre nichts geschehen. Doch Maddie war verschwunden. Cuddle Cat, ihr flauschiges rosarotes Kuscheltier, lag einsam und verlassen auf dem Bett.

Panisch rannte Kate McCann zu ihren Freunden, die gemütlich im Tapasrestaurant beisammensaßen und dinierten. Doch als die »Tapas Sieben« die verzweifelte Kate McCann erblickten, wussten sie sofort, dass etwas nicht stimmte. Und noch ehe jemand nachfragen konnte, schrie Kate auch schon: »Madeleine ist weg! Sie haben sie geholt!«

DIE ERSTE SUCHE

Krisensitzung am Tapastisch. Matthew Oldfield wurde zur Rezeption geschickt, wo man sofort die Polizei informierte. Der Hotelleiter versuchte, die aufgebrachten Eltern zu beruhigen. Derweil wurden andere Gäste und verschiedene Resortmitarbeiter mobilisiert, um eine eigene Suchaktion zu starten. Über 60 Leute waren an dieser ersten Suche beteiligt. Die Kunde, dass ein kleines Mädchen in Praia da Luz verschwunden war, verbreitete sich wie ein Lauffeuer in den Straßen und zahlreiche Freiwillige schlossen sich der Suche an. Jeder wollte helfen. Der Name der Verschwundenen schallte aus Dutzenden Kehlen durch die engen Gassen. Bewohner und Touristen berichteten später, dass man in dieser Nacht in ganz Praia da Luz überhaupt nur einen Namen hörte: Maddie.

Um 23.10 Uhr trafen endlich zwei Beamte der Guarda Nacional Republicana (GNR) aus dem benachbarten Lagos im Ocean Club ein. Die Nationalgarde in Portugal ist allerdings nicht auf Entführungen und Vermisstenfälle spezialisiert und so schalteten sie die Policia Judiciára (PJ) ein, die portugiesische Kriminalpolizei. Als die Nachricht bei der PJ in Portimao einging, wurde für die Ermittler die Nacht zum Tag. Viele Beamte wurden unsanft aus dem Schlaf geholt, andere verschoben sogar ihre Urlaubspläne. Um 1 Uhr trafen die ersten Einsatzkräfte vor Ort ein, eine Stunde später kamen zwei Spürhunde zur Verstärkung dazu. Die Kriminalbeamten wussten ganz genau: In einem Vermisstenfall zählte jede Sekunde. In den »goldenen ersten Stunden« klären sich die meisten Fälle auf. Verschläft man sie, wird es mit zunehmender Dauer immer unwahrscheinlicher, dass die Wahrheit ans Licht kommt.

Im Fall Maddie McCann wurde in besagten »goldenen Stunden« leider mehr falsch als richtig gemacht. Mittlerweile waren 50 Leute, Helfer und Schaulustige im Apartment 5A eingetroffen, was die Spurensicherung am Tatort unnötig erschwerte. Erst viel zu spät wurde dieser abgesperrt und gesichert. Ein unentschuldbarer Vorfall, den die PJ nicht rechtfertigen kann. In den ersten Stunden wurde zudem weder die Grenz- noch die Wasserpolizei über den Vorfall informiert. Ihnen lag kein Foto von Maddie vor. Wenn es sich um eine geplante Entführung handelte, hätten die Täter es also womöglich in den ersten Stunden unerkannt über die Grenze geschafft. Erst um 10 Uhr des nächsten Morgens wurden die ersten Straßensperren errichtet. Viele Bewohner der Resorts wurden überhaupt nicht befragt. Es gab viele dilettantische Versäumnisse in der Polizeiarbeit, die eigentlich niemals passieren dürften – und die Aufnahme eines Kriminaltechnikers, der den Fensterrahmen ohne Handschuhe oder Schutzanzug nach Fingerabdrücken absuchte, wurde zum Sinnbild ihrer angeblichen Unfähigkeit.

Als Goncalo Amaral, der als Koordinator der Ermittlungen eingesetzt wurde und bereits in der Nacht über das Verschwinden eines kleinen englischen Mädchens informiert worden war, am nächsten Tag, dem 4. Mai 2007, vor Ort seinen Dienst antrat, war er über die Tatortsicherung überhaupt nicht begeistert. In einem Buch, das er später über den Fall verfasste, rechtfertigte er sie damit, dass die PJ kein Protokoll für Kindesentführung habe, weil diese so selten vorkomme. Alles schien, als sei selbst die Polizei mit dem Ereignis überfordert gewesen.

Bis um 4.30 Uhr hatte man nachts gesucht – ohne Erfolg. Erschöpft gaben selbst die hartnäckigsten Männer und Frauen auf, um sich etwas Rast zu gönnen und die Suche am nächsten Tag fortzusetzen. Zunächst war man im Ocean Club davon ausgegangen, Maddie sei von alleine wach geworden, hätte sich selbst auf die Suche nach ihren Eltern gemacht und sich dabei in den Straßen verlaufen. Eine Entführung konnten sich die Hotelangestellten nicht vorstellen. So etwas hatte es in der gesamten Region noch nie gegeben.

Die McCanns dagegen waren sich sicher, Maddie hätte auf einem vermeintlich nächtlichen Streifzug niemals ihr geliebtes Kuscheltier zurückgelassen. Sie waren überzeugt davon, dass ihre Tochter entführt worden war. Goncalo Amaral wiederum wollte keine Theorie ausschließen und alles wissen: Gab es Probleme unter den Freunden? Hatte es Konflikte mit anderen Urlaubern gegeben? War irgendjemandem irgendetwas aufgefallen? Amaral wollte mit jedem sprechen und alle Hintergrundinformationen erfassen, um sich einen Blick über die Gesamtlage zu verschaffen. Zeitgleich suchten ab 8 Uhr Suchhunde, sogenannte Mantrailer, nach Madeleine McCann. Vier ausgebildete Rettungshunde waren in und um Praia da Luz unterwegs. Weitere Einsatzkräfte untersuchten vor allem Brunnen, Höhlen und Abwasserkanäle. Etliche Freiwillige halfen zusätzlich ab Sonnenaufgang, die Region rund um den Ferienort abzusuchen.

MEDIENZIRKUS

Die ersten Tage brachten keine einzige brauchbare Spur. Im Gegenteil, Maddie schien wie vom Erdboden verschluckt. Und noch etwas erschwerte Amarals Ermittlungen: Die kleine 3000-Einwohner-Stadt hatte eine enorme Medienpräsenz auf sich gezogen. Reporter verschiedener Lokalzeitungen, aber auch solche der großen englischen Tageszeitungen waren an die portugiesische Küste gereist. Fernsehteams drehten an jeder Ecke und verfolgten die McCanns sowie das Ermittlerteam auf Schritt und Tritt. Praia da Luz kam einem in diesen Tagen vor wie die Drehkulisse einer schlechten Reality Soap. Für die Behörden war das eine unerfreuliche Entwicklung: Für die Beamten war es nahezu unmöglich, in Ruhe zu ermitteln und die Identität von Zeugen geheim zu halten, wenn Kamerateams und Schaulustige Praia da Luz zu einem Medienzirkus machten. Die McCann-Eltern wurden von den Fotografen belagert wie Hollywoodstars. Paparazzi sprangen sogar extra hinter Büschen hervor, um ein Foto der Eltern mit erschrecktem Gesicht zu knipsen. Das ganze Spektakel nahm beinahe bizarre Züge an.

Mitverantwortlich für den ganze Rummel waren auch Kate und Gerry McCann, die der portugiesischen Polizei von Anfang an misstrauten und die Aufmerksamkeit der Medien für das beste Mittel hielten, um ihre Tochter Madeleine möglichst schnell wiederzufinden. Es dauerte nicht lang, da hatten sie sogar eigene PR-Berater engagiert, die die Suche nach Maddie regelrecht als Kampagne vermarkteten. Dies schürte den ohnehin schon gewaltigen Druck auf Amaral und sein Team nochmals. Sie hatten die Mitglieder der »Tapas Sieben« mittlerweile unabhängig voneinander vernommen, auch wenn diese sehr zum Missfallen Amarals längst alle miteinander gesprochen hatten. Der Ermittler hielt das für suboptimal, da dies ihre Aussagen verwässert und beeinflusst haben könnte.

DAS PHANTOMBILD

Am interessantesten war natürlich die Aussage von Jane Tanner, der Frau, die in der Nacht von Maddies Verschwinden unweit des Apartments 5A jenen mysteriösen Mann mit dem Kind auf dem Arm beobachtet hatte. Die Freunde vermuteten zu diesem Zeitpunkt, Tanner hätte den Entführer gesehen und das Kind auf seinem Arm wäre Maddie gewesen. Die Polizei hingegen war skeptisch. Es gab zu viele Unstimmigkeiten in den Aussagen der

»Tapas Sieben«, die sie misstrauisch machten. Jane Tanner hatte auf dem Weg zu ihrer eigenen Ferienwohnung Gerry McCann mit einem anderen Mann gesehen, die beiden aber wiederum hatten Jane Tanner nicht bemerkt. Dabei war die Straße so klein, dass sich laut Polizei alle drei Personen gesehen haben müssten – erst recht, nachdem sie den Hergang mit einigen Ermittlern nachgestellt hatten.

Die Aussagen der Ehepaare über die regelmäßigen Kontrollgänge widersprachen sich teilweise und schnell zog Amaral den Schluss, dass ein paar der Freunde lügen mussten – ob willentlich oder nicht.

Hätten die Ermittler alle Zeiten, an denen angeblich einer nach seinen Kindern gesehen hatte, für wahr erachtet, wäre teilweise fast keiner der Erwachsenen mehr am Tisch gesessen. Ein unrealistisches Szenario! Zudem gingen die Ermittler selbst alle Wege ab und überprüften, wie lange man wirklich brauchte, um sie zurückzulegen. Die Angaben der Familien stimmten vorne und hinten nicht.

Die Frage war: Warum sagten die Freunde nicht die Wahrheit? War es dem Schock und der Verwirrung über Maddies Verschwinden geschuldet oder steckte Kalkül dahinter? Hatten die »Tapas Sieben« bei ihren Kontrollgängen »nachgebessert«, um nicht als schlechte Eltern dazustehen, die ihre Aufsichtspflicht vernachlässigten?

Der vermeintliche Entführer, jener Mann mit dem Kind im hellen Schlafanzug, den Jane Tanner gesichtet hatte, wurde per Phantombild gesucht. Tanner hatte zwar sein Gesicht nicht erkennen können, aber seine auffälligen Haare und seine Kopfform hatten sich der Britin eingeprägt.

So geisterte ein erstes, äußerst dürftiges Phantombild durch die Presse, das mehr oder weniger ein Ei mit ein paar Haaren zeigte. Die Bewohner von Praia da Luz gaben sich fast belustigt: Wie wollte man mit einem Bild, das aussah, als hätte es ein Kindergartenkind auf Papier gekritzelt, den Entführer identifizieren?

EIN UNSCHULDIGER WIRD VERDÄCHTIGT

Später fertigte eine professionelle Phantombildzeichnerin eine deutlich bessere Version des vermeintlichen Entführers. Doch auch das half zunächst nicht, den Mann ausfindig zu machen. Ganz abgesehen davon, dass Jane Tanner auch einen ganz normalen Touristen gesehen haben könnte, der seine Tochter umhertrug. Das Städtchen war schließlich voll von Familien mit Kindern. Die zeitliche und räumliche Nähe ließen den Unbekannten dennoch verdächtig wirken – und immerhin war es die heißeste Spur, die die PJ zunächst hatte. Amaral lief daher den Weg, den der angebliche Entführer gegangen war, selbst ab. Aber es machte für ihn wenig Sinn. Wohin wollte der Mann? Der Ort endete kurz weiter und zudem hätte er hier von den »Tapas Sieben« leicht gesehen werden können – was ja auch geschehen war. Würde ein Entführer dieses Risiko eingehen?

Normalerweise, so vermutete die Polizei, hätte ein potenzieller Entführer einen anderen Weg gewählt, an dem er ein Fluchtfahrzeug besser hätte positionieren können.

Das Einzige, was Amaral auffiel, war ein großes eingezäuntes, von Hecken umgebenes Grundstück, das nur 150 Meter vom Apartment der McCanns entfernt und genau in der Richtung lag, in die der Mann, den Jane Tanner gesehen hatte, gelaufen war. Während Amaral noch grübelte, fuhr ein Auto auf das Gelände. Das Gesicht des Mannes, der aus dem Wagen stieg, kam dem Chefermittler überraschend bekannt vor. Wo nur hatte er ihn schon mal gesehen?

Eine Überprüfung ergab, dass ein britisch-portugiesischer Immobilienmakler namens Robert M. auf dem Anwesen wohnte. Das Kuriose: Robert M. war von Anfang an engagiert bei der Suche nach Maddie dabei gewesen, hatte der portugiesischen Polizei bisweilen sogar als Dolmetscher ausgeholfen. Er hatte sich dabei allerdings verdächtig gemacht, weil er ziemlich viele Fragen gestellt hatte – sowohl zu dem Mädchen als auch zur Arbeit der Polizei. Wollte er auf diese Weise an Insiderinformationen kommen?

Die britischen Tageszeitungen zogen eine absurde Parallele. In England war gerade ein Mann namens Ian Huntley für einen Mord an zwei Mädchen verurteilt worden. Auch er hatte sich zunächst übereifrig bei der Suche nach den Vermissten engagiert und sogar Interviews gegeben. Die Presse verglich die beiden Fälle miteinander. Wollte Robert M. bei der Suche dabei sein, um herauszubekommen, auf welchem Stand die Behörden gerade waren? Man observierte den Briten Tag und Nacht, setzte sogar Jane Tanner in ein Überwachungsauto und ließ sie die Gangart von Robert M. beobachten, während Ermittler ihn denselben Weg entlanglockten, an dem Jane den »Entführer« das erste Mal gesehen hatte. War es derselbe Mann? Die Polizei hielt dies durchaus für möglich. Und so wurde Robert M. zwölf Tage nach der Schicksalsnacht zum ersten offiziellen Tatverdächtigen – oder wie man auf Portugiesisch sagt, zum »Arguido«.

Die Ermittler versuchten auf unkonventionelle Art und Weise an Informationen zu kommen. Sie freundeten sich mit Robert M. an und gingen mit ihm trinken. Doch die Hoffnung, er würde unter Alkoholeinfluss irgendetwas ausplaudern, sollte sich nicht bewahrheiten. Robert M. verriet später in einer Netflix-Dokumentation, dass ihm ohnehin sofort klar gewesen sei, was die Beamten von ihm wollten.

Weil die Taktik nichts half, wurde sein komplettes Haus auf den Kopf gestellt. Die PJ grub seinen Garten um, ohne etwas zu finden. Regenwasserbecken wurden von Tauchern durchsucht. Auch Leichenspürhunde kamen zum Einsatz, doch sie schlugen nicht an. Einzig und allein ein merkwürdiges Telefonat ließ Robert M. noch verdächtig wirken: Kurz nach Maddies Verschwinden hatte er einen Russen angerufen, der ihm eine Webseite für ein neues Unternehmen programmieren sollte. Wieso rief er ihn spät in der Nacht an, wo die beiden doch behaupteten, sie hätten nur eine Geschäftsbeziehung? Keiner der beiden konnte sich mehr an den Anruf erinnern.

In den Medien war Robert M. schon verurteilt. Viele hielten ihn und den russischen Informatiker für schuldig. Doch die Behörden konnten beide recht schnell entlasten. Sie hatten nichts mit dem Verschwinden zu tun. Robert M. zog daraufhin vor Gericht, wo er 600 000 Pfund an Schadensersatz von britischen Medien zugesprochen bekam, die ihn vorschnell beschuldigt hatten.

MADDIE IST ÜBERALL

Wer aber war es dann? Amaral erhielt täglich Tausende Hinweise, denn der Fall erreichte eine unfassbare mediale Dimension. Man hatte jeden registrierten Pädophilen aus der Nähe überprüft, genauso wie alle vorbestraften Touristen. Und weil der Fall entlang der ganzen Algarve das vorherrschende Thema war, meldeten sich zahlreiche andere Familien, die merkwürdige Beobachtungen gemacht haben wollten. Ein polnischer Urlauber sollte am Tag des Verschwindens in der Nähe des Ocean Clubs heimlich ein kleines Mädchen am Strand fotografiert haben. Der entrüstete Vater fotografierte mit seinem Handy wiederum geistesgegenwärtig das Kennzeichen des Spanners. Die polnische Polizei wurde um Amtshilfe gebeten. Sie machten den Mann ausfindig, doch auch diese Spur führte ins Leere.

Es war wie verhext. Jeder hatte ein Alibi oder konnte als Täter ausgeschlossen werden. Jede aufkommende Spur entpuppte sich innerhalb kürzester Zeit als Sackgasse. In einer lebhaften Urlaubsgegend konnte man also ungesehen ein Kind entführen und kam einfach so davon? Eine bedrückende Schlussfolgerung, die sich die Polizei eigentlich nicht eingestehen wollte.

Derweil tourte die Familie McCann durch Europa und gab in verschiedenen Städten Pressekonferenzen. Längst hatten sie einen Spendenfond für die Suche nach Maddie eingerichtet und wurden von zahlreichen Prominenten unterstützt. Als der Papst sie im Vatikan empfing, begriff selbst der Letzte, dass der Fall mittlerweile fast politische Dimensionen erreicht hatte. Die englische Polizei hatte längst Unterstützung nach Portugal geschickt, denn auch die Briten wollten schnellstmöglich und lückenlos aufklären, was in der Tatnacht wirklich geschehen war.

Täglich wurden Mädchen gesichtet, bei denen es sich angeblich um Maddie handelte. Man wollte sie in Spanien, Belgien, ja sogar in den USA und Australien gesehen haben. An ein und demselben Tag. Es war unmöglich, allen diesen Sichtungen nachzugehen – und es waren wohl ohnehin Verwechslungen. Viele Menschen vermuteten, die Entführer hätten das Mädchen nach Afrika verschleppt. In den ersten Stunden hatte man nicht gezielt an den Grenzen kontrolliert. Ein Foto aus Marokko ging um die Welt, es zeigte eine Familie mit dunklem Teint, die ein kleines blondes Mädchen bei sich hatte. Die Ermittler schafften es sogar, sie ausfindig zu machen. Doch das Kind war nicht Maddie. Wieder eine Sackgasse. Ein britisches Ehepaar wollte die Kleine an einer Tankstelle in Marokko gesehen haben, doch diese Sichtung konnte nicht verfolgt werden.

Madeleine McCann hat ein Alleinstellungsmerkmal, das sie so gut wie von jedem anderen Mädchen in ihrem Alter unterscheidet: In ihrem rechten Auge befindet sich ein ungewöhnlicher brauner Punkt neben der Pupille. Während dieses Merkmal in der Presse ein großes Thema war, waren die Ermittler beunruhigt. Sie befürchteten, dass der Entführer, sollte er Maddie am Leben gelassen haben, sie aufgrund dieses Punktes im Auge doch noch töten könnte, damit sie nicht identifiziert würde.

Nach vielen komplizierten Sichtungen rund um die Welt besann sich die portugiesische PJ auf ihre Kernaufgabe: Dort nach Spuren zu suchen, wo es am wahrscheinlichsten war, sie zu finden. In Praia da Luz. Man hörte unzählige Touristen an und tatsächlich hatte es in der Stadt in den vergangenen Monaten einige Einbrüche gegeben.

Zudem hatten verschiedene Zeugen vor dem Verschwinden des Mädchens tagelang zwielichtige Gestalten um das Apartment 5A herumlungern sehen. Es handelte sich aber meist um unterschiedliche Beschreibungen, die der Polizei nicht wirklich weiterhalfen. Es schien eher, als hätte jeder Bewohner und jeder Tourist in Praia da Luz das Gefühl, irgendeine hilfreiche Beobachtung beisteuern zu müssen.

DER WAHRE ENTFÜHRER?

Und dann stieß die Polizei auf den vielleicht wichtigsten Zeugen: Martin Smith. Der irische Pensionär war am Abend von Maddies Verschwinden zusammen mit seinem Sohn Peter, dessen Frau und seinen Enkeln im »Kellys Pub« in Praia da Luz abendessen. Es muss gegen 21.50 Uhr gewesen sein, als Smith die Rechnung forderte. Sein Sohn und dessen Familie mussten am nächsten Tag früh raus, um rechtzeitig zum Flughafen nach Faro zu kommen. Martin hingegen wollte mit seiner Frau noch ein paar Tage länger die Sonne der Algarve genießen.

Sie liefen auf der im Licht der Straßenlaternen nur mäßig beleuchteten Rue da Escola Primaria in Richtung ihrer nur 500 Meter entfernt liegenden Ferienwohnung, als ihnen ein Mann mit einem schlafenden Mädchen auf dem Arm entgegenkam. Smith hatte nicht auf die Uhr geschaut, aber es musste kurz nach 22 Uhr gewesen sein. Der Unbekannte war laut den Smiths vielleicht Mitte 30, 1,75 bis 1,80 Meter groß und hatte kurzes braunes Haar. Er trug eine creme- oder beigefarbene Hose, würden sie den Ermittlern später sagen.

Martin Smith, ein kontaktfreudiger Mensch, sprach den Mann, den er für den Vater des Kindes hielt, sogar direkt an. Freundlich erkundigte er sich, ob seine Tochter denn schon eingeschlafen sei und er sie jetzt ins Bett bringen würde. Der Mann jedoch würdigte ihn keines Blickes und antwortete einfach nicht. Er lief nur starr die Straße weiter. Smith witterte keinen Verdacht, wieso auch? Zu dieser Zeit war Maddie noch nicht vermisst gemeldet. Er hielt den Fremden zwar für unhöflich und ohne Manieren, aber Sorgen machte er sich nicht. Und die irische Familie hätte die Begegnung wohl sicherlich schnell vergessen, hätte sie sich nicht von Maddie McCanns Entführung gehört.

Das Mädchen auf dem Arm des mysteriösen, schweigenden Mannes trug einen hellen Schlafanzug. Die Smiths schätzten es auf drei, vielleicht vier Jahre. Es schien blond gewesen zu sein. Alle diese Punkte sprechen dafür, dass es sich bei dem Mädchen um die kleine Maddie McCann gehandelt haben könnte. Und die Route, die der Mann genommen hatte, schien laut Amaral für einen potenziellen Entführer deutlich sinnvoller zu sein als die, die Jane Tanners Verdächtiger eingeschlagen hatte. Die Smiths berichteten weiter, dass der Mann sich sichtlich unwohl gefühlt zu haben schien, ein Kind zu tragen. Ein klassischer Tourist schien er auch nicht gewesen zu sein. Noch heute sind die Smiths die vielleicht einzigen Zeugen, die den wirklichen Entführer gesehen haben – falls es wirklich einen gab.

EIN GEFÄHRLICHER VERDACHT

Koordinator Goncalo Amaral und sein Team gingen mittlerweile einer anderen Spur nach. Es war ein gewaltiger, unschöner und gefährlicher Verdacht – und er fiel auf Kate und Gerry McCann, Madeleines Eltern. Doch wie und warum sollten die beiden in das Verschwinden ihrer eigenen Tochter verwickelt sein?

Der Wind hatte sich mit der Zeit gedreht. Während sich anfangs die ganze Welt mit den Eltern zu solidarisieren schien, Prominente Geld gespendet hatten und die Bewohner von Praia da Luz mit den McCanns in dieser schweren Zeit Seite an Seite standen, schlich sich gerade auf der portugiesischen Seite immer mehr Skepsis ein.

Im Nachhinein fällt es schwer, den konkreten Auslöser dafür zu finden. Vielleicht wirkten die McCanns auf viele Zuschauer nicht wie die Prototypen trauernder Eltern. Gerade Gerry McCann wurde in Interviews als sehr kalt und berechnend wahrgenommen. Seine Augen wirkten manchmal starr und emotionslos. Aber geht in einer solchen Situation nicht jeder anders mit der Trauer um? Vielleicht war seine vermeintlich teilnahmslose Ausstrahlung auch Teil seines persönlichen Schutzschilds, um sich auf das Wichtigste zu fokussieren: die Suche nach seinem verschollenen Kind.

Auch das ganze inszenierte Medienspektakel betrachtete man mittlerweile als seltsam. Dass eine Familie Medienberater engagierte und durch ganz Europa tourte, war ebenso ungewöhnlich wie die Tatsache, dass sie die Gelder aus dem Maddie-Spendenfond unter anderem dazu verwendete, um Hypothekenraten für ihr Haus abzuzahlen. Eine gewisse Antipathie machte sich breit – vor allem in Portugal, wo hinter vorgehaltener Hand viele der Meinung waren, dass für ein vermisstes portugiesisches Kind niemals ein solcher Suchaufwand betrieben worden wäre.

Auch kulturelle Unterschiede wurden deutlich. In Portugal gilt es als Unsitte, kleine Kinder alleine zu Hause zu lassen. Entsprechend wurde das Verhalten der »Tapas Sieben« von vielen Seiten kritisiert und nicht wenige waren der Meinung, dass die laschen Vorsichtsmaßnahmen mitverantwortlich für die Kindesentführung waren.

In den sozialen Medien, die 2007 noch in den Kinderschuhen steckten, sahen sich die McCanns zunehmend Anfeindungen ausgesetzt und eine Vielzahl der Kommentare gingen dabei deutlich unter die Gürtellinie, was gerade in so einem tragischen Vermisstenfall moralisch nicht vertretbar ist. Auf einer Pressekonferenz des englischen Paares in Berlin stellte schließlich ein Journalist eine Frage, die den Anfang einer spektakulären Wende in diesem Fall darstellen sollte. Der Reporter fragte frei heraus, ob die Eltern eigentlich selbst von der PJ verdächtigt würden.

Diese Frage hätte Goncalo Amaral natürlich besser beantworten können und die Antwort lautete zu diesem Zeitpunkt tatsächlich: Ja, die McCanns gehörten zum Kreis der Verdächtigen. Das Team um den Chefermittler war, was eine Entführung anging, von Anfang an skeptisch gewesen. Zu viele Details schienen keinen Sinn zu machen. Trotzdem überprüften sie, das hat Amaral in seinem Buch später selbst zugegeben, die Eltern am Anfang nicht sorgfältig genug. Es ist immer schwierig, Eltern, die gerade ihr Kind verloren haben, unter Verdacht zu stellen. Und sollte sich herausstellen, dass sie unschuldig sind, betrachten sie die Polizei danach nicht selten als Feind und kooperieren nicht weiter. Es bedarf viel Fingerspitzengefühl, um diesen Drahtseilakt zu absolvieren.

Die PJ hatte zunächst auch nicht beantragt, die Mobiltelefone der Eltern abzuhören – und als sie doch noch einen entsprechenden Antrag stellten, lehnte der Ermittlungsrichter diesen ab. Was also hatten die Ermittler in der Hand? Sprach irgendetwas für eine vorgetäuschte Entführung? Und wieso sollten Eltern eine derart hollywoodreife Inszenierung planen?

ALLES NUR THEATER?

Als Kate McCann in die Wohnung kam, stand das Schlafzimmerfenster offen und der Rollladen war hochgezogen. Maddies Eltern vermuteten, der Entführer hätte ihn von außen hochgeschoben. Allerdings gab es keinerlei glaubhafte Einbruchsspuren und das Rollo von der Straße aus hochzuschieben hätte laut der Polizei einen enormen Krach verursacht. Wie aber kam der Entführer sonst in das Eckapartment?

Es gab zwei Eingänge: die Haupttür, für die man einen Schlüssel brauchte, und die Terrassentür, die in Blickrichtung des Tapasrestaurants lag, in dem die Eltern aßen. Die Tür zur Veranda konnte man nur von innen verriegeln und an jenem Abend hatten die McCanns sie unverschlossen gelassen, um bei ihren halbstündigen Kontrollen durch sie in die Wohnung zu gelangen. Es gab jedoch unterschiedliche Behauptungen, ob die Eltern in der entscheidenden Nacht die Haupttür benutzten, was einen Umweg bedeutet hätte, oder die Terrassentür, die von der Tapasbar viel schneller zu erreichen war.

Wenn die Hintertür aber nicht verschlossen war, hätte theoretisch auch ein Entführer in die Wohnung gelangen können, ohne Einbruchsspuren zu hinterlassen. Laut den McCanns war der Tisch der »Tapas Sieben« so positioniert, dass man besagten Hintereingang permanent im Auge gehabt hätte – ein fremder Eindringling wäre niemals unbemerkt geblieben. Die PJ kam allerdings zu einem anderen Ergebnis: Von der Tapasbar hatte man keine direkte Sicht auf die Terrassentür. Ein Fremder hätte sich also durchaus ungesehen Zugang zum Apartment verschaffen können. Wieso wurde hier die Unwahrheit gesagt? Um sich selbst das Gewissen zu erleichtern, alles getan zu haben, um die Kinder zu schützen?

Kate McCanns Verhalten, nachdem sie das Verschwinden Maddies entdeckt hatte, wurde von Amarals Team ebenfalls misstrauisch analysiert. Warum rannte sie zurück zur Tapasbar, anstatt bei den Zwillingen zu bleiben und diese zu beschützen? Immerhin hätte der Entführer noch in der Nähe sein können. Man kann dieses Verhalten mit dem enormen Schock rechtfertigen, aber wieso rief Kate McCann: »Sie haben sie geholt!« Wer waren »sie«? Wieso war sie sich so sicher, dass Maddie nicht einfach weggelaufen war? Und wieso sprach sie gleich von mehreren Entführern? Die PJ legte ihr Verhalten als verdächtig aus.

Noch war den Eltern nicht bewusst, dass sie im Krisenraum der PJ mehr und mehr zu den Hauptverdächtigen wurden. Die McCanns hatten ein Internetvideo von einem selbst ernannten Experten aus Südafrika gesehen, der eine Maschine entwickelt hatte, die angeblich mithilfe von DNA Leichen aufspüren konnte. Der »Guru« reiste tatsächlich mit seinem Wunderapparat nach Praia da Luz, konnte erwartungsgemäß jedoch keinerlei Aufklärung bewirken. Später sagten Maddies Eltern, sie wären so verzweifelt gewesen, dass sie nach jedem Strohhalm gegriffen hätten. Amaral hatte das Prozedere begleitet und war höchst misstrauisch geworden, weil die Eltern auf einmal selbst von einer Leiche sprachen, wo sie bisher doch immer davon ausgegangen waren, dass Maddie lebte.

Mittlerweile beteiligten sich auch die Medien an den Spekulationen um eine mögliche Inszenierung. Der Artikel »Schweigepakt«, abgedruckt im portugiesischen Wochenblatt »Sol«, behauptete, die McCanns seien mittlerweile selbst Verdächtige. Die Journalisten stellten gar die Theorie auf, die McCanns hätten ihre Kinder mit Beruhigungsmitteln ruhiggestellt, um die Abende im Kreise der Erwachsenen in Ruhe zu genießen. Die »Tapas Sieben« hätten Stillschweigen über den Abend des 3. Mai vereinbart, hieß es in den Anschuldigungen, die auf keinerlei Beweisen fußten, aber die McCanns und ihre Freunde in großen Verruf brachten. Man sagt, zwei Freunde könnten ein Geheimnis behalten, aber gleich sieben?

LEICHENGERUCH

Kate und Gerald McCann waren beide praktizierende Ärzte und im Umgang mit Betäubungsmitteln geschult, was in den Medien gerne gegen die Engländer ausgelegt wurde. Amaral und sein Team hatten mittlerweile einen furchtbaren Verdacht: Hatten die Eltern der kleinen Maddie eine Überdosis Schlafmittel verabreicht, an der sie verstorben war? Oder hatte es möglicherweise einen anderen tödlichen Unfall gegeben, der mit der Entführung vertuscht werden sollte?

Um Licht ins Dunkel zu bringen, reisten zwei hervorragend ausgebildete Spürhunde aus England an den Tatort: Keela, die auf menschliches Blut spezialisiert war, und Eddie, der Leichengeruch selbst noch nach Wochen und sogar unter Wasser wahrnehmen konnte und mit einem Bellen anzeigte. Beide Hunde waren extrem zuverlässig und hatten bereits entscheidend zur Auflösung vieler anderer Kriminalfälle beigetragen.

Die PJ-Ermittler trauten ihren Ohren nicht, als die beiden Hunde im Apartment 5A zu bellen begannen. Eddie nahm Leichengeruch an einer Seite des Kleiderschranks, hinter dem Sofa und im Blumenbeet vor der Veranda wahr. Auch Keela wurde fündig und entdeckte eine nicht mehr sichtbare Blutspur – ebenfalls hinter der Couch.

Amaral wähnte sich schon damit auf der richtigen Spur, doch die Hunde fanden noch mehr. An Kleidungsstücken von Maddie und von Kate McCann sowie an Maddies geliebtem Stofftier Cuddle Cat signalisierte Eddie Leichengeruch. Als man in einer Garage verschiedene Autos platzierte, darunter auch den Mietwagen der McCanns, den sie allerdings erst nach Maddies Verschwinden gemietet hatten, ließ man die Hunde los. Der einzige Wagen, der Eddie und Keela zu interessieren schien, war ausgerechnet jener der McCanns. Im Kofferraum schlugen beide Hunde an – es existiert ein beeindruckendes Video von dem Vorgang. Doch woher kam der Leichengeruch in einem Auto, welches das Ehepaar erst nach Maddies Verschwinden gemietet hatte? Waren Amaral und seine Leute wirklich auf der richtigen Spur?

Die portugiesischen Medien waren ungewöhnlich schnell und umfassend informiert, was darauf schließen ließ, dass es einen Leak aus Ermittlerkreisen gegeben hatte. Die Theorie, dass Maddie bereits im Apartment gestorben war, wurde in den Medien durch die neuesten Erkenntnisse weiter befeuert und das Ansehen der McCanns in Portugal nahm Tag für Tag ab.

Währenddessen analysierten Experten in einem Labor in Birmingham die Blutspuren. Die Ergebnisse waren für die Ermittler unbefriedigend: Das Blut im Apartment wurde einer männlichen Person zugeordnet und stammte wohl von einem früheren Gast. Die Blutspur im Kofferraum des Mietwagens schien dagegen vielversprechender. Sie enthielt 15 von 19 DNA-Komponenten von Madeleine McCanns DNA. Allerdings reichte das nicht als Beweis dafür aus, dass das Blut eindeutig von Maddie war. Auch ihre Geschwister haben eine ähnliche DNA und kämen daher als Verursacher infrage. Mittlerweile geht man nicht mehr davon aus, dass das Blut von Maddie stammt.

EINE BIZARRE THEORIE

Die Unstimmigkeiten hinderten die PJ nicht, ihre Theorie weiter auszubauen. Goncalo Amaral ging davon aus, dass Maddie am 3. Mai 2007 entweder durch eine Überdosis Beruhigungsmittel oder durch einen Unfall in Apartment 5A ums Leben gekommen war und die Eltern dies nicht der Polizei melden wollten, weil sie Angst um ihre Arztkarrieren hatten oder fürchteten, wegen vernachlässigter Aufsichtspflicht verhaftet zu werden. Amaral beschrieb Gerald McCann als einen Mann, der als Arzt gelernt hatte, rationale und kalte Entscheidungen in Sekundenschnelle zu treffen.

Laut Amaral könnte die Leiche anschließend in einer Kühltruhe oder Ähnlichem gelagert worden sein, bis sie irgendwann im neuen Mietwagen entsorgt wurde. Das würde den Leichengeruch im Apartment und vor allem im Mietwagen erklären, der erst nach Maddies Verschwinden gemietet worden war.

Am 7. September 2007 erhielten die McCanns offiziell den »Arguido«, den Verdächtigenstatus, der in Portugal den Ermittlern auch gezieltere Befragungen ermöglicht. Zwei Tage zuvor soll man Kate McCann angeboten haben, dass sie womöglich nur zwei Jahre in Haft müsste und ihr Mann nicht angeklagt würde, wenn sie den angeblich vertuschten Unfall gestehen würde. Sie empfand dieses Angebot als absolut unverschämt, schwieg daraufhin im Verhörraum trotzig und beantwortete keine einzige der 48 Fragen, die ihr während des elfstündigen Verhörs gestellt wurden. Die PJ war mittlerweile zu ihrem persönlichen Feindbild geworden, da sie, anstatt ihr Kind zu suchen, haltlosen Verdächtigungen nachging. Gerry McCann hingegen antwortete bereitwillig auf die Fragen der Ermittler, was allerdings zu keinem erhärteten Tatverdacht führte.

Am 9. September 2007 kehrten die McCanns, trotz ihres Status als »Arguidos«, nach Rothley zurück, ihrem 4000 Seelen zählenden Heimatort in England. Die Abreise wurde ein mediales Ereignis: Jeder Schritt wurde von Kameras begleitet. Auch als Gerry McCann mit einem der Zwillinge auf dem Arm das Flugzeug verließ, waren die Zuschauer live dabei. In Irland verfolgte die Familie Smith das bizarre Spektakel vor dem TV-Gerät und erlitt fast einen Schock, als sie Gerry McCann das Flugzeug verlassen sah. So wie er sich bewegte und wie er sein Kind trug, erinnerte er exakt an den vermeintlichen Entführer, den sie in der Tatnacht gesehen hatte. War Gerry McCann der Unbekannte, der mit Maddie auf dem Arm Richtung Meer lief? Hatte er deswegen nicht auf die Frage von Martin Smith reagiert? War Maddie zu diesem Zeitpunkt nicht etwa eingeschlafen, sondern tot? Dann allerdings hätten alle Mitglieder der »Tapas Sieben« gelogen, wenn sie die Anwesenheit des Arztes bestätigten. Zudem gab es noch unabhängige Zeugen im Restaurant. Wahrscheinlicher ist, dass sich die Smiths in dieser Hochzeit der Verdächtigung gegen die McCanns davon hatten leiten lassen.

DIE ENTLASSUNG DES CHEFERMITTLERS

Dann kam unerwartet die nächste Wende. Goncalo Amaral wurde versetzt und vom Fall Madeleine McCann abgezogen. Er hatte gegenüber einer portugiesischen Zeitung behauptet, die englischen Behörden würden nur Hinweisen nachgehen, die die McCanns entlasteten. Das reichte, um ihn seiner Aufgaben zu entbinden. Er selbst vermutete später in teils kryptischen Andeutungen, dass hinter dieser Entscheidung politischer Druck von ganz oben gesteckt habe. Längst hatte sich die Legende verbreitet, die McCanns hätten einflussreiche Freunde in der englischen Politik. Amaral veröffentlichte als Antwort auf seine Versetzung sein Buch »Die Wahrheit über die Lüge«. Darin schrieb er seine Sicht auf den Fall nieder und bezichtigte die Eltern des Vertuschens eines tödlichen Unfalls.

Die McCanns klagten gegen Amaral, der jedoch in höherer Instanz recht bekam und sein Buch weiter verkaufen durfte. In Portugal wurde es ein Bestseller, hunderttausendfach gelesen. Tatsächlich sehen viele Portugiesen Amaral noch heute als Helden, der kurz davor war, die Wahrheit aufzudecken, und entlassen wurde, als er zu nah daran schien.

Amarals Nachfolger, Paulo Rebelo, konnte den Tatverdacht gegen die McCanns nicht mehr erhärten und so wurde ihr Status als »Arguidos« am 21. Juli 2008 vom portugiesischen Generalstaatsanwalt offiziell für nichtig erklärt. Von da an wurde nicht mehr gegen sie ermittelt. Allerdings stellte die PJ kurz darauf aufgrund von Ergebnislosigkeit die Ermittlungen im Fall Maddie generell ein – zumindest in dem Umfang wie bisher.

Die McCanns dagegen dachten nicht daran aufzugeben. Mithilfe prominenter Spender und Unterstützer engagierten sie im Laufe der Jahre diverse Detekteien, um den Fall privat zu untersuchen. Ein reicher Geschäftsmann, der die McCanns unterstützte, flog gar auf eigene Faust ins Atlasgebirge, um eine Sichtung zu überprüfen. Mit fragwürdigen Methoden ermittelte derweil eine ganze Armada an Privatdetektiven rund um Praia da Luz. Doch keine ihrer Spuren führte zum Ziel.

OPERATION GRANGE

2011 übernahm mit dem Scotland Yard eine Behörde aus Großbritannien wieder ganz offiziell die Ermittlungen und startete die »Operation Grange«, in der sie den Fall Madeleine McCann von Grund auf neu aufrollte. Ein Team aus knapp 30 Ermittlern legte los wie die Feuerwehr: Hunderte Zeugen wurden verhört, Verdächtige untersucht und ein altersgemäßes Foto von Maddie wurde erstellt und zur Fahndung herausgegeben. 2013 erreichten die Ermittler zumindest einen Teilerfolg und identifizierten den Mann, den Jane Tanner gesichtet hatte und den sie damals für den Entführer hielt. Die PJ, die Tanner einst unterstellt hatte, sie hätte die Sichtung frei erfunden, lag also falsch. Der Mann existierte wirklich. Es handelte sich um einen britischen Touristen, der seine Tochter von der Kinderkrippe des Ocean Clubs abgeholt hatte. Tanner hatte also keinen Entführer gesehen, sondern einen ganz normalen Vater mit seinem Kind. Man steckte den Mann in seine alte Kleidung und erkannte die verblüffende Ähnlichkeit zu dem alten Phantombild. Da sich damit die am Anfang wichtigste Sichtung als Sackgasse herausstellte, schien es am wahrscheinlichsten, dass die irische Familie Smith den wahren Entführer gesehen hatte.

Scotland Yard hielt zwei Theorien für am wahrscheinlichsten. Nummer 1: ein schiefgegangener Einbruch. In den Wochen vor Maddies Verschwinden hatte es einige Diebe gegeben, die durch Fenster in Praia da Luz in Ferienapartments eingestiegen waren. War Maddie bei dem Einbruch aufgewacht und wurde aus Panik von dem Eindringling getötet? Theorie Nummer 2 war eine geplante Entführung.

Scotland Yard gelang es, Teile der Einbruchsbanden zu identifizieren, und legte die Einbruchtheorie daher schnell zu den Akten. Die wahrscheinlichere Variante war für die Beamten nun tatsächlich eine gezielte Entführung. Indizien dafür waren mehrere Männer, die Tage vor dem Verschwinden immer wieder vor Apartment 5A gesichtet worden waren. Da die McCanns und ihre Freunde abends meistens im Tapasrestaurant speisten und ihre Kinder alleine ließen, hätten die Entführer die Gewohnheiten der Reisegruppe recht einfach ausspähen können. Auch auf dem Zettel der Reservierung des Ocean Clubs hatten die »Tapas Sieben« vermerkt, dass die Kinder alleine in den Wohnungen blieben. Kate McCann befürchtete, der Entführer könnte diesen Zettel gelesen haben. Tatsächlich ermittelte Scotland Yard auch gegen ehemalige Mitarbeiter des Ocean Clubs, doch wieder einmal erhärtete sich kein Verdacht.

Trotz einiger Teilerfolge wurde »Operation Grange« immer mehr verkleinert, auch wenn Madeleines Eltern immer wieder dafür kämpften, dass die Ermittlungen weiterhin finanziert und nicht eingestellt würden. Scotland Yard hält es aufgrund seiner Indizienlage für durchaus wahrscheinlich, dass Madeleine sogar noch leben könnte.

2019 wurde in den Medien spekuliert, es gäbe einen neuen Verdächtigen. Kurioserweise kam das Gerücht anscheinend von einem alten Bekannten: Goncalo Amaral, der auf einen deutschen Tatverdächtigen hinwies, der wohl aktuell gerade untersucht würde. Es handelte sich dabei laut Medieninformationen um Martin N., einen mehrfachen Kindesmörder, auch bekannt als der »Maskenmann«, der in den 1990er-Jahren öfter an der Algarve Urlaub machte. Der »Maskenmann« soll angeblich kurz vor Maddies Verschwinden von einem Mitarbeiter des Ocean Clubs dabei beobachtet worden sein, wie er auffällig mehrere Frauen anstarrte. Allerdings soll Martin N. schon früher überprüft worden sein und ein Bewegungsprofil des verurteilten Mörders, der aktuell im Gefängnis sitzt, ergab, dass er zum Tatzeitpunkt vermutlich nicht in Praia da Luz war.

Aktuell kolportierten die portugiesischen Medien, dass es noch einen neuen Verdächtigen gäbe, der in Porto von der PJ verhört würde. Obwohl der Fall mittlerweile zwölf Jahre her ist, gibt es anscheinend immer neue Ermittlungsansätze.

MEIN FAZIT

Ich habe mir zu diesem Fall so ziemlich alles durchgelesen und angesehen, was ich finden konnte. Von Amarals Buch über eine acht Folgen lange Netflix-Dokumentation bis hin zu absurden Verschwörungstheorieblogs im Internet. Ich persönlich bin für mich zu dem Schluss gekommen, dass ich die Eltern trotz einiger begründeter Verdachtsmomente für absolut unschuldig halte. Die Blutspuren konnten geklärt werden. Einen Unfall oder eine Überdosierung eines Schlafmittels halte ich für unwahrscheinlich, auch wenn viele der ersten Ermittler der PJ wohl immer noch davon überzeugt sind.

Die entscheidende Frage, wenn Amaral recht hätte, ist, wie die Eltern Maddies Leiche entsorgt haben sollten. Laut dem ehemaligen Chefermittler hätten sie den Leichnam erst in einer Gefriertruhe oder einem Kühlschrank und dann in ihrem Mietwagen gelagert. Jedoch wurden die McCanns auf Schritt und Tritt von Paparazzi und Kamerateams verfolgt. Wie hätten sie da ungesehen eine Leiche entsorgen sollen? Noch dazu in ihrem offiziellen Mietwagen? Wieso sollten sie dann nach zwölf Jahren immer noch so intensiv die Suche nach der Wahrheit vorantreiben?

Die Unstimmigkeiten in den Aussagen der »Tapas Sieben« lassen sich meiner Meinung nach damit begründen, dass man sich im Schock dieser Nacht falsch an bestimmte Ereignisse erinnerte. Auch dadurch, dass in der Schicksalsnacht irgendwann alle miteinander sprachen, könnten die exakten Erinnerungen weiter verwässert worden sein.

Jane Tanner, der von der PJ unterstellt wurde, sie hätte den »Entführer« nur erfunden, hatte ja wirklich einen Mann gesehen. Dies konnte Scotland Yard verifizieren, der Mann war nur nicht der Täter. Der Entführer musste nicht aufwendig ins Apartment eindringen, durch die nicht verschlossene Verandatür wäre er ganz einfach hineingelangt. Entweder reichte er Maddie durch das offene Fenster nach draußen an einen Verbündeten oder das Fenster wurde nur geöffnet, um einen falschen Fluchtweg zu simulieren. Alternativ stieg der Entführer vielleicht doch durchs Fenster ein und man konnte die Spuren aufgrund des verunreinigten Tatorts nur nicht sichern. Dass es möglich war, durchs Fenster in die Ferienapartments einzudringen, hatten andere Einbrüche in diesem Zeitraum gezeigt.

Für mich bleibt als stärkster Verdachtsmoment gegen die Eltern der Leichengeruch. Was ihn betrifft, bin ich auch überfragt. Natürlich kann in Apartment 5A schon früher jemand gestorben sein. Möglicherweise lässt sich der Geruch auch mit Kates Tätigkeit als Ärztin begründen. Sie hatte öfter mit Toten zu tun und deren Gerüche könnten auf ihre Kleidung übergegangen sein. Warum sich der Geruch aber auch an Maddies Schmusetier »Cuddle Cat« wiederfand, bleibt mysteriös. Denn bis sich Leichengeruch entwickelt, muss ein Mensch in der Regel bereits zwei Stunden tot sein.

Die portugiesische Polizei hat leider in den ersten und wichtigsten Stunden vieles versäumt, weshalb sie von den britischen Medien teilweise mit der Justiz eines Entwicklungslands verglichen wurde. Auch wenn dieser Vergleich übertrieben sein mag, hätte man mit einem intelligenteren und schnelleren Vorgehen den Täter eventuell geschnappt.

Welche Theorien existieren noch? Maddie könnte von alleine aufgewacht, nach draußen gelaufen und spontan von einem vorbeikommenden Sexualstraftäter entführt worden sein. Doch diese Theorie halte ich für nicht schlüssig, das geöffnete Fenster und die zurückgelassene Cuddle Cat sprechen dagegen. Auch an das Einbruchsszenario mit Todesfolge glaube ich nicht. Da müsste schon viel schiefgehen, damit ein Gelegenheitsdieb im Affekt ein Kind tötet – und das auch noch, ohne irgendwelche Spuren zu hinterlassen.

Die wahrscheinlichste Variante ist tatsächlich eine gezielte Entführung, eventuell sogar von Profis ausgeführt. Dubiose Gestalten sollen das Apartment 5A ausgekundschaftet haben – natürlich können dies falsch beschuldigte Touristen oder Einheimische sein, die zufällig in der Gegend herumlungerten. Allerdings waren die McCanns, wenn man sie denn beobachtet hätte, ein geeignetes Ziel für Kindesentführer. Sie ließen ihren Nachwuchs abends zur Essenszeit alleine und es gab Möglichkeiten, in die Wohnung einzudringen. Doch wie schafft man das, ohne dass irgendjemand etwas sieht und hört? Vor allem: Wieso schrie Maddie nicht los? Oder die Zwillinge? Kate McCann vermutete, der Entführer habe die Zwillinge und Maddie betäubt und ruhiggestellt. Leider versäumte die Polizei es, Maddies Geschwister dahingehend zu untersuchen. Aber viele Zeugen, die an jenem Abend in das Apartment 5A strömten, sagten aus, dass die Zwillinge trotz des Trubels einfach seelenruhig weiterschliefen.

Ich habe diese Geschichte mit einem Satz von Madeleine begonnen, den sie am Morgen des Tages gesagt haben soll, an dem sie verschwand. Maddie fragte ihre Mutter, warum diese in der Nacht zuvor nicht da gewesen sei, als sie und ihr Bruder weinten. Jetzt kann man den Satz vielleicht in einem anderen Kontext sehen: Kate McCann selbst zumindest vermutete, dass der Kidnapper vielleicht bereits eine Nacht zuvor in der Wohnung gewesen sei, aus Angst, entdeckt zu werden, aber einen Rückzieher gemacht hätte. Deswegen hätten Maddie und ihr Bruder angefangen zu weinen.

Sollte der Entführer so professionell vorgegangen sein, könnte ein Kinderhändlerring dahinterstecken. Ein einzelner Sexualstraftäter, der die Gelegenheit witterte, wäre womöglich nicht so professionell vorgegangen – ohne auch nur den Hauch einer Spur zu hinterlassen.

In kaum einem anderen Fall weltweit wurden derart viele Ermittlungsressourcen und Experten eingesetzt – und trotzdem gibt es bis heute keine wirklich relevante Spur. Wenn eine Unterweltorganisation dahintersteckt, die auf den Handel von Kindern spezialisiert ist, könnte das bedeuten, dass Maddie tatsächlich noch lebt. Allerdings gab es solche Fälle an der Algarve zuvor noch nie, generell sind organisierte Kindesentführungen in westlichen Ländern extrem selten. Wieso also ausgerechnet Madeleine McCann? Aber falls es doch stimmt, bleibt die Frage: Was wurde aus Madeleine? Wurde sie verkauft? Lebt sie bei einer fremden Familie? Warum tauchte sie nie wieder auf? Wird sie gefangen gehalten? Scotland Yard scheint bezüglich ihres Überlebens sehr optimistisch zu sein und ich wünsche mir sehr, dass sie recht haben und den Täter irgendwann doch noch schnappen. Es darf einfach nicht sein, dass ein Mensch damit davonkommt, ein hilfloses Kind so dreist zu entführen.

Goncalo Amaral ist heute in Portugal überaus bekannt und populär, auch in der recht aktuellen Netflix-Dokumentation wurde er interviewt. Er ist bis heute felsenfest davon überzeugt, dass es nie eine Entführung gegeben hat. Und wenn man dem charismatischen Portugiesen so zuhört, bekommt man fast wieder Zweifel. Jemand muss die Wahrheit ans Licht bringen, es ist an der Zeit, diesen Vorfall endlich lückenlos aufzuklären – für die sich aufopfernden Helfer, für die nie schlafenden Ermittler, für die mit Verschwörungstheorien beschuldigten »Tapas Sieben«, für die so schrecklich leidenden Eltern Gerry und Kate McCann. Vor allem aber für Madeleine selbst.

INTERVIEW MIT PROFILER MARK T. HOFMANN

JULIAN HANNES: Es gibt unzählige Theorien zum Fall Maddie McCann. Welche hältst du nach aktueller Faktenlage für am realistischsten – und warum?

MARK T. HOFMANN: Dies ist ein schwieriger Fall und die zwei wesentlichen Theorien sind entweder eine Entführung oder ein Unfalltod mit anschließender Inszenierung einer Entführung durch die Eltern. Aber betrachten wir nüchtern und analytisch die Faktenlage: Am Tag des Verschwindens wurde ein Mann mit einem Kind auf dem Arm gesehen und ein paar Tage davor wurden »zwielichtige Gestalten« in der Nähe des Apartments beobachtet. Das sind die zwei wesentlichen Indizien, die für eine Entführung sprechen. Einbruchsspuren oder handfeste Beobachtungen einer Entführung gibt es aber nicht.

Schauen wir uns an, was gegen die Eltern spricht: Leichengeruch am Kuscheltier, Leichengeruch und Blutspuren im Apartment, Leichengeruch und Blutspuren im Mietwagen. Die Blutspuren haben scheinbar 80 Prozent Übereinstimmung mit Maddies DNA. Der Verdächtigenstatus gegen die Eltern wurde nicht aufgehoben, weil sie zweifelsfrei entlastet wurden, sondern nur weil 80 Prozent Übereinstimmung als sicherer Beweis nicht ausreichten. So grausam der Verdacht sein mag, kann man diese Indizien nicht einfach von der Hand weisen.

Ich habe etwas weiter in diese Richtung gedacht und zwei weitere Unstimmigkeiten bemerkt: Das Bett, aus dem Maddie scheinbar entführt wurde, war bis auf ein Eselsohr oben rechts perfekt gemacht. Wenn man ins Zimmer kommt und feststellt, dass ein Kind verschwunden ist, was würde man tun? Ich kann sagen, was ich tun würde: Die Bettdecke panisch hochreißen, unters Bett gucken, aus dem Fenster gucken, alle Schränke durchsuchen und erst danach Alarm schlagen, dass »sie sie geholt haben«.

Nach zwölf Stunden sprachen die Eltern bereits in der Vergangenheitsform von Maddie. Ich will dies nicht bewerten, nur nüchtern feststellen, dass es sehr, sehr selten und unüblich ist. Es gab Fälle, da sprachen Mütter noch in der Gegenwartsform über das eigene Kind, obwohl bereits eine Leiche identifiziert wurde.

Die Indizien sind da, allerdings auch genug Gründe, warum es fast unmöglich scheint, dass die Eltern bei dieser Publicity eine Leiche zwischenlagern und entsorgen konnten.

Derzeit gibt es einen Verdacht gegen einen Mann, der ein Entführer sein könnte. Solange es kein Geständnis gibt, könnte es aber schwierig sein etwas zu beweisen. Daher glaube ich, dass dieser Fall ungelöst bleiben wird. Jede Variante scheint unwahrscheinlich. Es gibt zu wenig handfeste Beweise, um den Tathergang klar zu rekonstruieren. Wenn man nicht weiß, was passiert ist, kann man auch nicht analysieren, warum es passiert ist. Beide Theorien sind möglich. Wenn ich mich entscheiden müsste, teile ich hier eher die Auffassung Amarals und amerikanischer Kollegen, dass die Eltern möglicherweise mehr wissen, als sie sagen.

Kannst du ein kurzes Täterprofil erstellen: Wer entführt ein Kind im Urlaub, während die Eltern nur wenige Meter weiter am Esstisch sitzen? Wiederholungstäter?

Wenn ein Kind wirklich entführt wird, was extrem selten ist, ist Lösegeld ein häufiges Motiv. Da im Fall Maddie aber nie Forderungen eines Entführers gestellt wurden, müssen wir vom Schlimmsten ausgehen: entweder ein Einzeltäter, der Befriedigung an der Entführung, dem Festhalten oder Töten eines Mädchens findet, oder Menschenhandel mit dem Ziel der sexuellen Ausbeutung.

Ein Mädchen aus einem-Hotel zu entführen ist höchst riskant und quasi einmalig. Wäre dies die Tat einer Bande, hätte es in der Vergangenheit wahrscheinlich bereits ähnliche Fälle gegeben – und es würde auch in der Zukunft ähnliche Fälle geben. Menschenhändler entführen Kinder auf offener Straße in sozial schwachen Vierteln. Sie holen keine Kinder der gehobenen Mittelschicht aus dem Bett eines Hotel-Resorts. Kombiniert mit dem gesichteten Mann, der alleine und zu Fuß durch die belebten Straßen ging, scheint dies nicht das Werk von organisierten Profis zu sein. Die Tatsache, dass das Apartment an einer öffentlichen Straße lag, macht es nicht unwahrscheinlich, dass ein Einzeltäter zufällig eine sich bietende Gelegenheit gefunden hat. Dennoch muss dann jemand die Familie und Maddie seit Tagen beobachtet und gewusst haben, dass die Kinder abends alleine waren und wann und wie oft Kontrollgänge stattfanden.

Das einzig wahrscheinliche Motiv eines Einzeltäters sehe ich leider ebenfalls in sexuellem Missbrauch und/oder Mord. In diesem Fall würde ich aber auf einen Wiederholungstäter tippen und wahrscheinlich auf jemanden, für den diese Region eine Komfortzone ist.

Was hätten die Behörden vor Ort besser machen können? Denkst du, mit besserer Polizeiarbeit hätte man den Täter gefasst?

Die portugiesische Polizei hat das Vorgehen für Einbrüche angewandt, da es für Entführungen, weil sie so selten sind, kein Standardvorgehen gab. Wenn das wahr sein sollte, klingt es nicht gerade beruhigend. Was macht die portugiesische Polizei denn dann bei Geiselnahmen, Terroranschlägen oder Serienmördern?

Die sind ebenfalls selten, und dennoch muss es einen Plan geben, wie solche Fälle zu behandeln sind. Ich glaube aber, dass dieser Fall auch bei schnellerer und vielleicht besserer Polizeiarbeit nicht hätte gelöst werden können. Durch die Medien gab es ja schnell Aufmerksamkeit und in dem ganzen Ort gab es nur noch ein Thema. Jeder war informiert. Wenn also irgendein Zeuge irgendetwas gesehen hätte, hätte er oder sie sich gemeldet – auch Tage später. Doch trotz weltweiter Aufmerksamkeit hat niemand etwas wirklich Aufschlussreiches beobachtet. Natürlich hätte die Polizei schneller kommen können, den Tatort sichern und Zeugen trennen und einzeln befragen können. Ich bezweifele aber, dass dies den Fall gelöst hätte, wenn selbst jahrelange internationale Ermittlungen ihn nicht lösen konnten.

SPÜRHUNDE

Welche Hunde werden auf der Suche nach Vermissten eingesetzt?
Es gibt verschiedene Arten von Spürhunden: Blutspürhunde, Leichenspürhunde und Mantrailer. Die Polizei setzt in allen Fällen vor allem
auf deutsche und belgische Schäferhunde, deren Ausbildung im Alter
zwischen acht und zwölf Wochen beginnt. Die Hunde werden mit Kleidungsstücken eines Toten oder mit Blut, das sich der Ausbilder selbst
abgenommen hat, trainiert. Das Ganze wird für die Hunde wie ein Spiel
inszeniert.

Was machen Leichenspürhunde genau?
Leichenspürhunde können Leichengeruch wittern – allerdings muss die
Leiche sich nach Eintritt des Todes mindestens zwei Stunden an einem
Ort befunden haben, damit die Spur für den Hund erkennbar ist. Solange dauert es, bis Gase aus dem leblosen Körper austreten, auf die die
trainierten Hunde anschlagen. Ist der Zeitpunkt erreicht, erkennen die
Hunde allerdings selbst Orte, an denen der Tote nur kurze Zeit abgelegt
wurde (etwa im Kofferraum eines Autos). So können sie helfen, dem
Täter auf die Spur zu kommen. Es gibt dokumentierte Fälle, in denen es
einem Hund gelang, eine einbetonierte Leiche zu erschnüffeln. In einem
anderen Fall reichte ein zwei Meter tiefes Loch im Wald nicht aus, um
den Vierbeiner in die Irre zu führen.

Was ist die Aufgabe von Blutspürhunden?
Blutspürhunde riechen, was Ermittler nicht sehen können. Ein Ehemann,
der seine Frau umbrachte, renovierte daraufhin die Wand im Schlafzimmer. Während der Tat hatte es unvermeidliche Blutspritzer gegeben.
Während die Behörden nichts Verdächtiges erahnten, schlug ein Blut-
spürhund an, er konnte selbst durch den neuen Wandbelag das Blut
dahinter wahrnehmen.

Die Polizei in Nordrhein-Westfalen verfügt über spezielle Spürhunde,
die auf Wasserleichen trainiert sind. Mit spezialangefertigten Booten,
auf denen die vierbeinigen Ermittler sich vornüber lehnen können, hal-

ten sie ihre Nase dicht über das Wasser und schlagen an der Stelle an, an der Leichengas Richtung Wasseroberfläche strömt. Selbst in zehn Metern Tiefe ist es für die tierischen Experten noch möglich, eine Wasserleiche zu wittern.

Wann setzt die Polizei Mantrailer ein?
Sogenannte Mantrailerhunde sind auf den Geruch von lebenden Personen spezialisiert, beispielsweise verschüttete Lawinenopfer. Sie können den Weg, den eine vermisste Person beschritten hat, über viele Kilometer nachverfolgen, indem sie ihre Fährte wittern. Jeder Mensch hinterlässt nämlich, vor allem durch den Verlust von 40 000 Hautzellen pro Tag, eine individuelle Geruchsspur. Diesen menschlichen Geruchscocktail können die speziell ausgebildeten Mantrailer von allen anderen Gerüchen der Umwelt isolieren und bis zu 24 Stunden lang nachverfolgen – in einzelnen Fällen sogar noch deutlich länger. Die Ausbildung zum Mantrailer kann schon mal zwei bis drei Jahre in Anspruch nehmen. Doch dann reicht der Supernase meist ein Kleidungsstück des Vermissten, um die Fährte aufzunehmen.

UNSCHULDIG VERURTEILT?

Sie hat einen schrecklichen Albtraum: Ihr Freund und seine Gang haben jemanden getötet. Jetzt will ihr die Polizei einreden, dass es gar kein Traum war. Sie will nur, dass es aufhört, will zu ihrer kleinen Tochter. Die Polizei sagt, sie müsse nur aussagen. Also fängt sie an zu glauben, was die Polizei ihr sagt. Alle werden verurteilt. Aber war es vielleicht nicht doch nur ein Traum?

Kann ein System 100-prozentig gerecht sein? Wohl kaum, denn wo immer Menschen arbeiten und keine Maschine, werden Fehler gemacht. Selbst Richter mit jahrelanger Erfahrung können mal den Falschen verurteilen. Der Unterschied: Die meisten Fehler kann man verzeihen. Wenn aber die Justiz einen Unschuldigen als Täter brandmarkt und um Jahre oder sogar Jahrzehnte seiner Freiheit beraubt, lässt sich das nie wiedergutmachen. Die Fehlerquote nimmt zwar von Jahr zu Jahr ab, dennoch ist jede Fehlentscheidung der Justiz eine zu viel.

Zwar lassen sich dank moderner Analysetools für DNA-Spuren etliche auch ältere Fälle wieder neu aufrollen, wodurch einige Unschuldige die Freiheit wiedergewannen. Doch oft ziehen diese Menschen danach selbst vor Gericht. Sie wollen Rache oder zumindest eine Entschädigung. Zumindest Letztere ist absolut gerechtfertigt, zumal in den USA oft Millionen winken. Doch selbst viel Geld ist für einen Menschen, der jahrelang hinter Gittern verbringen musste, nur ein kleiner Trost. Keine Summe, und sei sie auch hoch, kann die gestohlene Zeit mit Familie, Kindern und Freunden ausgleichen.

Aber wie kommt es überhaupt zu solchen falschen Urteilen? Tatsächlich gibt es im Justizsystem mehrere Fehlerquellen. Selbst in Deutschland, so schätzen Experten, könnte bis zu jedes vierte Urteil fehlerhaft sein. So kann etwa ein von der Staatsanwaltschaft beauftragter Gutachter, auch wenn er sein Fach noch so gut beherrscht, den Tathergang oder die Bedeutung von Blutspritzern falsch einschätzen oder den geistigen Zustand des Angeklagten falsch beurteilen. Es gibt viele dokumentierte Fälle, in denen ein fehlerhaftes Gutachten über eine Haftstrafe entschied.

Manchmal fängt es auch schon bei den Ermittlungen an. Dann setzen Beamte beispielsweise Verdächtige im Verhör so unter Druck, bis diese gestehen – obwohl sie unschuldig sind.

Ein Mensch gesteht eine Straftat oder gar einen Mord, für den er nicht verantwortlich ist? Was für viele von uns unfassbar klingt, ist tatsächlich weiter verbreitet, als man vielleicht annimmt. Zu den unschuldigen Geständigen zählen aber nicht nur Menschen mit einer geistigen Krankheit, auch wenn diese wohl überproportional häufig falsche Geständnisse ablegen. Es kann den besten Ermittlern passieren, dass sie sich in einen Verdacht verrennen und den vermeintlichen Tatverdächtigen zum Geständnis bewegen möchten – koste es, was es wolle. Kaum etwas ist vor Gericht so mächtig wie ein Schuldeingeständnis. Wen interessiert noch der Tathergang, das Motiv oder die DNA-Spuren, wenn einer einfach zugibt, es getan zu haben?

Allerdings kann gerade dann, wenn am Tatort weder DNA noch wertvolle Spuren gesichert wurden, ein Geständnis auch das einzige Mittel sein, um jemanden zu verurteilen. Polizisten auf der ganzen Welt haben daher Verhörtechniken entwickelt, um Verdächtige zum Reden zu bewegen. Das fängt beim berühmten Spiel »Guter Cop, böser Cop« an und reicht bis zum einfühlsamen Polizisten, der wie ein Beichtvater dem Täter seine schwere Sünde abnehmen möchte: »Du wolltest das doch alles gar nicht. Jeder wird dich verstehen. Rede es dir einfach von der Seele.« Experten bezeichnen diesen Weg als die »Reid-Methode«.

Man kann über die Effektivität von Verhörmethoden streiten. Was allerdings gar nicht geht, ist psychische Folter, auch wenn sich die Ermittler manchmal in einem Graubereich bewegen. Zum Glück gibt es heutzutage hohe Standards. Jeder hat das Recht auf einen Anwalt, der bei Verhören anwesend ist. Ein bedeutender Fortschritt! Diese Geschichte hingegen spielt zwar in einem der friedlichsten Länder der Erde, und doch lief hier alles schief, was in einem Rechtsstaat funktionieren sollte.

DIE HEILE INSELWELT

Ich war 2016 in Island, ein wunderschönes, abgelegenes Land, das hinter seinen rauen Küsten so viele Naturwunder verbirgt, dass man sich kaum innerhalb einer Woche daran sattsehen kann. Wasserfälle, Geysire, heiße Vulkanquellen... Manchmal wirkt die Insel fast, als sei sie einem Fantasyfilm entsprungen.

Natürlich ist Island schon lange kein Geheimtipp mehr. Spätestens seitdem die berühmte Serie »Game Of Thrones« sich seiner atemberaubenden Kulissen bediente, stiegen die Touristenzahlen signifikant an. Und bei der Fußball-Europameisterschaft 2016 begeisterten die sympathischen »Wikinger«, wie die Presse die isländische Nationalmannschaft taufte, gemeinsam mit ihren fanatischen Fans die Welt und kämpften sich als absoluter Außenseiter bis ins Viertelfinale vor.

Gerade mal um die 350 000 Menschen leben in Island, das flächenmäßig deutlich größer ist als Portugal. Die meisten von ihnen wohnen an der Südküste, in der Region um die Hauptstadt Reykjavik. Ich habe die Isländer als gastfreundliche, offene und gebildete Menschen kennengelernt. Alle wirken sehr zivilisiert, Island gilt weltweit als eines der Länder mit der höchsten Lebensqualität. Regelmäßig erreicht es in entsprechenden Rankings einen der Topplätze.

Die verhältnismäßig wenigen Menschen scheinen in ihrem großen Land eine verschworene Gemeinschaft zu bilden – wie eine große Familie. Viele sind irgendwie miteinander verwandt oder kennen sich zumindest flüchtig. Die Isländer nennen ihre Insel schon mal ein Dorf. Und tatsächlich ist diese Insel ein Ort, an dem man sich sicher und geborgen fühlt. Ein Ort, an dem im Sommer die Sonne niemals untergeht und von dem man niemals annehmen würde, dass sich irgendetwas Schreckliches ereignen könnte. »Kriminalität« scheint man dort höchstens im Fremdwörterlexikon nachzuschlagen.

DER ERSTE VERMISSTE

Am 25. Januar 1974 begann ein Vorfall, der das kleine Land für Jahrzehnte verändern sollte. Es war die Zeit, als die jüngere Generation langsam aufmüpfiger wurde. Die Jugendbewegungen aus den USA und Westeuropa waren über den Atlantik selbst ins kalte Island hinübergeschwappt. Während an jenem Samstagabend ein Schneesturm den nächsten jagte, feierten die Teenager in den neuen In-Diskotheken und Stadthallen der Küstenregion. Unter ihnen war auch der 18-jährige Gelegenheitsarbeiter Gudmundur Einarsson, der sich in der »Alpyouhusid«, einer Tanzhalle in Hafnarfjörður, einer belebten Hafenstadt im Süden Islands, herumtrieb. Ausgelassen feierte er dort mit seinen Freunden. Alle Sorgen und die kalten Temperaturen waren vergessen. Es floss reichlich Alkohol. Aber plötzlich konnten seine Freunde Gudmundur auf der Tanzfläche nicht mehr entdecken. Er war verschwunden.

Der 18-Jährige, der als freundlicher und umgänglicher Typ beschrieben wurde, hatte sich zu Fuß nach Hause aufgemacht. Er wohnte zehn Kilometer von der Partylocation entfernt – an sich eine machbare Strecke, aber bei tobendem Sturm und frostigen Temperaturen würde der Heimweg Stunden dauern. Ein nächtlicher Fußmarsch war also extrem leichtsinnig. Gudmundur aber hatte nicht auf die Ratschläge seiner Freunde gehört und hatte, womöglich im betrunkenen Zustand, auf eigene Faust den Rückweg angetreten.

Ein erster Autofahrer sah ihn nicht weit von der Disko entfernt noch mit einem zweiten Mann. Später sichtete ein anderer Fahrer Gudmundur dann aber alleine. Er lief neben der Straße, und als er sichtlich angetrunken und übermüdet auf die Fahrbahn stolperte, hätte ihn das Auto fast erwischt. Dieses Ereignis war dem Mann in schockierender Erinnerung geblieben.

Gudmundur aber kam nie zu Hause an, er ist bis heute verschollen. Was geschah mit ihm?

Wenn in Deutschland ein junger Erwachsener unter diesen Umständen nach einer Partynacht verschwindet, geht man schnell von einem Gewaltdelikt aus. In Island jedoch sind schon etliche Menschen in Schneestürmen »verloren« gegangen und nie wieder aufgetaucht. Selbst erfahrene Einheimische können das oft sehr wechselhafte und dadurch tückische Wetter unterschätzen. Begrüßt einen morgens noch die wärmende Sonne, kann mittags bereits ein Schneesturm einsetzen, der den nahenden Weltuntergang vermuten lässt.

Von einem Tötungsdelikt sprach im Januar 1974 daher zunächst niemand. Stattdessen suchten 200 Rettungskräfte nahe dem Lavafeld, wo er zuletzt von dem zweiten Autofahrer gesichtet worden war, nach Gudmundur. Ohne Erfolg. Die Bevölkerung glaubte trotzdem zu wissen, was passiert war: Ein betrunkener Jugendlicher unterschätzte die Naturgewalt und erfror in dieser eisigen Nacht. Ein natürlicher Tod, wie er in den kalten Landen leider öfter vorkam. Die Statistiken zählten Dutzende solcher Fälle, bei denen die Leichen nie gefunden wurden. Gewaltverbrechen waren in Island so selten wie ein Sonnenbrand. Keiner verschwendete auch nur einen ernsthaften Gedanken daran, dass Gudmundur ermordet worden sein könnte. Das änderte sich erst, als wenige Monate später ein zweiter Mann verschwand.

EIN UNBEKANNTER ANRUFER

Es war der 19. November 1974 und wieder einmal hatte das erbarmungslose Winterwetter die Hauptstadtregion Islands im Würgegriff. Geirfinnur, ein 32-jähriger Familienvater, der in der Nähe des Flughafens lebte und arbeitete, kam an diesem Tag wie gewöhnlich um 18 Uhr nach Hause. Kurz darauf nahm er einen Telefonanruf entgegen. Die Familie hörte nicht mit, was oder mit wem er sprach. Geirfinnurs Frau allerdings fiel auf, dass ihr Mann nach dem Telefonat ungewöhnlich niedergeschlagen wirkte. Als sie von einer Besorgung wieder nach Hause kam, saß der Mann mit einem Kumpel auf der Couch und sah fern. Die beiden Freunde wollten an jenem Abend eigentlich ins Harbour Café, wo sie um 22 Uhr mit weiteren Kollegen verabredet waren. Davon allerdings sollte Geirfinnurs Frau nichts wissen.

Die beiden Männer blieben nur 15 Minuten im Café, dann setzte sein Freund Geirfinnur wieder zu Hause ab. Wieder klingelte das Telefon, diesmal nahm eines der Kinder den Hörer ab. Am anderen Ende meldete sich ein fremder Mann und fragte, ob er Geirfinnur sprechen könne. Dann nannte er seinen vollen Namen – ein Indiz dafür, dass er Geirfinnur nicht gut kannte.

Der gelernte Bauarbeiter übernahm das Telefon, lauschte kurz und flüsterte dann: »Ich bin schon so gut wie unterwegs.« Daraufhin stieg er in sein Auto und fuhr in die kalte Nacht davon. Es war das letzte Mal, dass er lebend gesehen wurde. Man fand sein Auto vor demselben Café, in dem er sich zuvor mit seinen Freunden getroffen hatte. Der Zündschlüssel steckte noch. Auf dem Parkplatz war er womöglich mit seinem Mörder verabredet gewesen.

Während man bei Gudmundur noch an einen Unfall glauben konnte, sahen die mysteriösen Vorkommnisse nun ziemlich offensichtlich nach einem Fremdverschulden aus. Wer war der anonyme Anrufer? Was wollte er von Geirfinnur? Angeblich hatte der Familienvater keine Feinde. Doch er schien in irgendetwas verstrickt gewesen zu sein.

In den Kneipen kamen Gerüchte auf, Geirfinnur wäre in illegalen Alkoholschmuggel involviert. Die Behörden durchforsteten daraufhin akribisch das Privatleben des Bauarbeiters, das sich allerdings nur um seine Arbeit, seine Familie und ab und an ein paar Drinks mit einer kleinen Gruppe von Freunden gedreht zu haben schien. Auch die Auswertung seiner Bankkonten konnte die Schmuggeltheorie nicht bekräftigen. Die Fassade des harmlosen Familienvaters blieb bestehen. Offensichtlich war der Unbekannte, der wohl direkt aus der Bar angerufen hatte, die Schlüsselfigur. Man fahndete nach dem Mann, doch obwohl Island damals nur ein größeres Dorf war, konnte man ihn nicht ausfindig machen. Die Kellner konnten den Anrufer ebenfalls nicht näher beschreiben, dazu wäre in jener Nacht zu viel los gewesen.

Die Polizei suchte am Hafen und an der Küste nach Geirfinnurs Leiche, doch stand sie am Ende wieder mit leeren Händen da. Im Sommer 1975 wurden die Ermittlungen schließlich eingestellt. Man hatte immer noch keine Zeugen, keine Leiche und keine Verdächtigen. Doch hinter verschlossenen Türen flüsterten die Isländer immer wieder einen Namen: Saevar, ein bekannter Kleinkrimineller. Er soll gesagt haben: »Der Geirfinnur, der hat einen zu großen Mund!«

VERBOTENE LIEBE

Erla war 19 Jahre alt, als ihr auf einer Schulparty LSD in die Cola gemischt wurde. Sie bemerkte, dass man ihr etwas untergejubelt hatte, und suchte ein ruhiges Plätzchen, um sich zu erholen. In einer dunklen Ecke stieß sie auf Saevar. Er hatte langes dunkles Haar und eine Aura gefährlicher Faszination umgab ihn. Saevar galt als Anführer einer kleinkriminellen Bande, die Cannabis schmuggelte und kleinere Einbruchsdelikte verübte. In dieser Nacht aber war er Erla gegenüber sehr einfühlsam und beschützend. Er gefiel ihr sofort, seine charmante und liebenswürdige Art imponierte dem schüchternen Mädchen. Unter dem nächtlichen Sternenhimmel Islands führten sie tiefgründige Gespräche. Für Erla war Saevar der beste Mensch, den sie je kennengelernt hatte – und ihre erste große Liebe.

Entgegen aller Einwände und Warnungen von ihren Freunden und Eltern kam Erla mit Saevar zusammen. Und nicht viel später kam 1975 das erste Kind der beiden auf die Welt. Saevar war da längst nicht mehr der fürsorgliche Beschützer. Er soll Erla mit anderen Frauen betrogen haben und hatte sie bereits mit in seinen kriminellen Strudel gezogen. Er plante eine größere Betrugsaktion und Erla war darin involviert: Gemeinsam veruntreuten sie eine Million Isländische Kronen von Erlas Arbeitgeber. Zunächst fiel das Verbrechen niemandem auf und die beiden fühlten sich fast wie Bonnie und Clyde. Doch eines Tages stand auf einmal die Polizei vor der Tür. Der Betrug war doch noch aufgeflogen und sie führten Erla ab, als wäre sie eine Schwerverbrecherin.

DER ALBTRAUM

Im Vernehmungsraum gestand Erla vollumfänglich den Betrug, den sie mit Saevar zusammen begangen hatte. Die junge Mutter brach vor den Polizeibeamten fast zusammen, sie konnte den Druck nicht aushalten, wollte nur, dass der Albtraum aufhörte und sie ihre kleine Tochter wiedersah. Als das Geständnis unterschrieben war und sie die Polizeiwache bereits verlassen sollte, zeigte ihr einer der Beamten noch ein Foto. Es war das Fahndungsbild von Gudmundur, dem ersten Vermissten. Ohne größere Hoffnung fragte der Ermittler beiläufig, ob sie den Mann schon einmal gesehen hätte.»Ja«, antwortete Erla zum Erstaunen der Polizisten. Sie hätte den jungen Mann vor Jahren auf einer Party getroffen und er wäre ihr aufgrund seines guten Aussehens und seiner freundlichen Art im Gedächtnis geblieben. Seitdem hätte sie ihn aber nie wieder gesehen. Die Ermittler blieben dennoch hartnäckig und fragten, was Erla in der Nacht von Gudmundurs Verschwinden gemacht hätte.

Erla erinnerte sich an die Nacht im Winter 1974, als Gudmundur verschwand. Der Sturm hatte damals so laut getobt, dass sie kaum schlafen konnte. Der heulende Wind war ihr ebenso im Gedächtnis geblieben wie der schlimme Albtraum, der sie in jener Nacht heimgesucht hatte.»Welcher Albtraum?«, fragten die Beamten halbherzig – wahrscheinlich ohne größere Hoffnung, daraufhin irgendetwas Zielführendes zu hören. Der Traum wäre beängstigend gewesen. Ihr Freund Saevar und seine Jungs wären vor ihrem Fenster gestanden und hätten getuschelt. Vor ihnen auf dem Boden lag eine Leiche und die Bande überlegte, wie sie sie entsorgen sollte. Vor Schreck über den Traum hätte sie sich sogar eingenässt, erzählte Erla.

Bei der Polizei schellten die Alarmglocken. Ein Traum von einer Leiche? Zufälligerweise genau in der Nacht, in der Gudmundur verschwunden war? Die Ermittler setzten Erla unter Druck: Immer wieder fragten sie sie, ob es wirklich ein Traum gewesen war oder ob es nicht doch die Realität gewesen sein könnte. Hatte sie den Vorfall vielleicht doch wirklich miterlebt und sich nur im Nachhinein eingeredet, alles wäre ein Albtraum? War Erla endlich die lang gesuchte Zeugin, die Durchbruch in den Ermittlungen der isländischen Polizei brächte?

Hinter vorgehaltener Hand redete man schon länger schlecht über die Polizisten, betitelte sie als unfähig. Sie hatte

weder den Fall von Gudmundur noch von Geirfinnur aufklären
können und 1968 war zudem ein Taxifahrer erschossen worden.
Auch hier gab es keinen Verurteilten. Der Ruf der Justiz bröckelte in Island, die Polizei brauchte unbedingt einen Erfolg. Und
jetzt, das spürten die Ermittler, waren sie ganz nah dran an der
Wahrheit.

MANIPULATION

Die Grenzen des Gesetzes wurden in diesem Fall mehrmals überschritten: Man setzte Erla psychisch unter Druck, verhörte sie
teilweise über zehn Stunden am Stück – ohne dass ihr Anwalt
anwesend war. Zudem drohte man ihr ganz direkt: Wenn sie
nicht endlich gestehen würde, würde man sie nie mehr zu ihrer
elf Wochen alten Tochter nach Hause lassen.

Ein wirkungsvolles Druckmittel gegen die junge Mutter, die
ihr Kind so sehnsüchtig vermisste. Es wäre doch so einfach, prä-
sentierten ihr die Polizisten sogleich eine Lösung: Sie müsse nur
ihren Freund Saevar und seine Bande des Mordes beschuldigen.

Die völlig überforderte Erla kam in Isolationshaft. Sie sperr-
ten sie in eine winzige Zelle, ohne jede Beschäftigung. Immer
wieder hinterfragte die junge Frau dort ihre eigene Erinnerung.
Sie war sich eigentlich sicher, dass es nur ein Traum gewesen
war. Aber was, wenn die Polizei doch recht hatte? Psychologen
nennen dieses Phänomen das »Memory Distrust Syndrome«:
Zeugen glauben ihren eigenen Erinnerungen nicht mehr und lassen sich stattdessen von der Polizei Tathergänge einreden, die so
niemals existiert haben.

Nichts führt häufiger zu »falschen Geständnissen« und nicht
selten werden Verdächtige derart manipuliert, dass sie sich sogar selbst für schuldig halten, weil die »Filmschnipsel«, die die
Ermittler ihnen servieren, in ihrem Kopf zu ihren eigenen Erinnerungen werden.

Erla beugte sich den Behörden. Sie unterschrieb, dass ihr
Traum wahr gewesen wäre. Die Polizei nahm daraufhin Saevar

und drei seiner besten Freunde fest. Sie kamen aus schlechtem Elternhaus, zwei von ihnen waren wegen Drogengeschäften und kleineren Einbrüchen polizeilich bekannt. Sie waren schon öfter verhört worden, doch diesmal waren sie keine Kleinkriminellen. Sie waren Hauptverdächtige in dem brisantesten Kriminalfall der Geschichte Islands.

Die Methoden bei den Verhören hatten, wie sich später herausstellte, mit der Wahrung der Menschenrechte wenig zu tun. Es war ein richtiger Justizskandal: Saevar, der panische Angst vor Wasser hatte, wurde die Wasserfolter angedroht. Gleichzeitig wurden ihm und seinen Kollegen Psychopharmaka verabreicht, die sie zum Reden bringen sollten. Viele Hundert Tage wurden sie in Isolationshaft gehalten, ohne irgendeine Aufgabe oder Beschäftigung. Um die Dimension klarzumachen: Außerhalb von Guantanamo Bay gab es in der westlichen Welt keinen längeren dokumentierten Fall von isolierter Haft.

Die einzigen Kontakte zur Außenwelt waren die Ermittler. Und die waren extrem hartnäckig. Sie verhörten alleine Saevar über 100-mal, meistens stundenlang, ohne Pausen und ohne dass ein Anwalt anwesend war. Dabei wurde jede erdenkliche Taktik ausprobiert, die die Polizeischule hergab.

Man spielte die Freunde permanent gegeneinander aus – bis man irgendwann Erfolg hatte: Die Gefangenen brachen einer nach dem anderen zusammen. Kristjan und Tryggvi, zwei Kollegen von Saevar, gestanden den Mord an Gudmundur. Sie hätten ihn im Streit um eine Flasche Schnaps erschlagen, danach hätte der Dritte im Bunde, Albert, die Leiche in den Lavafeldern nahe Reykjavik in eine Bodenspalte geworfen.

Die Geständnisse machten zusammengenommen keinen Sinn und trotz umfangreicher Suchaktionen wurde Gudmundurs Leiche am angeblichen Ablageort nie gefunden. Nach Jahren der Isolation hätten Saevars Kollegen wahrscheinlich auch gestanden, dass Aliens den Präsidenten entführt hätten. Es war ziemlich offensichtlich: Diese Jungs hatten nur gestanden, damit das Leid endlich ein Ende fand.

ZWEI FLIEGEN MIT EINER KLAPPE

Erla war derweil als Einzige auf freiem Fuß. Aber es plagten sie Gewissensbisse, weil sie ihren Freund und seine kriminellen Kollegen bei der Polizei verraten hatte – und das für eine Tat, die sie mit an Sicherheit grenzender Wahrscheinlichkeit nur geträumt hatte. Sie war einsam in diesen Monaten, doch die Ermittler waren stets an ihrer Seite. Sie halfen Erla, mit ihrer Tochter in eine neue Unterkunft zu ziehen, und wurden in dieser schweren Zeit fast zu so etwas wie Freunden.

Nachdem die Jungs den Mord an Gudmundur gestanden hatten, wollten die Beamten auch noch erfahren, was mit dem zweiten Vermissten passiert war: Geirfinnur. Objektiv gab es zwar keinerlei Zusammenhang zwischen den beiden Fällen, außer dass beide Male ein Mann verschwunden war. Trotzdem tauchte die Polizei bei Erla auf und verlangte eine Einschätzung, ob ihr Ex-Freund Saevar nicht noch einen zweiten Mord begangen haben könnte. Erlas Antwort »Vielleicht« reichte den Polizisten, um sie erneut mit aufs Revier zu nehmen. Das Spiel begann von vorne: Man versicherte Erla, dass sie wieder nur alles verdränge, man ihr aber dabei helfen wolle, sich an die Wahrheit zu erinnern. Es hatte ja bereits einmal geklappt, dachten die Ermittler wohl – frei nach dem Motto: Never change a running system.

Man flog sogar einen Polizeiexperten aus Deutschland ein und bildete die größte Sonderkommission, die es bis dato in der Geschichte Islands gegeben hatte. Längst hatte der Fall landesweite Dimensionen angenommen und war bis in die höchsten politischen Ebenen gelangt. Die Polizei brauchte unbedingt eine Verurteilung, um ihre Reputation wiederherzustellen.

Dieses Mal verdächtigte man Erla sogar, den Männern bei dem vermeintlichen Mord assistiert zu haben. Und noch eine sechste Person wurde festgenommen: Gudjon, ein ehemaliger Lehrer von Saevar. Er war bereits in kriminelle Geschäfte des Anführers verwickelt gewesen, hatte Saevar in seinem Auto Drogen schmuggeln lassen. Die Ermittler glaubten, Saevar hätte seinen ehemaligen Lehrer angerufen, damit er ihm half, die zweite Leiche zu entsorgen. Gemeinsam sei die Gruppe abermals zu den Lavafeldern gefahren, um die Leiche zu verbrennen. Es schien, als wäre es der Polizei gelungen, zwei spektakuläre Fälle auf einen Schlag zu lösen.

URTEIL TROTZ UNSTIMMIGKEITEN

Um die 60-mal fuhr die Polizei an die angeblichen Tatorte. Sie nahm sogar die Verdächtigen mit, doch man fand keinerlei Spuren. Keine Knochen, keine Leiche, keine DNA. Die mittlerweile sechs Gefangenen änderten ihre Versionen ständig, die Geständnisse waren verwaschen, ungenau und widersprachen sich. Objektiv gab es keinerlei Beweise, die irgendetwas untermauerten. Vor allem die Tat um den verschwundenen Bauarbeiter Geirfinnur konnten die angeblich Schuldigen nicht rekonstruieren – ein ziemlich offensichtliches Zeichen, dass sie sie nicht begangen hatten. Mal sagten sie aus, sie hätten ihn auf einem Boot getötet und über Bord in die See gestoßen. Dann wieder hieß es, Geirfinnur hätte ihnen angeboten, Alkohol zu schmuggeln. Doch er hätte nur geblufft und wäre dann ohne Ware zum Treffpunkt gekommen. Da wären sie sauer geworden und hätten ihn umgebracht. Ein Motiv, so unlogisch wie die gesamte Rekonstruktion des vermeintlichen Tathergangs.

Später änderte die Polizei das Szenario so, dass die Tötung an Land stattgefunden haben musste. Man hätte die Leiche im Keller von Kristjans Oma versteckt und später mithilfe von Gudjon zu den Lavafeldern gebracht und dort verbrannt. Die Verdächtigen unterschrieben auch diese Theorie. Wie schon gesagt: Sie hätten vermutlich fast alles unterschrieben, nur damit das Ganze endlich aufhörte.

Es ist kaum zu glauben, dass diese unter dem enormen psychischen Druck der Isolationshaft entstandenen Geständnisse 1977 ausreichten, um die sechs schuldig zu sprechen. Vor Gericht hatten die Beschuldigten noch versucht, ihre Geständnisse zurückzuziehen – erfolglos. Obwohl es keinerlei Beweise gab, mussten alle sechs ins Gefängnis, auch Erla, die man wegen Meineids verurteilte. Am schlimmsten traf es Saevar, der zu lebenslang verurteilt wurde, weil man ihn in diesem Doppelmord als Anführer und Strippenzieher sah.

Die Bevölkerung war froh, dass der Albtraum endlich vorbei war. Die Mehrheit vertraute der Justiz und das Urteil wurde kaum infrage gestellt. Die Isländer wollten glauben, dass das Böse besiegt war, und sie wieder an die Tagesordnung gehen konnten. Gerade Saevars geheimnisvolles Äußeres und sein dunkler Charme polarisierten zutiefst. Die Medien verglichen ihn sogar mit dem US-amerikanischen Serienmörder und Sektenführer Charles Manson. Für viele in Island war Saevar das personifizierte Böse. Und das alles war losgetreten worden, weil Erla schlecht geträumt hatte.

IN FREIHEIT

Erst in den 1980er-Jahren kamen die sechs Verurteilten nach und nach wieder frei. Der Letzte auf freiem Fuß war Saevar. Aber er konnte sich in Island nicht mehr auf der Straße blicken lassen. Die Leute betrachteten ihn immer noch als den grausamen Doppelmörder, Sektenführer und Anführer einer kriminellen Organisation. Er zog mit seiner neuen Frau in die USA, um dort ein neues Leben zu beginnen. Doch lange hielt es Saevar dort nicht aus. Er kam zurück nach Island und hatte nur eine Mission: Er wollte seinen Namen reinwaschen. Jeder Isländer sollte wissen, was man ihm angetan hatte.

Vor dem höchsten isländischen Gericht ersuchte Saevar 1997 eine Wiederaufnahme des Verfahrens. Ohne Erfolg. Es gäbe in dem Fall keine neue Beweislage, begründeten die Richter. Doch die Stimmung im Land war längst gekippt. Verhörmethoden aus dem Verfahren waren öffentlich geworden, genauso wie Tagebücher der Verdächtigen, die ihr Seelenleben in den Zeiten der Isolationshaft widerspiegelten. »Sie können mich hier nicht länger festhalten. Ich kann es nicht erwarten, vor Gericht zu gehen, um zu erzählen, was wirklich passiert ist. Ich habe nur gestanden, damit es aufhört und ich endlich meine Freunde und Familie wiedersehen kann«, schrieb beispielsweise Tryggvi. Man konnte detailgetreu nachverfolgen, wie die Verdächtigen während der Monate in Isolationshaft immer mehr manipuliert worden waren, bis sie beinahe ihren Verstand verloren hatten und überhaupt nicht mehr wussten, was in diesen tragischen Nächten wirklich passiert war.

Der damalige Premierminister hielt 1997 eine Rede vor dem Parlament und bezeichnete den Fall als Justizskandal. Die Isländer zweifelten immer mehr an der Schuld der sechs, auch wenn ohne Aufhebung des Gerichtsurteils Restzweifel bestehen blieben. Saevar, mittlerweile starker Alkoholiker, wusste trotz seiner Suchtprobleme die Medien durch seinen Charme immer wieder für sich zu nutzen. Provokativ sagte er in die Kameras, warum man ihm das alles angetan hätte. Langsam stieg der Rückhalt unter der Bevölkerung und viele solidarisierten sich mit ihm. Immer mehr Details aus den Jahren der Vernehmung wurden publik und es zeichnete sich ein düsteres Bild der eigentlich so fortschrittlichen und zivilisierten isländischen Polizei. Über Jahre hinweg hatte man die Tatverdächtigen eingeschüchtert, unter Medikamente gesetzt und getäuscht, bis die einen sich ihre Schuld tatsächlich selbst eingeredet hatten und die anderen gestanden, um endlich nicht mehr verhört zu werden. Gudjon, der Lehrer, der als Letzter gestanden hatte, hatte beispielsweise keinerlei Erinnerung an die angebliche Tatnacht. Er wusste nicht einmal mehr, wo er damals gewesen war. Aber weil die Polizei ihn immer wieder verhörte und an vermeintliche Tatorte brachte, fragte er sich irgendwann selbst, ob er nicht doch schuldig sei.

2018 kam endlich die Erlösung: Das höchste Gericht hatte den Fall noch einmal neu aufgerollt und sprach die fünf Männer von jeglicher Mordbeteiligung frei. Die Geständnisse bezeichnete das Gericht als unzulässig und ansonsten gäbe es keinen einzigen Beweis. Damit waren die Männer endlich auch offiziell unschuldig. Die anwesenden Familienangehörigen waren erleichtert. Für zwei der fünf kam das Urteil jedoch leider zu spät: Tryggvi war 2009 an Krebs gestorben und Saevar, der vermeintliche Anführer und stärkster Kämpfer für die Wiedergutmachung, war 2011 bei einem Unfall in Kopenhagen ums Leben gekommen. Er starb als alkoholkranker und traumatisierter Mann, den das System gebrochen hatte.

Das Kuriose an diesem Fall aber ist, dass man nie aufklären konnte, warum Gudmundur und Geirfinnur tatsächlich verschwanden. Was wirklich mit den beiden geschah, wurde nie herausgefunden. Denn nach einem anderen Verdächtigen hatte man nie ernsthaft gesucht.

MEIN FAZIT

Es liest sich wie ein schlechter Thriller: Erst wird der Zeugin glaubhaft gemacht, ihr Albtraum sei tatsächlich passiert. Dann werden die Verdächtigen mit menschenunwürdigen Mitteln derart manipuliert, dass sie sich teilweise selbst für schuldig halten. Und obwohl sie immer wieder unterschiedliche Angaben zu den Tathergängen machen und die angeblichen Leichenablageorte nicht stimmen, reicht es für eine Verurteilung. Ohne Leichen, ohne Zeugen, ohne Motiv, ohne DNA-Spuren.

Auch wenn mich die Recherche zu diesem Fall unfassbar wütend gemacht hat, bin ich mir sicher, dass so etwas heutzutage zum Glück wohl nicht mehr möglich wäre. Der Fall ist ein Mahnmal für ein gerechtes, faires Justizsystem. Denn die Männer gingen zwar als die »sechs Unschuldigen Islands« in die Geschichte ein und das höchste Gericht sprach sie letztendlich frei. Aber was ist das wert in Anbetracht der Tatsache, dass dieser Fall mehrere Leben zerstört hat? Die wahren Täter, wenn es denn welche gab, blieben auf freiem Fuß, weil die Justiz sich verrannte.

Ich persönlich kann mir vorstellen, dass Gudmundur eines natürlichen Todes gestorben ist. Im Fall Geirfinnur dagegen deuteten meiner Meinung nach alle Indizien auf Mord hin. Der Täter war vermutlich der anonyme Anrufer aus dem Café, der die falschen Verdächtigungen sicher voller Zufriedenheit mitverfolgte.

Mir wird fast schwindelig, wenn ich mir vorstelle, man müsste einen Großteil seines Lebens, umgeben von dicken Gefängnismauern, in einer winzigen Zelle verbringen, während die Welt draußen einen für einen Mörder hält, obwohl man nicht einmal einer Fliege etwas zuleide tun würde.

In zivilisierten Ländern des 21. Jahrhunderts gilt zum Glück die Unschuldsvermutung: Eine Person ist so lange als unschuldig anzusehen, bis das Gegenteil ohne jeden vernünftigen Zweifel bewiesen wurde. Dieses wichtige Recht soll vor Vorverurteilungen wie im Fall Saevars und seiner Kumpane schützen. Leider bröckelt die Unschuldsvermutung in Zeiten, in denen nach einem Kriminalfall jeder auf Social Media Fahndungsaufrufe nach vermeintlichen Tätern starten oder im Schutz der Anonymität wildfremde Leute verdächtigen und verbal attackieren kann. Jeder, der ohne Grundlage eine Person im Internet namentlich öffentlich verdächtigt, sollte sich einmal in die Situation eines Unschuldigen hineinversetzen, dem exakt dies widerfährt.

UNSCHULDIG VERURTEILTE

Gibt es oft unschuldig Verurteilte?

Es ist wohl mit die größte Angst jedes unbescholtenen Bürgers: Für ein Verbrechen hinter Gittern zu landen, das ein anderer begangen hat. In Filmen passiert so etwas ja häufiger, doch wie oft kommt es in Wirklichkeit vor, dass Unschuldige ins Gefängnis müssen?

Statistisch zu erfassen, wie viele Menschen unschuldig verurteilt werden, ist schwierig, weil man davon ausgehen darf, dass nicht jeder Unschuldige später auch entlastet wird.

Eine genaue Zahl, wie viele Unschuldige in Deutschland inhaftiert sind, existiert nicht. Allerdings bereitet die Einschätzung von Ralf Eschelbach, Richter am Bundesgerichtshof, Sorgen. Er vermutet, dass jedes vierte Strafurteil ein Fehlurteil sein könnte.

Kann man ein Fehlurteil wiedergutmachen?

Kommt jemand frei, kann man ihn zumindest mit Geld entschädigen. Doch während in den USA für fälschlich Inhaftierte regelmäßig Millionenbeträge an Schadensersatz gezahlt werden, gibt es in Deutschland neben den durch die Haft eingetretenen Vermögensschaden, wie zum Beispiel ausgefallene Gehaltszahlung, gerade mal ein Schmerzensgeld von 25 Euro pro Tag. Reich wird zumindest hierzulande also kein unschuldig Verurteilter. Ganz anders als zum Beispiel Craig Richard Coley, der in den USA als Doppelmörder verurteilt und erst nach 39 Jahren, durch DNA-Spuren entlastet, aus der Haft entlassen wurde. Ihm sprach das Gericht 21 Millionen US-Dollar Schadensersatz zu.

Es gibt aber auch Fälle, in denen keine Wiedergutmachung möglich ist. So existiert in vielen Bundesstaaten der USA weiterhin die Todesstrafe. Wie viele Unschuldige werden jährlich hingerichtet? Samuel Gross, Juraprofessor der Universität von Michigan, kam in einer Studie, auf eine Fehlerquote von 4,1 Prozent. Jeder 25. Tötung durch den Staat wäre somit die Ermordung eines Unschuldigen.

Wie sieht es in Deutschland aus?

Immer wieder gibt es auch hierzulande spektakuläre Fehlurteile. Der bekannteste Justizfehler ist wohl der angebliche Mord an Landwirt Rudolf Rupp, bei dem Familienangehörige verurteilt wurden, nachdem sie gestanden hatten, den Bauern erschlagen, zerstückelt und an die Hunde des Hofes verfüttert zu haben. Unabhängige Beweise gab es dafür kaum, zudem wurden die Geständnisse vor Gericht widerrufen. Verurteilt wurden die Angehörigen trotzdem. Erst als man Jahre später das Auto des Bauern samt seiner Leiche in einem Fluss fand, wobei nichts auf eine Gewalttat hinwies, wurden die Verurteilten freigesprochen. Die Geschichte, die sich die Justiz zusammengestellt hatte, stimmte hinten und vorne nicht. Aber erst durch den Leichenfund war sie auf höchst eindrucksvolle Weise widerlegt worden.

UNMÖGLICHE FLUCHT

Es gilt jahrzehntelang als das sicherste Gefängnis der Welt, nie ist auch nur ein Verbrecher lebend entkommen. Doch vier Männer fassen einen waghalsigen Plan: Sie wollen unbedingt ausbrechen. Jahrelang planen sie penibel die Nacht, in der es passieren soll. Und dann geht alles schief und sie sterben. Oder doch nicht?

Die Freiheit, ein selbstbestimmtes Leben zu führen, ist ein Menschenrecht. Niemand sollte gegen seinen Willen an einem Ort festgehalten werden. Freiheitsberaubungen werden daher vom Gesetz zu Recht hart geahndet, nur in absoluten Ausnahmefällen ist sie erlaubt. Zum Beispiel wenn jemand ein Verbrechen an der Gesellschaft begeht und die Justiz der Meinung ist, dass diese Person deswegen hinter Gitter gehört. Dann wird sie eingesperrt – zum Schutz der Bevölkerung, manchmal auch, um sie vor sich selbst zu schützen.

Wann ein Arrest drohen sollte, ist äußerst umstritten. Die einen fordern schnell drakonische Gefängnisstrafen als Abschreckung, die anderen plädieren für einen umsichtigen und überlegten Umgang mit einer derart harten Strafe wie dem Freiheitsentzug. Einen Menschen wie ein Tier in einen Käfig zu sperren, erscheint ja auch wirklich nicht sehr fortschrittlich und zivilisiert. Manchmal aber gibt es eben keine andere Wahl.

Niemand möchte gerne ins Gefängnis. Deswegen schreckt sicherlich alleine die Aussicht darauf viele potenzielle Verbrecher ab, ihre kriminellen Pläne zu verwirklichen. 23 Stunden am Tag in der Zelle, eine Stunde Hofgang: So zumindest klingen gängige Klischees über das Leben hinter »schwedischen Gardinen«. In Filmen wird das Gefängnisleben oft mit viel Pathos inszeniert, aber auch mit genauso vielen Gefahren. Heimlicher Drogenhandel, eine mafiöse Parallelgesellschaft mit Paten, die die Wärter kaufen, und gewalttätige Übergriffe. Der Knast scheint ein Ort, an dem es schwer ist, überhaupt den nächsten Tag zu erleben. Dagegen sieht die Realität in zivilisierten Ländern wie Deutschland deutlich rosiger aus. Gemeinschaftsräume, Arbeitsstellen, Sportplätze ... In vielen Haftanstalten gibt es sogar die Möglichkeit, sich weiterzubilden oder zu studieren. Die Vorstellung, der Kerker sei ein dunkles Loch ohne Tageslicht, in das ein Häftling geworfen wird, gehört zum Glück ins Mittelalter.

Doch trotz aller Verbesserungen und Beschäftigungsmöglichkeiten innerhalb der dicken Gefängnismauern haben die meisten Gefangenen nur eins im Kopf: die Tage an denen sie wieder draußen sind. Der Gedanke an Familie, Freunde, Freiheit und daran, wieder selbstbestimmt über den Tagesablauf zu entscheiden, lassen sie teils viele Jahre durchhalten. Einige jedoch haben nicht die Geduld, so lange zu warten, bis sie ihre Strafe abgesessen haben. Sie lauern deswegen ständig auf eine Möglichkeit zur Flucht. Tatsächlich wird ein Gefängnisausbruch, sofern er ohne Gewaltanwendung und Sachbeschädigung erfolgt, in Deutschland nicht per Gesetz bestraft. Sollte ein Wärter vergessen, die Tür zu verschließen, und ein Gefangener sich nach draußen schleichen, wird er zwar natürlich wieder eingefangen. Eine Straftat begeht er mit seiner Flucht aber nicht. Das Verlangen nach Freiheit ist laut Justiz nachvollziehbar und darf aus diesem Grund nicht bestraft werden.

Allerdings ist ein Gefängnisausbruch ein hochkomplexes Unterfangen. Moderne Technik wie Bewegungsmelder, Überwachungs- und Wärmebildkameras sowie die alterprobten stählernen Mauern samt Stacheldraht verhindern so ziemlich jede Fluchtambition. Dieses Kapitel aber berichtet von vier mutigen Männern, die dennoch eine halsbrecherische Flucht wagten. Gegen alle Widrigkeiten tüftelten sie den vielleicht genialsten Fluchtplan aller Zeiten aus und entkamen aus dem vermeintlich sichersten Gefängnis, das je existierte.

DER FELS

Es war einer dieser typisch tristen Gefängnistage, als Frank Lee Morris seine beiden Zellennachbarn beiseitenahm. Er flüsterte, denn die Wärter hätten ihre Augen und Ohren überall, sagte man. Und eigentlich durften die Gefangenen sich nur in der Kantine oder bei der Arbeit unterhalten. Morris hatte eine geniale Idee, aber alleine konnte er sie nicht bewerkstelligen. Er brauchte Mitverschwörer. Seine Zellennachbarn waren die Brüder Anglin, John und Clarence. Eigentlich mochten sie Morris nicht besonders, aber sie respektierten ihn. Morris galt als Einzelgänger, aber auch als hochintelligent. 133 soll sein IQ betragen haben, damit zählte er zu den zwei Prozent der klügsten Amerikaner. So einen Verstand, dass wussten auch die beiden Anglins, bräuchten sie, wenn sie entkommen wollten. Entkommen aus dem legendärsten Hochsicherheitsgefängnis der Welt, dessen Mythen und Legenden man auf der ganzen Welt kannte und die bereits in unzähligen Hollywoodfilmen verewigt wurden: Alcatraz.

Alcatraz galt als eine Festung. Man nannte sie den »Fels«. Die kleine Insel liegt in der Bucht von San Francisco, abgeschottet von einer starken, eisigen Strömung. 1934 wurde sie zum Hochsicherheitsgefängnis umgerüstet. Es war die Zeit, in der aufkommende Mafiagangs der Polizei in den USA das Leben schwer machten. Alcatraz war eine Antwort darauf. Hier wurden nur solche Verbrecher untergebracht, die in anderen Gefängnissen Probleme entfacht hatten. Die versucht hatten auszubrechen oder als extrem gefährlich galten. Bewaffnete Bankräuber, Mafiamitglieder, Mörder. Einer der ersten 53 Insassen war der legendäre Unterweltboss Al Capone.

Die Insel galt jahrzehntelang als absolut ausbruchsicher. Wachtürme, elektrische Bewegungsmelder und 155 Gefängnisangestellte, darunter zahlreiche bewaffnete Wachen, die ständig die Zellengänge patrouillierten, waren schon eine Hürde für sich. Und selbst wenn man sie überwunden hatte, wartete das zweite und eigentliche Hindernis: der Pazifik. Wie kommt man ohne Boot von einer Insel? Die starke Strömung und das eiskalte Wasser machten jeden Schwimmversuch zum Himmelfahrtskommando. Sogar aus den Gefängnisduschen lief nur warmes Wasser, um zu verhindern, dass sich die Häftlinge abhärteten und an die Temperatur des Meeres gewöhnen konnten. Auch so wollte man alle Gedanken an eine Flucht im Keim ersticken.

UNBEZWINGBAR

Die Behörden schätzten die einsame Insellage. Doch die Abgeschiedenheit vom Rest der Zivilisation verleitete die erste Gefängnisführung auch dazu, teils absurde Experimente auszuprobieren. Entlassene Häftlinge berichteten von menschenverachtenden Praktiken, die die Insassen teilweise in den Wahnsinn getrieben hatten, den Augen der Öffentlichkeit aber lange Zeit verborgen geblieben waren. Das Schweigegebot war eine der härtesten Maßnahmen: Nur drei Minuten am Tag durften die Sträflinge miteinander kommunizieren. Sie lebten in winzigen Einzelzellen, neben dem Bett gab es nur ein Waschbecken mit kaltem Wasser.

Den Großteil des Tages waren sie alleine eingesperrt, hatten kaum Beschäftigungsmöglichkeiten und keinerlei zwischenmenschliche Beziehungen. Wenn Insassen erwischt wurden, wie sie heimlich miteinander redeten, wurden sie schon mal komplett nackt in spezielleZellen geworfen, in die kein noch so kleiner Strahl Tageslicht drang. Die Verhältnisse waren menschenunwürdig. Ein Wunder, dass nicht mehr Insassen in jenen Jahren ihren Verstand verloren haben.

Erst Anfang der 1940er-Jahre verbesserten sich die Verhältnisse innerhalb Alcatraz. Das Redeverbot wurde aufgehoben, doch von einer Wohlfühloase war man noch immer so weit entfernt wie vom amerikanischen Festland. Die Gefangenen klagten weiterhin über die eisige Kälte, vor allem in den Zellen der unteren Stockwerke. Und deshalb versuchten viele zu fliehen, auch wenn der »Fels« als sicherstes Gefängnis der Welt galt. 14-mal probierten insgesamt 34 Insassen mit höchst kreativen und sehr aufwendigen Ideen, die Insel zu verlassen.

Gelungen war es bisher jedoch keinem einzigen von ihnen. Die Bilanz war verheerend: 25 Flüchtende wurden lebendig gefasst, sechs von den Wachen erschossen, der Rest ertrank in den eiskalten Fluten des Pazifiks.

Der blutigste Aufstand war die »Schlacht um Alcatraz«. Einem rebellierenden Trupp, angeführt von dem Bankräuber Bernard Roy, gelang es 1946, sich mit Waffen einzudecken, einen Teil der Gefängniswachen zu überwältigen und ihrerseits in Zellen zu sperren. Am Ende wurde der Aufstand jedoch niedergeschlagen. Er kostete drei Wachen und fünf Sträflingen das Leben.

VIER MÄNNER UND EIN PLAN

Frank Lee Morris kannte all diese Geschichten und Legenden um die gescheiterten Versuche. Er wusste genau, dass noch keiner lebend von Alcatraz entkommen war. Doch wenn einer dafür prädestiniert war, es zu schaffen, dann war er das. Ein kriminelles Mastermind. Schon in den anderen Gefängnissen hatte er penibel an Fluchtmöglichkeiten gearbeitet. Doch als man seine Vorhaben aufdeckte, bekam er sein Ticket nach Alcatraz. Hier, so dachte man, konnte er nicht entkommen, hier würde er seine Pläne begraben und sich seinem Schicksal fügen. Die Justiz hätte nicht falscher liegen können. Morris, als Waisenkind ohne Eltern aufgewachsen, fühlte sich jetzt erst recht bei der Ehre gepackt.

Er hatte beobachtet, dass Alcatraz schon länger nur noch von seinem berüchtigten Ruf lebte. Die Gefängnismauern waren jahrzehntelang den unaufhörlichen Winden und Salzwasser des Ozeans ausgesetzt. Der Mörtel bröckelte merklich. Mit dem richtigen Werkzeug, sollte man sich doch durch die Wände graben können, dachte Morris.

An dieser Stelle kommt ein vierter Verschwörer ins Spiel: Allen West. Er galt als arrogant und nicht sonderlich intelligent. Über 20-mal wurde er zeit seines Lebens festgenommen, meist wegen kleinerer Vergehen. Doch der Zellennachbar der in den Coup involvierten Anglin-Brüder hatte bei seinen Putzjobs im Gefängnis ungesehen ein paar alte Sägeblätter einstecken können, die unbewacht in einem Versorgungsgang herumlagen. Morris und die Anglin-Brüder ließen heimlich noch Löffel aus der Gefängniskantine mitgehen – und schon hatten sie Werkzeug zum Graben.

Der einzig sinnvolle Weg in die Freiheit war der Lüftungsschacht. Wenn man das Gitter entfernte, führte er zu einem unbeobachteten Versorgungsgang, vom dem aus man es aufs Dach schaffte. In der Theorie klang das einfach. Tatsächlich aber war der Lüftungsschacht viel zu eng, als dass eine erwachsene Person sich hindurchzwängen konnte. Morris' Plan war deshalb, den

100

Schacht mithilfe der Sägeblätter und Löffel so zu weiten, dass jeder der vier aus seiner Zelle in den Versorgungsgang kriechen konnte. Dort war ihr Treffpunkt. Er wusste, dass die Grabungen jahrelang dauern könnten, denn sie mussten vorsichtig sein. Wachen patrouillierten regelmäßig und ihre Arbeit löste verdächtige Geräusche aus. Ein einziger Fehler, und ihre penibel geplante Flucht würde auffliegen, bevor sie überhaupt begonnen hätte.

Morris wusste genau, wo die Fallstricke in seinem Plan waren, und als Organisator des Ganzen instruierte er seine Mitverschwörer genauestens, was zu beachten war. Es gab strikte Regeln: Sie arbeiteten nur in den Intervallen an den Tunneln, wenn keine Wachen durch die Gänge streiften. Morris hatte monatelang deren Rhythmen analysiert und ausgewertet.

Nachdem das Schweigegebot gelockert worden war, durften die Insassen auch Musikinstrumente besitzen. Und diesen Umstand machte sich Morris zunutze: Während drei der Verschwörer gruben, spielte der Vierte laut auf einem Akkordeon, um die Geräusche zu verdecken.

Nach monatelanger akribischer Arbeit an den Lüftungsschächten hatten Morris und die Anglin-Brüder den Durchbruch geschafft und auch West war erfolgreich gewesen. Phase 2 des Masterplans konnte beginnen: Von dem unbewachten Versorgungsgang kletterten die vier zunächst auf das Dach ihres Zellenblocks. In einem toten Winkel, »unsichtbar« für die Wachen auf den Türmen ringsum, richteten sie sich eine kleine Werkstatt ein. Denn selbst wenn sie es schaffen würden, aus Alcatraz zu entkommen, war da immer noch das Meer. Erbarmungslos und wild war es nicht berechenbar. Jeder Häftling, der bisher davonschwimmen wollte, hatte dies mit dem Tod bezahlt. Morris wusste, dass sie ein Boot oder Ähnliches brauchten. In der Gefängnisbücherei hatte er in einem Wissenschaftsmagazin namens »Popular Mechanics« etwas entdeckt, das ihre Rettung sein könnte: die Abbildung eines Floßes. Und so absurd es auch klingen mag, beschloss die Gang sich auf dem Dach von Alcatraz ein provisorisches Floß zu bauen.

FALSCHE KÖPFE

Das Hauptmaterial für das Floß waren 50 Regenjacken, die sie anderen Sträflingen abgenommen hatten. Das Verfahren lief meist gleich ab: Die Anglin-Brüder gingen in »normalen« Gefängnisoutfits mit zwei willkürlichen Mitinsassen, die ihrerseits Regenjacken trugen, auf dem Hof spazieren – und als sie wieder reinkamen, hatten sie die Oberteile getauscht. Die Wachen bemerkten es nie.

Es gab aber noch ein Problem, das Morris lösen musste: Selbst nachts patrouillierten in regelmäßigen Abständen Wachen im Zellenblock. Wenn die vier auf dem Dach am Floß werkelten, würde ihre Abwesenheit sofort bemerkt werden. Tatsächlich war dies das vielleicht schwierigste Puzzlestück ihres Fluchtplans. Doch Morris wusste sich auch hier zu helfen. Er ließ die anderen abgeschnittene Haare aus den Räumen des Gefängnisfriseurs schmuggeln. Es war eine aberwitzige Mission, aber mit einem Gemisch aus Seife, Zahnpasta und anderen Hilfsmitteln wie Toilettenpapier entwickelten sie eine Art Pappmaché, aus dem sie mit den aufgesammelten Haaren und etwas Farbe ihre Köpfe nachahmten. Nachts drapierten sie die Bettdecke so darum, dass die patrouillierenden Wärter dachten, sie schliefen. Die Wandöffnung zum Tunnel deckten sie mit angemalter Pappe ab. So kurios das auch scheinen mag, funktionierte die Täuschung – was sicher auch den dunklen Zellengängen geschuldet war – und es gelang Morris und seinen Kumpanen, ihr Fluchtgefährt fertigzustellen, ohne Aufsehen zu erregen.

DIE NACHT DER ENTSCHEIDUNG

Am 11. Juni 1963 stand die entscheidende Nacht unmittelbar bevor. Das Floß war fertig, auch wenn sich überhaupt nicht vorhersehen ließ, ob es ausreichen würde, um das Meer zu überqueren. Doch Morris war beruhigt. Sie hatten alles sorgfältig vorbereitet, hatten sich aus Holzstücken und Musikinstrumenten Paddel ge-

baut und außerdem für jeden der vier Passagiere eine behelfsmä-
ßige Schwimmweste angefertigt. Alles war bestmöglich vorbereitet, jetzt lag es in des Schicksals Hand, ob ihr Plan auch wirklich
funktionieren sollte.

Als die Dunkelheit sich wie ein riesiger Schatten über Alcatraz legte, war die Stunde gekommen. Ein letztes Mal platzierten
sie ihre Dummyköpfe in den Betten, dann robbten sie in Richtung des unbewachten Versorgungsgangs. Doch ausgerechnet
diesmal kam es zu einer Komplikation. Denn West hatte seinen
bröckelnden Tunnel mit Zement gefestigt, was ihm jetzt zum
Verhängnis wurde. Weil sich das Loch dadurch verengt hatte,
ließ sich das Schachtgitter nicht abnehmen. West war in seiner
Zelle gefangen. Einer der Anglins versuchte noch, ihm von der
anderen Seite zu helfen und schlug, so leise er konnte, gegen das
Gitter. Ohne Erfolg. Die Anglin-Brüder und Morris schauten sich
an. Sie mussten West zurücklassen, so leid es ihnen auch tat.

Den dreien blieb nichts übrig, als diesen Rückschlag wegzu-
stecken. Die gute Nachricht war, dass der Plan auch zu dritt funktionierte. Morris und die Anglins kletterten aus dem verlassenen
Flur auf das Dach des Gefängnisses. Doch diesmal ließen sie, das
Floß im Gepäck, die provisorische Werkstatt hinter sich. Über
ein Küchenentlüftungsrohr rutschten sie zurück auf den Boden.
Das erste Mal seit ihrer Ankunft befanden sie sich außerhalb der
Mauern von Alcatraz. Die kalte Meeresluft fühlte sich gut an auf
ihrer Haut, sie waren so nah am Ziel. Die letzte Hürde: Wachtürme und Scheinwerfer. Die Wachen waren hier draußen sicherlich nicht so wachsam. Schließlich galt es als nahezu unmöglich,
aus den Zellen zu entkommen. Dennoch konnten sie entdeckt
werden. Sie kletterten über zwei Stacheldrahtzäune. Morris hatte
die Stellen genau berechnet, sie lagen exakt im toten Winkel, die
Scheinwerfer leuchteten an ihnen vorbei.

Leise schlichen die drei Männer Richtung Meer, jetzt war
das Wasser ganz nah. Dunkel und geheimnisvoll lag es vor ihnen. Mithilfe einer Ziehharmonika bliesen sie das Floß auf. Alles
funktionierte genau so, wie sie es geplant hatten. Die Gefängnis-

uhr zeigte 22 Uhr, als Frank Lee Morris, John und Clarence Anglin auf ihr zusammengeflicktes Gefährt stiegen, die Paddel in den kalten Ozean tunkten – und nie wieder gesehen wurden.

DIE FLUCHT FLIEGT AUF

Am nächsten Morgen wurden die Gefangenen vom täglichen Morgenappell geweckt. Verschlafen rieben sich die meisten die Augen, nur in den Zellen von Morris und den Anglins rührte sich nichts. Als ein Wärter Morris durch die Gitterstäbe wach rütteln wollte, fiel der falsche Kopf auf den Boden und die Nase brach ab. In diesem Moment realisierten die Wachen, welchem Schauspiel sie die Nacht über auf den Leim gegangen waren.

Der Alarm wurde ausgelöst. Ohrenbetäubend laut erschütterte der Klang der Sirene die kleine Insel. Bewaffnete Einheiten durchsuchten jeden Winkel des Eilands. Doch sie kamen zu spät. Die drei waren längst auf und davon.

Sofort schickte das FBI Land- und Wassersuchtrupps, um die Gegend rund um Alcatraz zu durchkämmen – erfolglos.

Man verhörte Allen West, den zurückgebliebenen vierten Mann, und gewährte ihm Straffreiheit für seine Beteiligung an der Flucht, wenn er im Gegenzug vollumfänglich kooperierte. West knickte ein und verriet den Beamten alles, was er über Morris' Plan wusste. Die Flüchtigen wollten Angel Islands ansteuern, die nächste unbewohnte Insel nördlich von Alcatraz. Dort wollten sie sich kurz ausruhen, dann zu Fuß das Naturschutzgebiet der Insel durchqueren und schließlich vom nördlichen Ufer aus ans Festland schwimmen.

Die Suche nach den drei Geflohenen blieb dennoch zunächst erfolglos. Trotz großflächiger Maßnahmen blieben sie wie vom Erdboden verschluckt. Zwei Tage später entdeckte man eines der Paddel, das vor der Südküste von Angel Island an der Meeresoberfläche trieb. Man entdeckte eine der behelfsmäßigen Schwimmwesten, die unweit von Alcatraz im Meer trieb. Einige Fetzen des Floßes fand man an einem Strand nahe der Golden

Gate Bridge von San Francisco. Das wichtigste Indiz aber wurde zufällig von einem zivilen Boot aufgesammelt: eine Plastiktüte mit den persönlichen Gegenständen der Anglins. Familienfotos, Briefe, ihre Portemonnaies.

Das FBI war sich nun sicher, dass die Entflohenen, wie alle anderen zuvor, in der Bucht von San Francisco ertrunken waren. Beweise dafür hatten sie nicht, in einer Stellungnahme hieß es jedoch, die Anglins hätten niemals ihre persönlichen Gegenstände zurückgelassen. Die Leichen allerdings tauchten nicht auf. Es wäre normal, meinten die Ermittler, dass tote Körper im Ozean verschwinden und nie wieder gesehen würden. Zwar wurden noch einmal die Wasserströmungen der Fluchtnacht analysiert und das FBI attestierte tatsächlich eine theoretische Möglichkeit, dass es die Sträflinge in der Dunkelheit bis nach Angel Island geschafft haben könnten. Die Wahrscheinlichkeit dafür wäre aber zu vernachlässigen.

Die Ermittler schienen recht zu behalten. Allen West hatte verraten, dass Morris geplant hatte, am Festland ein Auto zu klauen und damit weiterzufliehen. Doch in dieser Nacht wurde kein einziger Wagen als gestohlen gemeldet. War es so schnell vorbei gewesen? Waren Morris und die Anglin-Brüder über Bord gegangen? Hatten sie wirklich alle Hindernisse von Alcatraz überwunden, um dann in der Bucht von San Francisco zu ertrinken?

SICHTUNGEN UND SPEKULATIONEN

War das FBI zu voreilig gewesen? Wollten sie den Mythos von Alcatraz am Leben halten, um nicht noch weitere Gefangene zur Flucht zu motivieren? Dass die Geflohenen ertrunken waren, war für den Staat die einfachste und beste Lösung. Aber war es auch die richtige?

Fünf Jahre nach dem spektakulären Coup meldete sich ein angeblicher Schulkollege von Frank Morris, der ihn an der Ostküste der USA gesehen haben wollte. Die Anglin-Brüder wurden angeblich sogar unzählige Male gesichtet – allein in Nordflorida wollen sie laut FBI-Angaben in den 1960er- und 1970er-Jahren unterschiedliche Zeugen sechs- bis siebenmal gesehen haben. Ihre Familie bekam über Jahre hinweg Postkarten und Briefe – unterzeichnet von Clarence und John. Allerdings konnten die Handschriften nicht zweifelsfrei verifiziert werden. Irgendjemand schickte ihrer Mutter bis zu deren Tod jedes Jahr an Muttertag frische Blumen. Eines ihrer Geschwister erhielt ständig anonyme Anrufe, bei denen sich am anderen Ende der Leitung niemand meldete. Beim Tod der Anglin-Mutter schließlich sah man zwei sehr große Frauen mit unnatürlich starkem Make-up in der Nähe des Grabes, die den Friedhof jedoch schnell wieder verließen. Und als 1989 der Vater beerdigt wurde, waren zwei unbekannte Männer aufgetaucht, die kurz auf den Leichnam schauten und dann ebenfalls spurlos verschwanden. Waren das alles Streiche von Trittbrettfahrern? Womöglich hatte ein Unbekannter durch die extreme mediale Aufmerksamkeit Gefallen daran gefunden, das Überleben der Anglins vorzutäuschen, indem er verschiedene Hinweise streute.

13 Jahre nach ihrem Verschwinden tauchte ein Foto auf, das zwei Männer in Brasilien zeigte und bei denen es sich um John und Clarence Anglin handeln sollte. Geschossen hatte es Fred Brizzi, ein Freund der Brüder aus Kindertagen. Brizzi behauptete, er habe die beiden 1975 in Brasilien getroffen, sie hätten dort eine Farm. Fotoexperten des »History Channel«, die die Gesichter auf dem Foto in einer Dokumentation analysierten, hielten es für sehr wahrscheinlich, dass es sich bei den Dargestellten tatsächlich um die beiden entflohenen Alcatraz-Insassen handelte. Das Alter des Fotos wurde ebenfalls auf 1975 geschätzt und könnte daher die Aussage des Zeugen verifizieren. Eine Ähnlichkeit ist auch für mich deutlich zu erkennen, allerdings ist die Qualität des Fotos auch nicht gerade hoch.

Die Behörden waren darauf bedacht, jede Zweifel an ihrer Theorie sofort zu zerstreuen. Sie seien allen Hinweisen nachgegangen, hätten aber bisher alle als falsch entlarvt. Die drei Verbrecher seien ertrunken.

Die amerikanische Bevölkerung jedoch war in diesem Fall von Grund auf skeptisch. Einige verehrten die Flüchtigen gar als Helden, weil sie ohne Anwendung von Gewalt das Undenkbare geschafft hatten. Etliche TV-Sendungen versuchten den Ausbruch zu simulieren, sogar ein ähnliches Floß wurde nachgebaut. Die meisten Experimente zeigten, dass es je nach Wellenlage möglich gewesen wäre zu entkommen. Auch professionelle Wissenschaftler, unter anderem vom Forschungsinstitut Deltares, beteiligten sich an den Simulationen und kamen zur Schlussfolgerung, dass die Strömung zu ihren Gunsten gearbeitet hätte, wenn die Gefangenen Alcatraz in jener Nacht vor 23.30 Uhr übers Meer verlassen hätten. Wer hatte nun also recht?

Als der Fall vom FBI an die US-Marshalls übergeben wurde, gelangten 2011 im Zuge einer Dokumentation des National Geographic Channel Auszüge aus den Akten an die Öffentlichkeit. Michael Dyke, ermittelnder Deputy der US-Marshalls, sagte in dem Bericht aus, dass er in den Aufzeichnungen auf zahlreiche neue Hinweise gestoßen wäre, die im offiziellen FBI-Abschlussbericht fehlten. Und diese Informationen hatten es in sich. Sie gaben dem Fall eine komplett neue Wendung.

Laut der Informationen der neuen Ermittler hatte man am 12. Juni, einen Tag nach der Flucht, tatsächlich ein Floß auf Angel Island entdeckt – und Fußabdrücke, die sich vom Strand entfernten. Zudem sei, entgegen den FBI-Behauptungen, einen Tag nach der Flucht ein Auto gestohlen worden. Es handelte sich um einen blauen Chevrolet aus dem Jahre 1955. Am selben Tag meldete ein Mann im kalifornischen Stockton (130 Kilometer von San Francisco entfernt) einen Vorfall bei der Highway Patrol. Er sei von drei Männern von der Straße gedrängt worden. Und bei dem Fahrzeug hätte es sich um einen blauen Chevrolet gehandelt.

Wenn diese Informationen der Wahrheit entsprachen, wieso hatten die Behörden sie damals vertuscht? Experten waren der Meinung, dass man damit nicht nur den Ruf von Alcatraz retten, sondern die Entflohenen sich auch in Sicherheit wägen lassen wollte, damit sie Fehler begingen.

Tatsächlich werden die Männer noch heute gesucht, auch wenn sie mittlerweile ein hohes Alter erreicht haben dürften. Die US-Marshalls haben verkündet, dass sie die Suche nicht beenden würden, bevor die Entkommenen nicht mindestens 100 Jahre alt wären.

2013 fand man das bisher letzte Puzzlestück in diesem mysteriösen Fall. Damals traf ein anonymer Brief beim San Francisco Police Department ein, der erst Jahre später, 2018, veröffentlicht wurde. In einer schwer leserlichen Handschrift steht darin Folgendes geschrieben: »Mein Name ist John Anglin. Ich flüchtete im Juni 1962 mit meinem Bruder Clarence und Frank Morris aus Alcatraz. Ich bin 83 Jahre alt und in schlechter Verfassung. Ich habe Krebs. Wir haben es alle in dieser Nacht geschafft, aber nur knapp.« Der unbekannte Autor spricht die Polizei sogar direkt an und schlägt einen Deal vor: »Wenn Sie im Fernsehen verkünden, dass ich nur für maximal ein Jahr ins Gefängnis muss und medizinische Hilfe bekomme, schreibe ich ihnen erneut und nenne meinen Aufenthaltsort. Das ist kein Witz.« Seine beiden Fluchtkompagnons seien bereits verstorben.

Analysten der Behörden versuchten, DNA- oder Fingerabdrücke zu gewinnen und die Handschrift mit alten Briefen von John Anglin abzugleichen. Die Ergebnisse waren nicht eindeutig, doch der Brief könnte echt sein. Angehörige der Anglin-Familie reagierten mit Freude auf ihn. Sie wären immer davon überzeugt gewesen, dass die drei es geschafft hätten, sagte ein Neffe John Anglins der »New York Post«.

MEIN FAZIT

Es mag paradox klingen, Bewunderung für drei Kriminelle zu empfinden, die einst mit Waffen Banken stürmten, und trotzdem erwischte ich mich bei der Recherche zu diesem Fall dabei, wie ich mit glänzenden Augen den Fluchtplan immer wieder durchgespielt habe. Frank Morris, nicht umsonst als kriminelles Mastermind geadelt, gebührt wirklich Hochachtung, weil er den Plan in seiner Genialität so penibel ausgearbeitet und als Anführer umgesetzt hat, dass die drei es tatsächlich geschafft haben, von Alcatraz zu fliehen. Man mag fast hinzufügen: Wer diese lebensmüde Flucht ohne Gewaltanwendung bewerkstelligt hat, der hat sich seine Freiheit redlich verdient. Die ersten Ermittler sahen das naturgemäß anders, ich persönlich glaube aber nicht daran, dass die drei ertrunken sind. Allein schon statistisch gesehen müssten zwei von drei Leichen wieder in der Bucht von San Francisco auftauchen. Man fand dort zwar angespülte Knochen, die jedoch nach einem DNA-Test keinem der Entflohenen zugeordnet werden konnten. Auch die einen Monat nach der Flucht von einem norwegischen Schiff angeblich gesichtete im Meer treibende Leiche konnte nicht verifiziert werden.

Das FBI berief sich in seinen ersten Analysen maßgeblich auf die persönlichen Gegenstände der Anglins. Ich hingegen glaube, dass bei so einer halsbrecherischen Flucht schon mal etwas verloren gehen kann und dass das eigene Leben immer noch wichtiger ist, als noch so bedeutende Familienfotos zu retten, die vielleicht durch eine Welle vom Floß gespült wurden. Niemand würde nach jahrelangem Warten und präziser Planung so kurz vor dem Ziel einer Plastiktüte hinterherspringen und die Freiheit gefährden, oder? Alternativ würde ich es dem hochintelligenten Morris auch zutrauen, absichtlich falsche Hinweise gestreut zu haben, um ungestörter zu entkommen.

Es wurde spekuliert, dass die Flüchtigen von einem Boot abgeholt wurden. Angeblich soll in dieser Nacht ein nicht angemeldetes Schiff in der Bucht von San Francisco verkehrt haben. Das halte ich aber für unrealistisch. Weder hatten die Gefangenen oder ihre Familien die finanziellen Mittel, um sich ein Schiff zu leihen, noch berichtete Allen West, der zurückgebliebene Verschwörer, dass so etwas geplant war.

Neuere Strömungsmodelle zeigen, dass die drei Männer es durchaus nach Angel Island geschafft haben könnten. Dass Morris und die Anglins überlebten, ist also keine utopisches Fantasiegespinst. Vielmehr halten auch die heute ermittelnden US-Marshalls es für durchaus möglich. Wenn das gestohlene Auto und das gefundene Floß damals tatsächlich als Beweise unterschlagen wurden, ist es sogar mehr als wahrscheinlich. Zumal der blaue Chevrolet mit drei Insassen, wie neuere Recherchen des preisgekrönten Journalisten Christof Putzel 2018 ergaben, kurz nach der Flucht an unterschiedlichen Orten in Amerika gesichtet wurde.

Vermutlich schafften es die Anglin-Brüder tatsächlich, sich nach Brasilien abzusetzen. Mich hat das Foto überzeugt und selbst die neuen Ermittler sehen darin eines der größten Indizien für das Überleben. Welche Sichtungen, Briefe, Postkarten oder sonstige Beobachtungen noch wahr sind und welche erfunden wurden, kann man heute nicht mehr zweifelsfrei beurteilen. Ebenso bleibt rätselhaft, was aus Frank Morris geworden ist, der als Einzelgänger galt. Vielleicht blieb er in Amerika? Vielleicht aber setzte auch er sich in ein südlicheres Land ab.

Ich persönlich glaube, die drei haben es geschafft. Sie haben Alcatraz überlebt, das übrigens kurz nach ihrer Flucht geschlossen wurde. Eine Sanierung des Hochsicherheitsgefängnisses wäre zu teuer geworden, zumal der Ruf der Unbezwingbarkeit von den tapferen drei eindrucksvoll widerlegt wurde. Heute ist die Insel eine gut besuchte Touristenattraktion, die man von San Francisco aus mit der Fähre ansteuern kann. Die Besucher hören auch 2019 noch gespannt die Geschichten über die drei Männer, die als Einzige der Festung entkamen. Und jeder von ihnen hat wahrscheinlich seine eigene Theorie, was in jener Nacht geschah.

GEFÄNGNISAUSBRUCH

Wie oft brechen Häftlinge aus dem Gefängnis aus?

In den USA zählte man 2013 insgesamt 2001 Fluchtversuche, die meisten davon wurden allerdings direkt verhindert. Die Zahl klingt zugegebenermaßen sehr hoch, man darf aber nicht vergessen, dass die USA mit über zwei Millionen inhaftierten Menschen auf der ganzen Welt das Land mit den meisten Gefangenen ist. In Deutschland zum Beispiel zählte man 2012 nur sechs Fluchtversuche.

Wieso ist ein Gefängnisausbruch in Deutschland nicht strafbar?

Der Gesetzgeber begründet dies ursprünglich mit dem natürlichen Verlangen nach Freiheit, das jeder Mensch in sich trägt. In der Praxis sind die meisten Fluchtversuche aber trotzdem strafbar. Denn wenn zum Beispiel ein Schloss aufgebrochen oder ein Justizbeamter überwältigt wird, sind andere Strafbestände erfüllt, die einen Prozess nach sich ziehen. Auch wer einem Gefangenen bei der Flucht behilflich ist, muss sich laut Strafgesetzbuch § 120 wegen Gefangenenbefreiung verantworten.

Gab es auch in Deutschland erfolgreiche Ausbrecher?

Der bekannteste Gefängnisausbrecher Deutschlands, ja sogar der Welt heißt Ekke Lehmann. Elfmal entkam der Ausbrecherkönig, der oft nur »Ekke« genannt wird, aus deutschen Strafanstalten und schaffte es damit sogar ins Guinnessbuch der Rekorde. 1969 kletterte er während eines Hofgangs barfuß eine Gefängnismauer der JVA Tegel in Berlin hinauf. Die Wärter bewarfen ihn mit Schneebällen, ohne Erfolg. Erst Wochen später wurde Ekke gefasst. 1970 wurde es sogar noch spektakulärer: Lehmann entkam, während die Wärter Mittagspause machten, und flüchtete in ein Strandbad. Als eine Polizeieinheit ihn umstellte, türmte er hollywoodreif mit einem Segelboot. 1980 floh er aus dem sichersten Gefängnis Schwedens, indem er sich in einem Wäschesack versteckte. Lange frei war Ekke aber nie: Er wurde immer wieder gefasst und zurück hinter Gitter gebracht.

SPIEL BIS ZUM TOD

Mehrere Teenager aus den verschiedensten Ländern der Welt nehmen sich ohne Vorzeichen von einem Tag auf den anderen das Leben. Ermittlungen ergeben, dass sie alle Teil eines perfiden Spiels sind, das davon lebt, naive Jugendliche in den Selbstmord zu treiben.

Als Angela Merkel im Juni 2013 auf einer Pressekonferenz die mittlerweile fast legendären Worte »Das Internet ist für uns alle Neuland« aussprach, ahnte sie sicher nicht ansatzweise, was sie damit ins Rollen bringen würde. Nur Sekunden später erntete sie in den sozialen Netzwerken bereits Spott und Hohn. #Neuland brachte es schnell auf Platz 1 bei Twitter und wurde zum meistgesuchten Wort auf Google. YouTube-Videos der Rede wurden millionenfach geklickt. Das Internet ist schnell und erbarmungslos, wenn man es herausfordert. Und vor allem die jüngere Generation, die Merkels Äußerungen eher amüsiert als verärgert kommentierte, fragte sich: Lebt die Frau denn hinter dem Mond? Schließlich war das World Wide Web schon damals allgegenwärtig, zu Hause genauso wie in der Arbeit. Für die Kinder von heute ist ein Smartphone so normal wie ein Fußball. Wo also sollte das Internet noch Neuland sein?

In einem Punkt hatte Frau Merkel jedoch recht. Das World Wide Web mag vielleicht für uns allgegenwärtig und vertraut sein, doch für die Behörden gibt es im Webkosmos noch viele blinde Flecken. Die Polizei ist ein gutes Beispiel dafür: Während die Beamten im echten Leben auf jahrzehntelange Erfahrung zurückgreifen können, sind Kriminelle im Schutz der Anonymität des Netzes den Ermittlern oft technisch überlegen. Trotz aller Bemühungen existieren im Darknet immer noch quasi rechtsfreie Räume, über die sich die modernen Schurken austauschen und reichlich illegalen Handel betreiben. Verbrechen im Internet sind beliebt, weil sie schnell durchzuführen sind und sich schwer nachverfolgen lassen. Die Opfer sind nicht selten naive Teenager, die selbst einem Wildfremden zu schnell vertrauen.

Das Smartphone ist die Eintrittskarte in eine aufregende, unkontrollierte Welt aus Chats, sozialen Netzwerken und Webseiten, auf denen die Teenager endlich mal unbeobachtet von Eltern und Lehrern ganz für sich alleine agieren können. Genau das macht es aber auch so gefährlich. Während Kinder und Jugendliche im realen Leben vor vielen Gefahren durch Vorschriften oder Gesetze geschützt sind und man fast schon übereifrig auf sie aufpasst, sind sie im Netz Betrügern, Fälschern und Kriminellen nahezu schutzlos ausgeliefert.

Diese Geschichte allerdings handelt nicht von einem simplen Kreditkartenbetrug oder ausgespähten Hackerdaten. Es geht um eine völlig neue Art Verbrechen, das vor allem unschuldige Schüler trifft, die glauben, das Internet sei für sie kein Neuland mehr.

MOMO

»Hast du auch Angst vor Momo?« Es war ein heißer Tag im Juli 2018, das Thermometer näherte sich bedrohlich der 40-Grad-Grenze und ich saß schwitzend zu Hause am Computer. Ich ging die Nachrichten durch, die mir Zuschauer per E-Mail gesendet hatten. Meine Community schreibt mir ständig – eigentlich immer wenn sie auf ein Thema stößt, von dem sie glaubt, es könnte mich interessieren und Stoff für ein neues Video liefern. An diesem Tag jedoch hatte ich, was ungewöhnlich war, Dutzende nahezu identische Nachrichten erhalten. Alle drehten sich um dasselbe Thema: Momo. Ich runzelte verwundert meine verschwitzte Stirn, denn ich hatte bisher nichts davon gehört. Wer oder was war diese ominöse Momo?

Das Internet ist ja dafür bekannt, Legenden zu schreiben. Urbane Mythen verbreiten sich im Netz rasend schnell. Von der weißen Geisterfrau im Stadtwald, dem einhändigen Anhalter auf der Landstraße oder dem toten Hochzeitspaar hat jeder schon mal gehört. Oft wurden diese Gestalten sogar schon in der eigenen Stadt gesehen – behaupten zumindest viele User, die seltsamerweise aus den verschiedensten Ecken Deutschlands stammen. All diese Geschichten sind zwar nie wirklich passiert, und doch bescheren sie selbst psychisch gefestigten Menschen eine Gänsehaut. Allein der Gedanke daran, dass sich so etwas Gruseliges in der eigenen Stadt abgespielt haben könnte, sorgt bei den meisten für ein mulmiges Gefühl.

In besagtem Juli hatten unzählige Nutzer dasselbe erlebt: Sie waren von einer unbekannten japanischen Nummer angeschrieben worden. Wie aus dem Nichts sei sie im Kontaktbuch des Smartphones aufgetaucht, ohne dass man sie jemals eingespeichert habe. Es folgten verstörende Texte, teilweise auch Bilder. Die Absenderin nannte sich nur Momo.

DER MYTHOS

Die Geschichte von Momo ist schnell erzählt. Es handelt sich um ein totes japanisches Geistermädchen, das mitten in der Nacht Teenager über WhatsApp kontaktiert und ihnen erzählt, dass man sie einst grausam ermordet hätte. Außerdem soll Momo alles wissen: Du hast letzten Sommer die Nachbarskatze überfahren? Momo weiß es. Du hast deine Freundin mit dem Mädchen aus dem Musikkurs betrogen? Momo ist darüber im Bilde.

Der Hype um das vermeintlich übernatürliche Wesen wuchs mit jedem hochgeladenen Screenshot, der beweisen sollte, dass Momo ihre Opfer besser kennt als deren beste Freunde. Unzählige Chatverläufe, in denen Momo Geheimnisse ansprach, die ihr Gesprächspartner vorher niemandem anvertraut hatte, fanden den Weg ins Netz. Gefälschte Sprachnachrichten und Videos machten die Runde. Bald ging auch unter den Teenagern in Deutschland die Momo-Panik um. Jeder hatte Angst, das nächste Opfer zu werden.

Es gab unterschiedliche Theorien, was Momos eigentliches Motiv sei. Einigen Berichten zufolge stellte sie ihren Opfern Aufgaben, die diese im echten Leben erfüllen sollten. Sonst, so lautete die makabre Drohung, würden sie verflucht und müssten eines grausamen Todes sterben. Manche Jugendliche soll Momo sogar angerufen haben. Andere berichteten, Momo habe ihnen verstörende Fotos eines ermordeten Mädchens geschickt. Wie um den Mythos zu bestärken, wurde auf WhatsApp ein grauenvolles Profilbild veröffentlicht: eine Fratze, die einem Horrorfilm entsprungen sein könnte. Das Foto ging um die Welt und wurde in unzähligen Zeitungen abgedruckt. Momo hatte nun ein Gesicht – und zwar ein fürchterliches.

DIE SPUR FÜHRT NACH JAPAN

Ich drehte mehrere Videos zu dem Thema und rief die angeblich im Internet geleakten Nummern von Momo an. Eine stammte aus Japan, die andere war bei einem Mobilfunkanbieter aus Mexiko registriert. Würde jemand abheben? Fehlanzeige! Kein mysteriöses Tuscheln, nicht einmal ein Knistern in der Leitung. Die Handys mussten ausgeschaltet sein. Kein Wunder, denn wem auch immer die Nummer gehörte: Sein Handy hatte die letzten Tage gewiss nicht still gestanden. Auf YouTube gab es unzählige Videos von Usern, die angeblich mit Momo telefonierten. Doch sie waren offensichtlich alle Fake. Jeder Erwachsene hätte wohl längst begriffen, dass Momo nichts war als eine weitere urbane Legende. Doch wie so viele Internetmythen entwickelte auch diese irgendwann ihr Eigenleben.

Woher war Momo über Nacht gekommen? Wer steckte hinter dem gruseligen Wesen, das Teenager auf der ganzen Welt in Angst und Schrecken versetzte? Zumindest die Frage nach dem Foto ließ sich schnell beantworten. Die Fratze im Profilbild gehört eigentlich einer Skulptur, die in der Vanilla Gallery in Tokio ausgestellt war, wo traditionell recht außergewöhnliche Stücke präsentiert werden. Hergestellt wurde »Momo« von der Link Factory, einem japanischen Unternehmen, das sich auf Special Effects spezialisiert hat. Warum die Figur geschaffen wurde und wofür sie eigentlich eingesetzt werden sollte, ist nicht bekannt. Sicher aber hatten die Macher nicht im Entferntesten damit gerechnet, für welche schrecklichen Absichten sie einmal zweckentfremdet werden sollte.

DER KETTENBRIEF

Ich hatte in meinem Video die Zuschauer noch gewarnt: »Antwortet erst gar nicht, wenn euch eine solche Nummer anschreibt. Am besten blockiert ihr sie. Am Ende gibt es Trittbrettfahrer oder gar Kriminelle, die euch unter Druck setzen wollen.« Ich hatte von Anfang an ein schlechtes Gefühl bei der Sache, dachte aber eher an Datendiebstahl oder Erpressung mit intimen Informationen. Diese sollten allerdings nur die Spitze des Eisbergs sein, es kam viel schlimmer.

In den nächsten Wochen nahm der Hype um Momo konsequent zu. Zunächst wurden bedrohliche Kettenbriefe verschickt. Wer sie nicht vor Mitternacht weiterleite, würde qualvoll sterben, hieß es darin. Viele Jungendliche, die nicht zwischen makabren Scherz und Realität unterscheiden konnten, wandten sich panisch an ihre Eltern oder Lehrer. Zeitungen machten Schlagzeilen. In Spanien und Deutschland sah sich die Polizei sogar genötigt, Warnungen herauszugeben. Warnungen vor angeblichen Nachrichten einer nicht real existierenden Kreatur. Aus einer japanischen Kunstausstellung. Sicherlich ein Novum in der europäischen Polizeihistorie. Oder um es mit Merkels Worten zu sagen: Neuland.

DIE CHALLENGE

Der nächste große Schritt in diesem absurden Kosmos war die sogenannte Momo-Challenge: ein Spiel, in dem das untote Mädchen ihren Opfern Aufgaben stellte. Es fing meist harmlos an, doch je länger jemand dabeiblieb, desto umfassender und spektakulärer konnten die Missionen ausfallen. Verrate mir ein Geheimnis! Finde etwas Verrücktes über deine Eltern oder deinen Lehrer heraus und schreib es mir!

Die Aufgaben wurden im Netz über WhatsApp gestellt, ausführen aber musste man sie in der echten Welt. Und aus diesem Spiel gäbe es kein Entkommen: Wer einmal zugestimmt habe, würde beim Versuch, das Spiel auf eigene Faust zu beenden, auf qualvolle Weise sterben. Solche Drohungen sollten die Opfer einschüchtern. Meistens jedoch steckten hinter dem Phänomen »nur« Freunde, die mit unbekannten Nummern und der Fratze als Profilbild versuchten, ihre Kumpels aufs Glatteis zu führen.

Für die meisten war Momo mittlerweile ein harmloser Gag, Doch jede Regel kennt bekanntlich eine Ausnahme. Es gab einige ältere Jugendliche, die sich einen Spaß daraus machten, jüngere, verletzliche und naive Teenager anzuschreiben und ihnen glaubhaft zu machen, sie seien diese Schreckenskreatur. Die Regeln der Challenge dachten sich die Spielmacher selbst aus – im Schutz der Anonymität des Internets. Es mag für uns zunächst unvorstellbar klingen, aber es gab tatsächlich Kinder, die sich auf dieses Spiel einließen und glaubten, sie müssten den Befehlen eines Fremden im Chat Folge leisten, um nicht von einem toten Mädchen heimgesucht zu werden.

DAS ERSTE OPFER

Am 22. Juli 2018 wurde Ingeniero Maschwitz, eine 12 000-Seelen-Gemeinde in Argentinien unweit der Hauptstadt Buenos Aires, von einem unerwarteten Unheil erschüttert. Ein Junge fand seine zwölfjährige Schwester erhängt an einem Baum im Garten des Elternhauses. Die Angehörigen waren entsetzt. Der Freitod kam für die Familie wie aus dem Nichts, doch es gab eine Vorgeschichte.

Auf dem Boden unweit der Leiche des Mädchens lag ihr Smartphone. Die Polizei untersuchte den Tatort und hackte das Handy, um mehr Informationen zu bekommen. Dabei stießen sie auf einen belastenden Chat. Die Zwölfjährige war das erste weltweite Todesopfer der Momo-Challenge. Ein zunächst Unbekannter hatte mit ihr geschrieben, sich als die Kreatur ausgegeben und sie zu Aufgaben gedrängt. Auch Befehle zum Selbstmord, ja sogar detaillierte Anweisungen, wie sie sich umbringen sollte, kamen aus dem Chat. Sie waren der Abschluss eines grausamen Rituals. Die Ermittler stießen auf unzählige Handyvideos, die das Mädchen im Zusammenhang mit ihren Missionen aufgenommen hatte. Mutmaßlich war es Teil der Aufgaben, Videos davon als Beweis aufzuzeichnen. Auch unmittelbar vor dem Selbstmord soll das Mädchen ein Video von sich aufgenommen haben.

Doch wer steckte dahinter? Wer hatte sich als Momo ausgegeben und diesen Teenager systematisch in den Selbstmord getrieben? Wer konnte so gewissenlos und perfide agieren? Der

Täter, selbst fast noch ein Teenager, wurde schnell ermittelt. Ein 18-Jähriger wurde festgenommen. Was genau seine Motivation war, ist nicht bekannt. Vielleicht war es der Kick, den das Spiel mit der Macht bereitet. Wie weit würde er kommen? Würde die andere Person, das Opfer des Spiels, wirklich so weit gehen, dass sie sich erhängte? Man kann nur mutmaßen.

WEITERE FÄLLE

Nicht nur im fernen Südamerika spürte man die Auswirkung der abstrusen Challenge. Am 15. Oktober 2018 brach für René Gattino eine Welt zusammen. Als der 47-jährige Familienvater das Zimmer seines Sohnes in der französischen Bretagne betrat, fand er dessen leblosen Körper. Der 14-Jährige hatte sich mit seinem Taekwondogürtel erhängt.

René Gattino stürzte sich aus Trauer und Wut in die Recherche, durchforstete wie wild das Smartphone seines Sohnes nach Hinweisen. Er wollte wissen, wieso sein geliebter Junge sich so unerwartet das Leben genommen hatte, wo doch alle dachten, dass er glücklich wäre. Gattino stieß auf Momo: Auf dem Smartphone waren unzählige bizarre Fotos und Videos der Kreatur gespeichert. Der Junge schien nahezu besessen von dieser Figur gewesen zu sein.

In Interviews sagte René Gattino, dass er davon ausgehe, dass die Momo-Challenge seinen Sohn in den Selbstmord getrieben hat. Er habe verstörende Chatverläufe von seinem Sohn mit einem Unbekannten entdeckt. Wer sich in diesem Fall als Momo ausgab, ist nicht bekannt, genauso wenig, ob die Polizei einen Verdächtigen festgenommen hat. Gattino aber hat sein Feindbild gefunden: Er wollte alles daran setzen, solche Todesfälle in Zukunft zu verhindern. Daher plante er, neben YouTube und WhatsApp auch den französischen Staat zu verklagen, weil er Jugendliche nicht ausreichend schütze und auf die Gefahren des Internets vorbereite. Ein ehrgeiziges Unterfangen mit schwierigen Aussichten auf Erfolg.

In der belgischen Provinz Luxemburg gab es einen ähnlichen Fall. Auch dort soll sich ein 13-jähriger Junge auf Momos Befehl hin das Leben genommen haben. Der Schüler hatte daraufhin versucht, sich zu erhängen. Zwar überlebte er zunächst und lag zwei Wochen im Koma, dann aber verstarb er doch. Aus Kolumbien sind zwei weitere Todesfälle bekannt, die mit dem perfiden Spiel in Verbindung gebracht werden. Das »Momo-Spiel« ist leider kein Einzelfall. In Russland macht die sogenannte Blue-Whale-Challenge die Runde. Anonyme Administratoren drängen dort ihre »Jünger«, vorwiegend Minderjährige, unter anderem dazu, sich einen Wal in die Arme zu ritzen. Mindestens drei Spieler sollen sich das Leben genommen haben. 130 Ermittlungen gab es bereits und Präsident Putin soll höchstpersönlich ein Gesetz gegen die Gründung eines Selbstmordforums unterzeichnet haben.

MEIN FAZIT

Es bleibt mir ein Rätsel, was Menschen dazu bewegt, die Naivität von Kindern und Jugendlichen auszunutzen und sie mithilfe einer Fantasiefigur Schmerzen erleiden zu lassen. Vermutlich versuchen die Täter über das Spiel Macht und Kontrolle auszuüben – an relativ einfach zu manipulierenden Opfern. Viele sind selbst noch recht jung und ich glaube auch, dass sie oft gar nicht überblicken, was sie anrichten.

Das ganze Spiel an sich klingt so absurd, man kann sich kaum vorstellen, dass ernsthaft jemand daran teilnimmt. Die Opfer sind aber wohl oft Teenager mit geringem Selbstwertgefühl, denen dieses Spiel mit seinen Aufgaben eine Art Halt gibt. Vielleicht ist es auch der Kick oder die Anerkennung, die sie von wildfremden Spielmachern erhalten, nachdem sie deren Aufgaben erfüllt haben. Dazu kommt der Reiz des Verbotenen und eine »Prise« Mythos.

Berichte wie die über Momo machen mir vor allem eins klar: Wir müssen durch Prävention und Aufklärung alle gemeinsam dafür sorgen, dass das Internet auch für unsere Kinder wirklich bald kein Neuland mehr ist.

CYBER-KRIMINALITÄT

Steigt die Gefahr für Cyberkriminalität in Deutschland?

Ja! 2017 zählte das BKA 86 000 Fälle von Cyberkriminalität (im engeren Sinne) – im Vergleich zum Vorjahr ein Anstieg von ca. vier Prozent. Der entstandene Schaden betrug über 70 Millionen Euro. Die Polizei konnte immerhin knapp über 40 Prozent aller Fälle aufklären.

Das Netz ist längst ein äußerst attraktiver Ort für Verbrecher geworden. Es ist heute sehr viel wahrscheinlicher, im Internet bestohlen zu werden, als dass einem ein Dieb im echten Leben die Börse aus der Tasche zieht. Studien gehen davon aus, dass rund jeder fünfte Deutsche schon einmal Opfer von Cyberkriminalität wurde.

Welche Arten von Cyberkriminalität gibt es?

Am häufigsten werden illegale Daten ausgespäht, zum Beispiel um an Zugänge fürs Onlinebanking zu kommen. Von Warenbetrug bis zum Cyberstalking gibt es allerdings eine große Bandbreite von weiteren Straftaten, die im Netz begangen werden können.

Wie gehen Kriminelle vor?

Tatsächlich sind die wenigsten Straftaten klassische Hackerangriffe. Die meisten Daten entlocken Kriminelle mit sogenannten Phishing-Methoden. Sie nutzen dazu das schwächste Glied der Kette – und das ist selten der Computer oder Smartphone selbst, sondern immer noch der Mensch. Durch Neugier erweckende E-Mails oder nachgebaute Webseiten großer Onlineunternehmen locken sie User in ihr teuflisches Spinnennetz.

Wie kann man sich schützen?

Die Polizei rüstet im Bereich Internetkriminalität zwar weiter auf, allerdings gibt es viele Fälle, in denen die Justiz immer noch hoffnungslos überfordert ist oder zu wenig Ressourcen besitzt. Am besten schützt man sich durch aktuelle Anti-Viren-Software. Durch häufig wechselnde, längere Passwörter, die keine Standardwörter enthalten. Durch Aufmerksamkeit bei Kontakten im Internet und indem man nicht leichtfertige unbekannte Links und Webseiten anklickt. Augen auf heißt es auch bei der Konversation mit Usern, die man nicht persönlich kennt.

Eigene Erfahrung

Mit 13 Jahren hatte ich selbst eine erste Begegnung mit einer miesen Form der Internetkriminalität. Ich hatte eine dubiose E-Mail mit einem Link in meinem Postfach entdeckt und diese, naiv wie ich als Teenager war, dummerweise angeklickt. Dadurch wurde automatisch ein Programm auf meinen PC heruntergeladen.

Kurz darauf traf eine zweite E-Mail bei mir ein, in der es hieß, dass ich 200 Euro für den Download überweisen müsste, sonst würde ich abgemahnt. Eine miese Masche, die ich mithilfe meiner Eltern zum Glück durchschaut habe. Passt auf im Internet!

»IHR WERDET IHN NIEMALS FINDEN«

Eine Mutter unternimmt mit ihrem Sohn einen dreitägigen Spaßtrip: Wasserparks, Zoo, Shoppen. Die Stimmung scheint gut, doch am Ende ist sie tot und er verschollen. Ein mysteriöser Brief wirft mehr Fragen auf, als er beantwortet.

rgendwie ist es paradox. Wir fürchten den großen Unbekannten. In unseren Gedanken lauern Serienmörder im Zwielicht hinter Büschen im Park, am Waldrand, nachts vor der Disko. Viele trauen sich nicht, abends alleine längere Wege zu laufen, telefonieren in der Zeit mit Freunden oder nehmen ein teures Taxi.

Zu Hause hingegen fühlen wir uns sicher und geborgen. Dort sind wir schließlich von unserer Familie, unserem Partner, unseren Freunden umgeben. Dabei ist es rein statistisch gesehen genau dort am gefährlichsten für uns, wo wir uns sicher und beschützt fühlen. Die Wahrscheinlichkeit, von jemandem getötet zu werden, der einem nahesteht, ist deutlich höher, als dass uns eine wildfremde Person etwas antut.

Profiler kennen diese Statistiken in- und auswendig. Wenn ein Kind entführt wird, untersuchen die Ermittler daher als Allererstes das nahe Umfeld. Haben sich Freunde merkwürdig verhalten? Gibt es Verwandte, die ein Auge auf das Kind geworfen hatten? Ja, sogar die Eltern werden einer Untersuchung unterzogen, um ausschließen zu können, dass sie irgendetwas mit dem Ganzen zu tun haben. Seltsamerweise sind nämlich die Personen, die einem Kind wehtun, oft gerade diejenigen, die es eigentlich am meisten beschützen sollten. Das musste auch James Pitzen erfahren, als seine eigene Frau von einem Tag auf den anderen ihr gemeinsames Kind entführte und er es nie wiedersah.

EIN FAMILIÄRER NOTFALL

»Timmothy ist schon gegangen«, sagte der Lehrer und schaute mit gerunzelter Stirn in sein Klassenbuch. »Um 8.30 Uhr.« »Wie, er ist gegangen?« James Pitzen, Timmothys Vater, starrte ungläubig in die leere Klasse. »Zeigen Sie mir sofort das Klassenbuch.«

Der damals sechsjährige Junge galt als zuverlässig. Er wusste genau, dass sein Vater ihn immer vor der Arbeit zur Kindergartenklasse in der Grundschule brachte und ihn später auch wieder von dort abholte. Timmothy war ein lebensfroher Junge, den jeder gern hatte und der immer auf der Suche nach dem nächsten Abenteuer war. Das Letzte, an das der Vater sich von seinem Sohn erinnert, ist der Moment, als er ihn an jenem Morgen des 11. Mai 2011 vor seiner Grundschule absetzte. »Ich habe dich lieb, Buddy.« »Ich habe dich auch lieb, Dad.« Dann rannte der Kleine wie immer in Richtung des Schulgebäudes.

James Pitzen durfte einen Blick in das Buch des Lehrers werfen und dieser hatte recht. Da stand doch tatsächlich: 8.30 Uhr Timmothy Pitzen, abgeholt von seiner Mutter Amy Pitzen. Grund: familiärer Notfall.

Was für ein Notfall? Wieso war er nicht informiert worden? Sofort rief James bei Amys Arbeit an, doch seine Frau war nicht da. Auch über ihr Handy konnte er sie nicht erreichen. Jedes Mal meldete sich die Voicemail. »Sag mir einfach, dass es Timmothy und dir gut geht«, sprach der besorgte Vater nach dem Piep auf die Box. Er war verzweifelt, rief Amys Eltern an, ihre Freunde, doch keiner konnte ihm etwas sagen. Schnell wurde ihm klar, dass dieser familiäre Notfall überhaupt nicht existierte. Seine Frau hatte ihn erfunden. Aber warum?

Es war nicht das erste Mal, dass James und Amy Pitzen Probleme hatten. Die beiden hatten sich auf einer Party kennengelernt und dann monatelang gedatet. Nach der Scheidung von ihrem ersten Ehemann hatte Amy immer wieder psychische Probleme. Depressionen. 2003 bekam James einen Anruf aus dem Krankenhaus in Cedar Rapids. Amy hatte zu viele Pillen geschluckt, war ohnmächtig geworden und fast vom Rand einer Klippe gefallen. Ihr erster Selbstmordversuch. Doch 2004 ging es wieder bergauf, sie wurde schwanger, brachte einen gesunden Jungen zur Welt: Timmothy. Sie liebte ihn über alles – und er liebte sie. Sie hatte auf dem doppelten »m« im Namen bestanden, um ihn von anderen Timothys zu unterscheiden. Er sollte etwas ganz Besonderes sein.

Doch mit den Jahren der Ehe kamen auch die Schwierigkeiten zurück. Immer wieder litt Amy unter psychischen Problemen. Sie stritten viel. Mal ging es um Geld, mal darum, dass Amy so oft alleine mit Freunden verreiste. Sie drohte offen mit

Scheidung. Doch ihre größte Angst war, dass ein Richter ihr dann den kleinen Timmothy wegnehmen könnte – aufgrund ihrer psychischen Vorgeschichte.

DER 11. MAI

Doch was war Amys Plan? Wo wollte sie mit ihrem Sohn hin? James nahm an, dass sie einfach nur ein paar Tage rauswollte, weil sie wieder einmal wegen irgendetwas sauer auf ihn war. Die Ehestreitigkeiten hatten sich in letzter Zeit zugespitzt. Vermutlich war es also wieder eine von Amys Machtproben, wie so oft. Er ahnte nicht annähernd, welches Ausmaß Amys Ausflug mit Timmothy diesmal haben sollte.

Um 8.15 Uhr war Amy in die Schule gekommen und hatte dort einen familiären Notfall vorgetäuscht – gerade mal 20 Minuten, nachdem James seinen Sohn überhaupt dort abgesetzt hatte. Eine Überwachungskamera filmte die beiden, Hand in Hand. Um 8.30 Uhr fuhren Amy und Timmothy in ihrem Wagen vom Schulgelände. Der Lehrer hatte keinen Verdacht geschöpft. Wieso auch? Eine flehende Mutter, das Wort »Notfall« und ein bemitleidenswerter Blick: Warum hätte er sie aufhalten sollen? Doch das frühe Abholen hatte seinen Sinn. Amy hatte die nächsten Tage strikt durchgeplant. Sie hatte einiges vor mit ihrem Sohn.

Aber zuerst einmal brachte sie um 10 Uhr den Wagen in die Werkstatt. An dem blauen Ford Expedition SUV, einem Modell von 2004, mussten ein paar kleinere Reparaturarbeiten ausgeführt werden. Ein Mitarbeiter der Werkstatt fuhr die beiden in der Zwischenzeit in den nahe gelegenen Brookfield Zoo, der seit seiner Eröffnung in ganz Amerika bekannt war. Er ist riesige 57,4 Hektar groß und damit deutlich größer als die meisten Tierparks in Deutschland. Über 400 verschiedene Tiere sind in ihm angesiedelt. Vor allem aber: In vielen Bereichen wird auf Gitter und Zäune verzichtet. Stattdessen trennen zum Beispiel tiefe Gräben die Besucher von den Tieren. So versucht man, den zahlenden Gästen ein Erlebnis der besonderen Art zu bescheren.

Es ist nicht klar, wie die Stimmung war, als Amy und Timmothy an jenem Vormittag an Wölfen und Elefanten vorbeiliefen. Aber dem Jungen dürfte die Abwechslung vom tristen Schulalltag sicherlich gefallen haben. Er mochte Tiere.

Doch der Zoobesuch sollte nur das erste Highlight der nun folgenden Reise sein. Um 15 Uhr kehrten Mutter und Sohn zur Werkstatt zurück, um den Wagen wieder abzuholen. Währenddessen fragte sich Vater James, längst unruhig vor Sorge, wo die beiden bloß steckten.

Amy steuerte mit ihrem Sohn das KeyLime Cove Resort in Gurnee/Illinois an. Es liegt eine gute Autostunde entfernt von Aurora, dem Heimatort der Pitzens, der sich wiederum nicht weit von der pulsierenden Metropole Chicago befindet. Das KeyLime Cove Resort war ein extravaganter Wasserpark mit verschiedenen Themenwelten, Restaurants, Hotels und Shoppingmöglichkeiten. Ein typischer amerikanischer Freizeitpark, in dem man die Sorgen des Alltags vergisst und einem das pausenlose Konsumieren so leicht wie möglich gemacht wird. Aktuell ist der Park geschlossen, soll aber nach Renovierungen unter einem neuen Namen wiedereröffnet werden. Für Timmothy, der es liebte, im Wasser zu spielen, muss mit dem Besuch ein Traum wahr geworden sein. Das zweite Highlight dieses undurchsichtigen Trips!

Am 12. Mai, nur einen Tag später, checkten Amy und Timmothy jedoch schon wieder aus dem KeyLime Cove Resort aus. Die vermeintliche Spaßreise war deswegen aber noch nicht zu Ende. Jetzt ging es im SUV weiter, 2,5 Autostunden Richtung Nordwesten. Das Ziel hieß Dells, ein kleines Städtchen im nördlicheren Bundesstaat Wisconsin. Es zählt nicht einmal 3000 Einwohner und wird von Touristen meist nur aus einem Grund angesteuert: den Kalahari Resorts Dells, ein weiteres Wasser- und Spaßparadies. Um 15.39 Uhr erfasste die Überwachungskamera des integrierten Hotels Amy und Timmothy beim Check-in. Sie wirkten ruhig und unauffällig. Später an diesem Tag würde Amy alleine aus dem Resort verschwinden, um neue Kleidung und Spielsachen für Timmothy zu kaufen.

James Pitzen wusste von alldem nichts. Er saß zu Hause in Aurora wie auf heißen Kohlen. Seit über 24 Stunden hatte er zu diesem Zeitpunkt kein Lebenszeichen der beiden erhalten. Was hatte seine Frau vor? Mittlerweile kamen ihm erste Zweifel, ob das Ganze wirklich »nur« eine harmlose Machtprobe war oder ob vielleicht doch etwas anderes dahintersteckte.

13. MAI – MERKWÜRDIGE ANRUFE

Nach dem zweiten Wasserparkbesuch in nur zwei Tagen, checkten Amy und Timmothy am nächsten Morgen gegen 10 Uhr aus. Es ist das letzte Mal, dass Überwachungskameras sie gemeinsam erfasst haben. Beide wirken auf den Aufnahmen entspannt, so wie man eben aussieht, wenn man nach einem lässigen Kurzurlaub zurück nach Hause aufbricht.

Kurz darauf entschied sich Amy, ihr Schweigen zu brechen. Sie dachte wohl, es sei an der Zeit, ihre Familie zu informieren.

Zwischen 12 und 13.30 Uhr gingen bei verschiedenen Familienangehörigen der Pitzens eine Reihe mysteriöser Anrufe ein. Zunächst kontaktierte Amy ihre Mutter, die sich natürlich ebenfalls Sorgen gemacht hatte. Alles würde gut werden, in ein paar Tagen wären sie wieder zurück, versuchte Amy sie zu beschwichtigen. Timmothy und sie wären nicht in Gefahr. Dann rief sie noch ihren Schwager an, James Bruder. Bis heute weiß James nicht, wieso seine Frau nicht versucht hatte, ihn, ihren Ehemann, zu erreichen, sondern ausgerechnet seinen Bruder. Zu ihm sagte sie: »Timmothy geht es gut. Timmothy gehört zu mir. Timmothy wird es gut gehen. Timmothy ist sicher.« Im Hintergrund konnte man Timmothy hören. Er sagte, er sei hungrig. Alles wirkte normal, wie immer. Doch es sollte das letzte offizielle Lebenszeichen des Jungen sein.

Die Polizei versuchte später, die Telefondaten zu rekonstruieren. Sie stellte fest, dass Amy wohl aus der Nähe der Stadt Sterling in Illinois angerufen hatte. Anscheinend waren die beiden zu diesem Zeitpunkt wieder in Richtung Heimat unterwegs.

Gegen 19.30 Uhr zeichnete eine Überwachungskamera Amy erneut auf. Doch diesmal war sie allein. Keine Spur von Timmothy. Das war neu. Amy kaufte in dem kleinen Örtchen Winnebago nahe Rockford in einem Laden Zettel und Stifte. Anschließend besorgte sie sich noch etwas zu essen. 45 Minuten vor Mitternacht checkte sie in das Rockford Inn ein, ein sehr günstiges Motel.

DER 14. MAI

Es war Nachmittag, als die Polizei an James Pitzens Haustür klopfte. Drei lange Tage war es her, seit seine Frau ihren gemeinsamen Sohn mit auf ihre verhängnisvolle Reise genommen hatte. Der Familienvater war voller Hoffnung, als er die Tür öffnete. Wussten die Ermittler endlich, wo Timmothy war? Doch James blickte in betroffene Gesichter. Die Beamten konnten ihm nur noch ihr Beileid aussprechen, denn Amy, seine Ehefrau, war tot.

Doch was war mit Timmothy? Man wusste es nicht. Er war verschwunden.

Gegen Mittag hatte eine Reinigungskraft Amys Zimmertür im Rockford Inn von außen geöffnet. Sie entdeckte eine fürchterliche Blutlache: Amy hatte sich mithilfe eines Messers das Leben genommen. Neben ihr lagen zwei sorgfältig formulierte Abschiedsbriefe. Einer war an ihren Mann adressiert, der andere an ihre Mutter. Von dem kleinen Timmothy jedoch war weit und breit keine Spur. Auch sein Rucksack fehlte, seine Klamotten und alle Spielzeuge, die sie unterwegs für ihn gekauft hatte – genauso wie Amys Kleidung vom Vortag.

KRYPTISCHE BRIEFE

James veröffentlichte den Inhalt des an ihn gerichteten Abschiedsbriefs. Sie entschuldige sich für das Drama, das sie angerichtet hätte, schrieb Amy. Und dass Timothy bei Leuten sicher wäre, die ihn liebten. Er würde nie gefunden werden.

Vor allem der letzte kryptische Satz beschäftigt James bis heute. »Timmothy ist sicher, bei Leuten, die ihn lieben. Er wird nie gefunden werden.«

Auch Amys Mutter verriet bei einem Telefoninterview im TV die letzten Worte, die ihre Tochter an sie gerichtet hatte. Amy schrieb: »Ich habe ihn an einen sicheren Ort gebracht. Um ihn wird sich gut gekümmert und er sagt, dass er dich liebt. Bitte denk daran, es hätte nichts gegeben, dass du hättest tun können, um meinen Entschluss zu ändern.« Auch dieser Abschiedsbrief gab keinen entscheidenden Aufschluss darüber, was mit Timothy geschehen war.

So traurig der Selbstmord seiner geliebten Ehefrau Amy auch war, die Priorität von James und den Ermittlern war von nun an, Timmothy zu finden. Wo war der sechsjährige Junge? Wem hatte Amy ihr Kind anvertraut, bevor sie sich das Leben nahm? Wer nahm überhaupt einfach ohne Rückfragen ein Kind bei sich auf?

EIN FÜRCHTERLICHER VERDACHT

Die Polizei hatte sofort einen fürchterlichen Verdacht. Was war, wenn die Mutter einen sogenannten erweiterten Selbstmord begangen hatte? Wenn Amy ihren eigenen Sohn getötet hatte, bevor sie sich selbst umbrachte?

Die Fahndung ging sofort los, man suchte gleichzeitig nach einem Lebenden und einer Leiche. Denn keiner konnte sich sicher sein, was passiert war. Nur der Zeitpunkt stand fest. Am 13. Mai hatten Familienangehörige Timmothy um 13.30 Uhr noch am Telefon gehört. Um 19.30 Uhr sah man Amy nur noch alleine einkaufen. Sie hatte auch ohne Timmothy ins Motel eingecheckt, in dem man sie am nächsten Tag fand. In diesen sechs Stunden also musste Timmothy verschwunden sein.

Zunächst gab es eine erste Entwarnung. An dem Messer, mit dem sich Amy das Leben genommen hatte, war kein Blut von Timmothy. Man untersuchte akribisch das Auto – und diesmal landete man einen Treffer. Die Spurensicherung fand im Wageninneren Blut des Sechsjährigen. Doch wieder folgte sofort Entwarnung. Die Forensiker konnten nicht zweifelsfrei feststellen, von wann das Blut stammte, ein Zusammenhang mit der Tat erschien eher unwahrscheinlich, auch weil James Pitzen noch genau wusste, dass Timmothy kurz vor seinem Verschwinden im Auto Nasenbluten gehabt hatte.

Die Kriminaltechniker analysierten die Reifen und die Spuren, die man an ihnen fand. Während Zeugen sich irren oder täuschen können, ist die Forensik eine Wissenschaft, die nur die Wahrheit kennt und manchmal sogar kleine Wunder vollbringt: Man konnte bestimmen, dass Amy mit ihrem SUV kurz vor ihrem Tod in einer ländlichen Region unterwegs gewesen war. Denn es haftete DNA von Pflanzen am Auto, die nicht überall wuchsen. Dadurch ließen sich die Bezirke eingrenzen. Die Spurensicherung ging davon aus, dass Amy entweder in Lee County oder Whiteside County gewesen war, die im Nordwesten des US-Bundesstaates Illinois liegen.

Die Einsatzkräfte konzentrierten sich vor allem auf die Route 40 auf Höhe der Stadt Sterling als Suchgebiet. Hier hatte man die Anrufe geortet, in denen Timothy das letzte Mal zu hören war. Doch die Suche blieb erfolglos. Kein Hinweis auf eine Leiche, kein Hinweis auf den lebendigen Timmothy.

DAS HANDY

Nachdem zwei lange Jahre verstrichen waren, folgte 2013 der vermeintliche Durchbruch. Neben einer Landstraße hatte man das Handy von Amy Pitzen gefunden. Die Polizei dachte, endlich den entscheidenden Hinweis zu bekommen, der das Schicksal von Timmothy aufklären würde. Ein Smartphone ist heutzutage in Vermissten- und Mordfällen eines der wichtigsten Beweisstücke. Mit wem haben die Personen zuletzt geschrieben? Was sagt das elektronische Bewegungsprofil? In der organisierten Kriminalität setzt man deswegen immer noch auf die altmodische Art der Kommunikation und benutzt zum Beispiel Klapphandys.

Nach der kurzen Euphorie kam jedoch die Enttäuschung. Die Ermittler hatten Amys Handy akribisch ausgewertet, doch sie waren genauso schlau wie zuvor. Kein Kontakt zu unbekannten Personen, die Timmothy aufgenommen haben könnten. Kein Hinweis auf seinen Verbleib. Es schien, als sollte Amy Pitzen mit ihren letzten Worten recht behalten: Ihr Sohn würde niemals gefunden werden ...

Hatte Amy die Tat von langer Hand geplant? Oder war es eine Kurzschlusshandlung aufgrund eines Depressionsschubs? Es gibt ein Indiz, das dafür spricht, dass Timmothys Mutter zumindest seit ein paar Monaten alles penibel für diesen Moment vorbereitet hatte: Das I-Pass-System, ein elektronisches Mautnetzwerk, das in Illinois eingesetzt wird, registrierte Amys Wagen 2011 einmal im Februar und einmal im März. Sie fuhr in Richtung der Gebiete, die sie auf ihrem finalen Roadtrip mit Timmothy besuchte. Amy hatte dort keine Verwandten oder Freunde. Was machte sie dort also? Wen traf sie dort?

LEBT TIMOTHY NOCH?

Die Kernfrage dieses Falls ist, ob der kleine Timmothy noch am Leben ist. James Pitzen stellt sie sich womöglich jeden Tag. Er hat die Hoffnung nicht aufgegeben und spürt, dass sein Sohn noch am Leben ist. Er will nicht glauben, dass seine Frau ihrem geliebten Sohn etwas angetan haben könnte – trotz aller Depressionen. Auch ihre Familie kann sich das nicht vorstellen.

James Pitzen kontaktierte angesehene Psychologen, um mit ihnen über den Fall zu reden. Ihre Meinung: Hätte Amy Timmothy tatsächlich mit ins Jenseits reißen wollen, hätte sie es am selben Ort getan, im selben Raum, mit ihm vereint.

Doch was spricht wirklich dafür, dass Timmothy überlebt hat – außer der Hoffnung seines Vaters und der Expertise der Psychologen? Zum einen wurden keine Spuren im Auto gefunden, die auf ein Gewaltverbrechen schließen ließen. Zum anderen wurde trotz aufwendiger Suche keine Leiche gefunden. Konnte eine kriminelle Anfängerin den perfekten Mord begehen, ohne Spuren zu hinterlassen? Und wieso kaufte Amy Timmothy noch Spielzeuge und Kleidung, wenn sie vorgehabt hätte, ihn am nächsten Tag zu ermorden? Vielleicht traf sie sich auf den ungeklärten Fahrten ein paar Monate zuvor mit den Leuten, die Timmothy bei sich aufnehmen sollten. Vielleicht wollte sie sie in Ruhe kennenlernen. Schließlich hatte sie in ihrem Abschiedsbrief versprochen, sie hätte ihn an Menschen gegeben, die ihn lieben würden.

Und was spricht dagegen, dass Timmothy noch lebt? Leider deutlich mehr! Der ganze Roadtrip scheint für Amy eine Art Abschlussreise gewesen zu sein. Er sollte das endgültige Highlight mit ihrem Sohn werden. Sie wollte in den Freizeit- und Wasserparks, die der kleine Junge so liebte, die gemeinsame Zeit noch einmal richtig genießen. Timmothy sollte alles bekommen, was er sich wünschte. Mutter und Sohn, ein letztes Mal innig vereint. »Timmothy gehört mir«, waren ihre Worte am Telefon. Waren diese wunderbaren Momente eine Art Entschuldigung vorab, weil sie ihn am Ende der Reise töten wollte? War alles eine erlebnisreiche »Henkersmahlzeit«?

Nachdem sie ein paar letzte unbeschwerte Tage mit ihrem geliebten Kind verbracht hatte, nahm sich Amy das Leben. Doch was geschah in den Stunden zuvor? Gab sie Timmothy wirklich bei einer fremden Familie in Obhut? Das kann man fast nicht glauben. Welche Familie nimmt einen sechsjährigen Jungen bei sich auf, ohne nachzufragen? In diesem Fall wäre es ein Verbrechen, den Jungen als ihr eigenes Kind auszugeben, da er noch einen leiblichen Vater hat. Timmothy muss in eine Schule gehen und später irgendwann einen Job finden. Keine Familie könnte ihn auf ewig verstecken. Er bräuchte einen Ausweis, eine neue Identität, eine Sozialversicherungsnummer und, und, und. Welche Menschen spielen bei so etwas mit? Und selbst wenn: Hätte Amy diese Leute in der Vergangenheit nicht anrufen oder anderweitig kontaktieren müssen? Was machte sie so sicher, dass sie Timmothy lieben und gut aufziehen würden? Warum wollte sie ihn nicht bei ihrem Ehemann oder ihrer Mutter aufwachsen lassen? Warum hätte sie Fremden mehr vertrauen sollen als ihnen? Dass Amy Timmothy an einen organisierten Kinderhändlerring abgegeben oder an dubiose Männer aus der Unterwelt verkauft hat, glaube ich auch nicht. Aus welchem Grund? Sie hatte nichts mehr zu verlieren.

Wäre Timmothy doch von fremden Eltern aufgenommen worden, ergäben sich mit der Zeit sicher Probleme. Irgendwann würde der Junge schließlich Fragen stellen, er hatte ja alles hautnah mitbekommen: den Roadtrip, sein ganzes »altes« Leben. Er würde irgendwann fragen, was mit seinem Vater und wo seine Mutter wäre. Er war zur Tatzeit sechs Jahre alt, nicht zwei. Er hätte seine Vergangenheit unmöglich einfach vergessen. Man hätte ihn vielleicht eine Zeit lang manipulieren und ihm irgendeine Geschichte auftischen können. Aber irgendwann könnte er vielleicht sein eigenes Fahndungsfoto in den Nachrichten sehen. Das alles wäre doch extrem riskant.

Amys kryptischer Abschiedsbrief kann unterschiedlich interpretiert werden. Wie konnte sie so sicher sein, dass Timmothy nie gefunden würde? Jeder Mensch kann gefunden werden – oder kann man ihn nicht finden, weil er tot ist? Sind die Leute, die ihn lieben, vielleicht sie selbst und die Engel, die sich im Himmel um ihn kümmern würden? War die Wut auf ihren Ehemann so groß, dass sie Timmothy auf keinen Fall bei ihm zurücklassen wollte? Dachte sie, der Himmel sei ein besserer Ort für ihren Kleinen als die Erde? Hatten ihre inneren Dämonen sie dazu gebracht, im Wahn ihren Sohn zu töten? Es scheint unvorstellbar, dass eine Mutter ihr eigenes Kind umbringt, doch die Geschichte hat etliche solcher schaurigen Fälle dokumentiert. Das Phänomen existiert.

Warum es keine brauchbaren Spuren im Auto gab, lässt sich erklären. Vielleicht hielt Amy an einer abgelegenen Landstraße in Illinois, fuhr auf einen Feldweg und tötete Timmothy dort – ohne Zeugen. Er war erst sechs Jahre alt, für eine erwachsene Frau wäre es ein Leichtes gewesen, ihn in einem unerwarteten Moment zu töten – noch dazu weil Timmothy seiner Mutter blind vertraute. Anschließend hätte sie die Leiche und die neuen Spielzeuge verschwinden lassen, in einem Gewässer zum Beispiel. In Illinois gibt es viele kleine abgelegene Seen. Den Jungen in dieser ländlichen Gegend zu finden wäre schwierig. Und die Zeit arbeitet immer gegen die Ermittler.

Eines der auffälligsten Indizien, weshalb ich von einer Tötung ausgehe, ist, dass die Kleidung, die Amy an dem Tag trug, als man Timmothy zum letzten Mal lebend sah und hörte, verschwunden war. Hatte sie sie entsorgt, weil sich Blutspuren ihres Sohnes oder andere Hinweise auf ein Tötungsdelikt daran befanden?

Warum aber hätte Amy Timmothy im Vorfeld töten sollen, statt im selben Raum wie sich selbst, in diesem kleinen Motel?

Es ist reine Spekulation, vermutlich wollte sie jedoch für die Nachwelt einfach nicht als Kindesmörderin dastehen. Als grausame Mutter, die ihrem eigenen Sohn das Leben nahm. Selbst wenn sie den Entschluss hatte, ihren Sohn nicht alleine auf dieser Welt zurückzulassen, wollte sie vielleicht vermeiden, dass ihre Familie, ihre eigene Mutter in schlechtes Licht fiele.

Das wäre für mich durchaus ein Motiv, den Mord zu verschleiern und die Sache so aussehen zu lassen, als ob Timmothy noch leben würde. Als sei Amy trotz ihres Selbstmords immer noch eine »gute« Mutter gewesen. Wollte sie ihren Ehemann und die Polizei mit den Worten »Er wird nie gefunden werden« entmutigen? Es liegt aber doch auf der Hand, dass James Pitzen immer weiter nach seinem Sohn suchen wird.

Zum Schluss bleibt natürlich vor allem eine Frage offen: Was war überhaupt Amys Motiv? Man kann nie ganz nachvollziehen, was im Kopf von Menschen mit derart starken psychischen Problemen vorgeht. Sie handeln sehr oft irrational. Wollte Amy sich bereits länger das Leben nehmen und fand, dass Timmothy für immer ihr gehören sollte? Dann hätte sie ihn in ihrer verdrehten Selbstwahrnehmung mit sich nehmen müssen. Es wäre abscheulich und niederträchtig, wenn es wirklich so gewesen sein sollte. Timmothy war ein unschuldiger Sechsjähriger, ein lebensfrohes Kind, das noch so viele Jahre vor sich hatte.

WAS, WENN ALLES DOCH GANZ ANDERS WAR?

Die Polizei gibt die Hoffnung nicht auf. Mit Fotos, auf denen er per Computer künstlich gealtert wurde und die zeigen, wie er heute aussehen könnte, fahndet sie noch immer nach Timmothy. Bisher allerdings ohne viel Erfolg.

Am 3. April 2019 nahm der Fall jedoch eine vermeintlich unglaubliche Wendung. In Kentucky wurde ein verwirrter Jugendlicher von der Polizei aufgegriffen. Nachdem er Passanten erzählt hatte, er wäre vor seinen Entführern geflohen, hatten diese den Notruf gewählt. Den Beamten erzählte der Teenager, er sei zwei bodybuilderartigen Kerlen entkommen, die ihn seit Jahren gefangen hielten. Sein Name sei Timmothy Pitzen.

Die Geschichte wirkte hollywoodreif und die Nachrichten überschlugen sich. War der mittlerweile 13-Jährige seinen Entführern tatsächlich entkommen? Wilde Spekulationen wurden aufgestellt, die erst durch einen negativen DNA-Test des FBIs beendet wurden. Es handelte sich bei dem Jungen nicht um den vermissten Timmothy Pitzen, sondern um den bereits 23-jährigen Brian Rini, einen Betrüger. Wieso erzählte er diese makabre Lügengeschichte? Wollte er Aufmerksamkeit? Wollte er für die berühmten fünf Minuten im Licht der Öffentlichkeit stehen? Den Angehörigen wird er dadurch vielleicht einen kurzen Moment unglaublich viel Hoffnung gemacht haben. Aber sein Handeln war einfach nur unverantwortlich und gefühllos.

MEIN FAZIT

Ich persönlich meine anhand der Fakten, dass Timmothy eher nicht mehr am Leben ist – auch wenn ich mir es natürlich anders wünsche. Es gibt kein glaubhaftes Szenario, in dem eine wildfremde Familie Timmothy einfach so adoptiert hätte und sich liebevoll um ihn kümmern könnte, ohne dass die Außenwelt Wind davon bekäme. Es ist nicht leicht, einem Kind eine falsche

Identität zu verschaffen und es daran zu hindern, anderen von seinem alten Leben zu erzählen. Auch hätte es im Vorhinein irgendeine Kontaktaufnahme zwischen Amy und den neuen »Eltern« geben müssen, die die Polizei hätte tracken können. Amy Pitzen war keine Geheimagentin, die ihren Sohn mal eben in ein Zeugenschutzprogramm steckte, ohne den Hauch einer Spur zu hinterlassen. Es gab vereinzelte Spekulationen, ob sie vielleicht vorher mit abgeschottet lebenden Glaubensgemeinschaften wie den Amish People Kontakt hatte und ihren Sohn in einer von der restlichen Zivilisation getrennten Parallelgemeinschaft abgab. Das wäre in meinen Augen tatsächlich eine der wenigen Möglichkeiten. Ich bin mir aber sicher, dass die Ermittler jede Option in diese Richtung sorgfältig überprüft haben.

»Ihr werdet ihn nie finden«, sagte Amy – und bisher hat sie damit leider recht behalten. Ich glaube, in dem Moment, in dem sie ihren kleinen Jungen unter dem Vorwand eines Notfalls von der Schule abholte, war sein Todesurteil bereits gefällt. Ich wünsche mir so sehr, dass ich mich irre, und James Pitzen seinen Jungen eines Tages wieder in den Armen halten kann.

BEZIEHUNGSTATEN

Was sind Beziehungstaten?

Die meisten Gewaltverbrechen sind sogenannte Beziehungstaten, bei denen Opfer und der Täter in einer Beziehung zueinander standen. Das heißt nicht zwangsläufig, dass sie miteinander liiert sein mussten, sondern nur, dass sie sich überhaupt kannten. Die tote Person war also nicht das Zufallsopfer eines Serienmörders, sondern es kannte seinen Mörder. Persönlich. Aus der Schule, der Arbeit oder dem Sportverein ... Oder eben aus dem engeren Umfeld. Familienangehörige, Freunde, der eigene Ehemann, die eigene Ehefrau, ja sogar die Eltern oder Kinder kommen als Täter infrage.

Wie oft kommt der Mörder aus dem näheren Umfeld?

Tatsächlich ist es deutlich wahrscheinlicher, vom eigenen Partner ermordet zu werden als von einem fremden Psychopathen – natürlich rein statistisch gesehen.

In den Polizeistatistiken des BKA werden seit einigen Jahren die Täter-Opfer-Beziehungen aufgeführt. 2018 gab es in Deutschland insgesamt 386 Morde (nach Strafgesetzbuch § 211), in weniger als der Hälfte davon (145 Fälle) stand der Tatverdächtige in keinerlei Beziehung zu seinem Opfer. In 24 Fällen konnte man die Verbindung nicht ermitteln.[7]

Selbst wenn man die ungeklärten Fälle vollständig den Nichtbeziehungstaten zurechnet, ergibt sich folgendes Bild: Bei mindestens 56 Prozent besagter Morde kannte der Täter sein Opfer vorher. Bei etwa 34 Prozent aller Tatverdächtigen war der Täter sogar entweder der Ehepartner/die Ehepartnerin oder ein naher Familienangehöriger. Der gefährlichste Ort für einen Menschen ist definitiv weder ein dunkler U-Bahn-Vorplatz noch eine nächtliche Parkanlage. Es sind tatsächlich die eigenen vier Wände, das eigene Zuhause.

---

7 PKS 2018 – Standard Übersicht Opfertabellen, unter: https://www.bka.de/DE/AktuelleInformationen/StatistikenLagebilder/PolizeilicheKriminalstatistik/PKS2018/Standardtabellen/standardtabellenOpfer.html?nn=108686 (Stand Mai 2019)

Ist eine Beziehungstat Mord?

Ja, und daher wird der Begriff »Beziehungstat« auch immer wieder infrage gestellt. Manche kritisieren, er bagatellisiere schwere Verbrechen. Morde sollten auch innerhalb von Familien oder Beziehungen als solche benannt und nicht als Beziehungstaten oder Familiendramen »verharmlost« werden.

Werden mehr Frauen oder mehr Männer ermordet?

Frauen werden deutlich öfter Opfer von Beziehungstaten, meistens sind die Täter ihre Ehemänner, Freunde, Ex-Freunde oder Liebhaber. Männer werden im Vergleich dazu deutlich eher von Mördern getötet, mit denen sie nichts verbindet. Auch so weit die Statistik.

Insgesamt wurden in Deutschland und Österreich in den letzten Jahren meist mehr Frauen als Männer ermordet, weltweit betrachtet sieht das Verhältnis jedoch anders aus: Laut einer Studie der UN waren zumindest 2012 80 Prozent aller Mordopfer männlich. Allerdings, und auch das ist interessant, waren die Mörder der männlichen Opfer zu 95 Prozent ebenfalls Männer.

Wie wahrscheinlich ist es überhaupt, ermordet zu werden?

Auch hier gibt es natürlich extreme Unterschiede zwischen Ländern in Südamerika oder Afrika und Europa. Was Deutschland betrifft, braucht statistisch niemand Angst davor zu haben, ermordet zu werden. Im Jahr 2018 fielen gerade mal 0,000466 Prozent der Gesamtbevölkerung einem gewaltsamen Tod zum Opfer. Filme und Serien scheinen zwar eine irrationale Angst vor der Ermordung zu schüren, aber die Realität sieht zum Glück freundlicher aus. Auch wenn natürlich jeder Mord einer zu viel ist: Die Gefahr, bei einem Autounfall ums Leben zu kommen, ist sehr, sehr viel höher.

In der vorangegangenen Geschichte geht es um das Thema Selbstmord. Jeder, der unter Depressionen leidet, sollte sich umgehend kostenlos bei der Telefonseelsorge melden, zum Beispiel unter der 0800 111 0 111.

UNTER BEOBACHTUNG

Sie haben so lange auf ihr Traumhaus gespart, doch dann kommen die ersten Briefe. Sie werden beobachtet und der unheimliche Stalker will nur eins: dass sie schnell wieder verschwinden. Doch wer steckt hinter dem Spuk? Und was ist in den Wänden des Hauses gefangen, das sie gekauft haben?

Der englische Begriff »Stalking« stammt eigentlich aus der Jägersprache und lässt sich wohl am besten mit »anpirschen« übersetzen. Wie Jäger sich nachts im Wald leise an ihre Beute heranpirschen, um sie zielgenau »auszuschalten«, machen es Stalker mit ihren Opfern. Sie befinden sich dabei ständig am Rande der Legalität – und oft genug gehen sie auch darüber hinaus. Meistens haben sie eine Obsession für eine bestimmte Person, der sie überall nachstellen müssen. Dabei werden nicht nur prominente Boygroupsänger oder polarisierende Politiker Opfer von Stalking. Nein, auch viele unbescholtene Bürger leiden unter dem Phänomen. Das Internet hat das Stalken zudem enorm vereinfacht und überhaupt erst das sogenannte Cyberstalking möglich gemacht: Je mehr eine Person online ist und ihr Leben öffentlich teilt, desto einfacher ist es für einen potenziellen Stalker, Daten über sein Ziel zu erfassen.

Es sind aber nicht immer Emotionen wie Wut auf eine oder verschmähte Liebe zu einer Person, die Stalker antreibt. Einer der berühmtesten Stalker Amerikas hatte es, so merkwürdig das auch klingt, auf etwas ganz anderes abgesehen: ein Wohnhaus.

DAS TRAUMHAUS

Diese Story kennt man aus dem Kino oder Fernsehen: Eine Familie mit Kindern zieht in ein neues Haus, das etwas abgelegen in den Wäldern liegt und in dem sich einst irgendetwas Fürchterliches zugetragen haben soll. Mit der Zeit fängt es an, im Haus zu spuken, und die Protagonisten werden von etwas Übernatürlichem oder zumindest von einem schrägen Nachbarn verfolgt. Viele erfolgreiche Horrorfilme funktionieren nach diesem Schema F. Doch wer glaubt, dass dies ein rein fiktives Szenario ist, wird durch diesen Kriminalfall eines Besseren belehrt.

Derek und Maria Broaddus hatten jahrelang hart gearbeitet und gespart, um sich und ihren drei Kindern ihr Traumhaus zu kaufen. Derek hatte sich aus der Arbeiterklasse bis zum Vizechef einer Versicherungsfirma hochgearbeitet. Systematisch hatten sich die Broaddus, was ihre Immobilien angeht, verbessert. Das 1,3 Millionen schwere Anwesen in Westfield/New Jersey erfüllte ihre Vorstellung endlich in jeder Hinsicht. Es lag im 657 Boulevard, einer der besten Nachbarschaften von Westfield. In diesem Teil der Stadt wohnten fast nur wohlhabende Ärzte, Banker und Anwälte. Maria Broaddus war in der Gegend aufgewachsen und kannte sie daher wie ihre eigene Westentasche. Hier gab es weder Kriminalität noch Armut und das Durchschnittseinkommen betrug 200 000 US-Dollar im Jahr. Das wohlbehütete Viertel sollte der Ort werden, an dem der Broaddus-Nachwuchs in Ruhe aufwachsen konnte.

Auf dem großen Grundstück befand sich ein freistehendes dreistöckiges Wohnhaus im Kolonialstil. Baujahr 1905. Der Architekt war ein ansässiger Stadthistoriker. Es gab sechs Schlafzimmer, unzählige Kamine und einen weitläufigen Garten. Ideal für eine Familie mit Kindern.

Vor dem Einzug wollten Derek und Maria das Haus noch einmal grundlegend renovieren und nach den eigenen Vorstellungen aufwerten. Derek, handwerklich begabt, legte selbst Hand an. Im Juni 2014 ging es los. Als Derek nach einem anstrengenden Tag mehr aus Neugier den Briefkasten am Gartentor öffnete, fand er darin einen Brief. Er hatte, wenn überhaupt, nur Reklameprospekte oder ein paar Rechnungen erwartet. Deswegen müssen ihm zwei Dinge sofort merkwürdig vorgekommen sein, als er den Umschlag in der Hand hielt: Zum einen stand kein Absender darauf, zum anderen waren sie noch gar nicht offiziell eingezogen. Wer also sollte ihnen einen Brief schicken? Die erste Vermutung: Ein Nachbar wollte sich vorstellen und die Broaddus-Familie vielleicht zum Essen einladen. Aber das machte man doch persönlich und nicht per Brief?

DER ERSTE BRIEF

Verwundert öffnete Derek den Umschlag – und traute seinen Augen kaum, als er las, was darin geschrieben stand:

Warum seid ihr hier? Ich werde es schon noch herausfinden.

Nach diesen ersten, fast drohenden Worte ging es weiter:

Lieber neuer Nachbar am 657 Boulevard, erlaubt mir, euch in dieser Nachbarschaft herzlich willkommen zu heißen. Wie seid ihr hierhergekommen? Hat euch der 657 Boulevard mit seiner Kraft angezogen? Das Grundstück ist allerdings seit Jahrzehnten im Besitz meiner Familie. Kurz bevor wir seinen 110. Geburtstag feiern, wurde ich damit beauftragt, es zu beobachten und herauszufinden, wer es bewohnt.

Bereits mein Großvater hat das Haus in den 1920er-Jahren observiert und mein Vater übernahm diesen Job in den 1960ern. Jetzt ist meine Zeit. Kennt ihr überhaupt die Geschichte hinter diesem Haus? Wisst ihr, was sich in den Wänden befindet?

Vielleicht werdet ihr euch fragen, wer ich bin. Hunderte von Autos fahren jeden Tag am 657 Boulevard vorbei, vielleicht sitze ich in einem von ihnen. Vielleicht auch nicht. Beobachtet jedes Fenster, das ihr von eurem Haus aus sehen könnt, vielleicht stehe ich hinter einem davon. Und zu guter Letzt: Registriert jeden Fußgänger, der vorbeigeht, denn es könnte ich sein.

Als wäre dieser Anfang nicht schon gruselig genug, erwähnte der anonyme Stalker jetzt auch noch Details über die Broaddus:

Ich weiß, ihr habt Kinder. Bisher konnte ich drei zählen. Ist es das junge Blut, das ich verlangt habe? Das habe ich den Vorbesitzern Woods auch gesagt und es scheint, als hätten sie auf mich gehört.

War euer altes Haus zu klein geworden? Oder war es zu gierig, mir eure Kinder zu bringen? Sobald ich ihre Namen kenne, werde ich sie rufen und zu mir locken.

Willkommen, Freunde, zu meiner kleinen Party, lasst uns beginnen.

The Watcher

The Watcher, der Beobachter. Derek Broaddus war im ersten Moment sichtlich schockiert und wagte kaum, sich umzuschauen. Wer war dieser Watcher? Und was wollte er wirklich? Der Brief war äußerst kryptisch und schien eher im 18. Jahrhundert als 2014 verfasst worden zu sein. Zunächst bezeichnete sich der unbekannte Verfasser als eine Art Schutzpatron, als stiller Wächter dieses Hauses. Das alleine wäre schon merkwürdig gewesen, doch die Erwähnung der Kinder, vor allem in Kombination mit »junges Blut«, machte diesen Brief auch strafrechtlich relevant. Steckte dahinter eine indirekte Drohung gegen den schutzbedürftigen Nachwuchs der Broaddus? Was Derek aber auch auffiel, waren die dramatischen, fast schon überzogenen Formulierungen. Der Text steckte so voller Klischees, dass man sich fragen musste, ob das Ganze nicht eher eine Satire auf einen echten Horrorfilm sein sollte als eine echte Drohung.

Es war 22 Uhr und längst dunkel. Derek war alleine auf dem Grundstück und fühlte sich auf einmal beobachtet. Er machte das Licht im Haus aus, damit niemand hineinschauen konnte. Und dann rief er die Polizei.

Der Officer des Westfield Police Department, der kurz darauf vorbeischaute, war mehr als verblüfft über den Brief. Er fragte Derek, ob er irgendwelche Feinde in der Nachbarschaft hätte. Dieser verneinte, sie waren ja gerade erst hierhergezogen. Dann fuhr er schleunigst in die alte Wohnung, wo seine Frau und Kinder auf ihn warteten.

Wahrscheinlich ordneten Derek und Maria, die tatsächlich drei Kinder hatten, den Brief zunächst als Teenagerstreich ein. Aber der Unbekannte musste sie beobachtet haben, deshalb entschieden sie, in den nächsten Tag besonders wachsam zu sein und die Gegend zu beobachten.

Natürlich rief der Familienvater die Vorbesitzer Andrea und John Wood an, um zu fragen, ob sie jemals ähnliche Drohungen bekommen hätten. Der Watcher hatte die Woods in seinem Brief schließlich namentlich erwähnt und Derek hegte die zaghafte Hoffnung, dass die Woods vielleicht sogar seine Identität kannten.

Die Woods jedoch berichteten ihnen, dass sie sich in den über 20 Jahren, die sie in der Straße gewohnt hatten, immer sicher gefühlt hatten und oft nicht einmal nachts die Haustür abgeschlossen hätten. Nur einmal, da habe es tatsächlich einen ähnlichen Brief gegeben, der eventuell auch besagtem »Watcher« zuzuordnen war. Allerdings wären sie damals von einem jugendlichen Streich ausgegangen und hätten den Zettel deswegen direkt in den Müll geworfen.

Dennoch entschieden sich die Woods, gemeinsam mit den Broaddus zur örtlichen Polizei zu gehen und um Unterstützung im Fall der geheimnisvollen Briefe zu bitten. Dort nahm man die Drohung tatsächlich ernst und verbat den Broaddus, mit irgendwem aus der Nachbarschaft darüber zu reden. Denn laut den Ermittlern waren die Nachbarn die ersten Verdächtigen.

Derek sagte eine Geschäftsreise ab und seine Frau Maria hatte ein ganz besonderes Auge auf die Kinder, wann immer sie am 657 Boulevard anwesend waren. Es gab ein paar merkwürdige Vorfälle, eine Nachbarin hatte die Worte »junges Blut« benutzt, als Derek sie und ihren Mann auf dem Anwesen herumführte. Des Weiteren war ein Schild, das der Architekt in den Boden gerammt hatte, über Nacht herausgerissen worden. Aber steckte dahinter der Watcher?

DER ZWEITE BRIEF

Etwa einen Monat lang geschah nichts. Doch im Juli fand die Familie den nächsten mysteriösen Brief im Briefkasten. Der anonyme Verfasser hatte seine Drohung wahr gemacht und sich weiter informiert. Eindrucksvoll zählte er seine gewonnenen Erkenntnisse auf: Er kannte die Namen der Familienmitglieder, schrieb sie allerdings falsch. Das Ehepaar nannte er beispielsweise »Braddus« statt »Broaddus«. Hatte er gehört, wie Nachbarn über sie sprachen? War er ihnen so nah gewesen? Oder hatte er gar Wanzen installiert? Er listete die Kinder nach Reihenfolge ihrer Geburtstage auf und kannte ihre Spitznamen. Und er fragte, ob die Tochter die Künstlerin in der Familie sei, denn er hätte sie durchs Fenster des Öfteren beim Malen beobachtet.

Den Broaddus wurde klar, dass es sich hier nicht um einen Streich gelangweilter Teenies aus der Nachbarschaft handelte. Es gab ihn wirklich, den Watcher. Wer auch immer es war, er schien Gefallen daran gefunden zu haben, die Familie auszuspionieren und unter Druck zu setzen. Doch die gruselige, überzeichnete Inszenierung ließ die Broaddus nicht erahnen, inwiefern ihr Stalker seine Texte wirklich ernst meinte. Machte sich da jemand einen Spaß oder war die Person wirklich so verrückt?

Der zweite Brief ging aber noch weiter:

Es hat unzählige Jahre gedauert, bis wieder junges Blut in den Fluren dieses Hauses herumläuft. Habt ihr bereits all seine versteckten Geheimnisse entdeckt? Werden die Kinder eigentlich auch im Keller spielen? Oder haben sie dazu zu viel Angst? Wenn ich sie wäre, hätte ich eine gehörige Angst, denn ich kann euch versichern, oben hört man keinen Schrei von dort unten.

Werden die Kinder eigentlich auf dem Dachboden schlafen oder wie ihr im zweiten Stock? Wer wird in den Schlafzimmern einziehen, die zur Straße hingehen? Ich werde es sowieso herausfinden, sobald ihr endgültig einzieht. Das wird mir die Planung leichter machen. Alle Fenster und Türen in eurem Haus erlauben mir, jeden eurer Schritte zu überwachen. Wer ich bin? Ich bin der Watcher und kontrolliere den 657 Boulevard mittlerweile seit zwei Dekaden. Die Woods-Familie hat ihn euch übergeben, es war für sie an der Zeit weiterzuziehen und sie haben es verkauft, weil ich sie darum bat.

Ich komme hier mehrmals am Tag vorbei. 657 Boulevard ist mein Job, mein Leben, meine Obsession. Und ihr gehört nun dazu, Braddus-Familie. Willkommen im Produkt eurer Gier. Gier ist, was die letzten drei Familien zu 657 Boulevard brachte. Und jetzt hat sie euch zu mir geführt.

Ich wünsche euch einen schönen Einzugstag! Ihr wisst, ich werde zuschauen.

The Watcher

Die Tatsache, dass der Stalker offen von irgendwelchen Plänen sprach, ließ nichts Gutes erahnen. Wollte er in das Haus einsteigen? Weshalb wollte er wissen, wer wo schlief? Waren es die plumpen Einschüchterungsversuche eines Spaßvogels, der mittlerweile die Grenzen eines guten Witzes endgültig überschritten hatte? Oder steckte Kalkül dahinter? War der Watcher vielleicht ein Nachbar, der die Familie nicht ausstehen konnte und sie vom Grundstück verjagen wollte? Wollte gar jemand den Wert der Immobilie senken durch diesen gespenstischen Beobachter, dessen Motiv man nicht erahnen konnte?

Das Anwesen war eines der schönsten in der von Bäumen flankierten Straße. Nur 45 Minuten brauchte man von hier in die Weltmetropole New York. Ein Ort für die Upperclass, wo die Immobilienpreise in die Höhe schießen und es selbst unter Freunden zu Bieterschlachten kommt. War der Watcher vielleicht ein potenzieller Käufer gewesen, der den Zuschlag nicht erhielt?

Bei einem Nachbarschaftstreffen erfuhr Derek, dass ihre direkten Nachbarn, die Langfords, einen eigenartigen Ruf erworben hatten. Familienoberhaupt war die 90-jährige Mutter, ihre Kinder waren alle um die 60, lebten aber noch immer mit ihr zusammen. Einer der Langfords, Michael, schien keine Arbeit zu haben. Des Weiteren war er in Westfield für sein seltsames Verhalten bekannt, er sollte ab und an einfach vor fremden Fenster auftauchen und gespenstisch hineinstarren. Die Leute waren jedes Mal aufs Neue extrem verstört.

Definitiv war dies kein normales nachbarschaftliches Verhalten. Und so wurde Michael Langford für Derek zu einem der Hauptverdächtigen. Der Todeszeitpunkt seines Vaters passte perfekt zu den »zwei Dekaden«, die vergangen waren, seit der neue Watcher sein Werk aufgenommen hatte. Doch als Derek Detektive Lugo vom Westfield Police Department informierte, der mit dem Fall betraut war, antwortete dieser, dass sie Langford bereits direkt nach Erhalt des ersten Briefes verhört hätten. Ein Tatverdacht hatte sich dabei nicht erhärtet.

»IHR WURDET VERMISST«

Die Broaddus waren verständlicherweise verschreckt und zogen die erste Notbremse. Sie verschoben den Einzugstermin und ließen ihre Kinder von nun an in der alten Wohnung, wenn sie zum Renovieren kamen. Sie wollten nicht, dass der Psychoterror sie verstörte. Sie wollten sie in Sicherheit wissen und hofften, dem Stalker so kein neues »Futter« zu liefern. Doch alle Vorkehrungen halfen nichts. Nur einige Wochen später schrieb der Unbekannte einen dritten Brief, der nur aus zwei Sätzen bestand.

Wo seid ihr gewesen? Der Boulevard 657 hat euch vermisst!
The Watcher

Derek fühlte sich von der Polizei nicht mehr gut genug beschützt. Aussagen der Behörden, dass vielleicht ja gar nichts passieren würde, reichten ihm nicht. Es ging um den Schutz seiner Kinder, ein »vielleicht« war ihm da zu wenig. Er legte sich nachts auf die Lauer, baute versteckte Webcams auf, um den Watcher irgendwie zu enttarnen. Als auch das nicht funktionierte, engagierte er einen Privatdetektiv und einen ehemaligen FBI-Agenten, die zusätzlich zur Polizei in der Nachbarschaft ermitteln sollten. Die Analyse des linguistisch versierten Geheimdienstexperten ergab, dass der Verfasser aufgrund der Ausdrucksweise und des Satzbaus definitiv eine ältere Person sein musste.

Interessant war auch das Motiv, wenn es sich nicht um einen Scherz handelte. Wer kam für solche absurden Briefe infrage und welches Interesse könnte dahinterstecken? War der Watcher vielleicht jemand, der sich sein Traumhaus nie hatte kaufen können, weil ihm das Geld dafür fehlte? In weiteren Briefen hatte der Watcher seine Sorge zum Ausdruck gebracht, die ganze Renovierung würde dem Haus seine Geschichte und Tradition stehlen. Dies könnte tatsächlich ein Hauptmotiv sein. Derek Broaddus verdächtigte weiterhin Michael Langford und auch die Polizei verhörte ihn ein weiteres Mal – wieder ohne Erfolg.

Man hatte die Briefe nach Spuren untersucht, aber der Verfasser hatte penibel darauf geachtet, keinerlei Hinweise zu hinterlassen. Nicht ein Fingerabdruck war zu finden. Das Einzige, das man mit Sicherheit sagen konnte, war, dass die Briefe irgendwo in Nord New Jersey eingeworfen worden sein mussten. Aber das brachte die Ermittlungen nicht wirklich weiter.

DER LETZTE AUSWEG

Die Broaddus waren mittlerweile so verstört, dass sie sich therapeutische Hilfe suchten. Derek litt unter Depressionen und Maria hatte mit Paranoia zu kämpfen. Die Maler und Lackierer, die für die Renovierungen eingestellt worden waren, beschrieben sie in den Anfangstagen als extrem euphorisch. Kein Wunder, sie hatte sich so auf ihr neues Zuhause gefreut. Später sahen sie Maria manchmal hemmungslos weinen, und wenn die Kinder dabei waren, rief sie immer wieder ihre Namen, damit sich nur ja keines zu weit von ihr wegbewegte. Derek versuchte, ihren ganz persönlichen »amerikanischen Traum« durch ein Alarmsystem zu schützen. Er wollte sogar einen Militärveteranen als Bodyguard einstellen, um den Watcher abzuschrecken. Er verwarf die Idee allerdings wieder, weil er dem Nachwuchs eine Kindheit in Fort Knox ersparen wollte. Die Broaddus wollten einfach frei leben, wie jede andere Familie in Westfield auch.

Die Stimmung war am Boden. Trotz all der investierten Arbeit entschlossen sich Derek und Maria Broaddus, nicht in das aufwendig renovierte wunderschöne Kolonialhaus einzuziehen, sondern das Traumanwesen wieder zu verkaufen. Doch es meldete sich kein Käufer, obwohl die Broaddus den Preis immer weiter senkten, bis er deutlich unter Marktwert lag. Trotz des Schweigepakts mit der Polizei hatten sich Gerüchte um den Watcher längst weit über Westfield hinaus verbreitet. Verständlich, dass niemand Interesse an einem Haus hatte, wenn man wusste, dass man nach dem Kauf von einem womöglich geisteskranken Stalker heimgesucht würde.

Frustriert entschieden sich Derek und Maria im Juni 2015 – ungefähr ein Jahr nach dem ersten Brief –, die Vorbesitzer des Hauses, das Ehepaar Wood, zu verklagen, weil es ihnen wichtige Informationen verschwiegen hatte, die den Kauf beeinflusst hätten. Die Woods hatten zugegeben, zumindest einmal vom Watcher belästigt worden zu sein. Allerdings betonten sie, dass sie nie bedroht wurden.

Normalerweise gibt es solche Klagen nur, wenn dem Käufer bewusst bauliche Mängel, Schädlingsbefall oder Ähnliches verschwiegen wurde. Ich bin mir allerdings sicher, dass die hohen Richter aus New Jersey sich noch nie mit einem von einem Grundstück besessenen Stalker auseinandersetzen mussten.

Im Zuge des Prozesses kam ein örtlicher Reporter auf die Story und berichtete darüber im Netz. Die Geschichte ging viral, und nachdem wirklich fast die ganzen USA vom Watcher gehört hatten, war an den Verkauf des Grundstücks wirklich nicht mehr zu denken. Stattdessen parkten Trucks der News-Fernsehsender vor der Haustür und Hunderte Presseanfragen gingen bei den Broaddus ein. Doch Derek und Maria entschlossen sich, erst einmal nichts zu sagen, um ihre Kinder zu schützen.

Bisher hatten die beiden ihnen noch gar nichts über den Watcher erzählt, weil sie die Kleinen nicht verängstigen wollten. Erst im Zuge der erhöhten Berichterstattungen war der Vater gezwungen, seinem Nachwuchs den Sachverhalt zu erklären. Die Kinder hatten viele Fragen: Wer war der Watcher? Warum war er wütend auf sie? Und wieso kam die Polizei ihm nicht auf die Schliche? Derek Broaddus wusste darauf keine Antwort.

IST EINE FRAU DER WATCHER?

Im Internet entwickelte sich das »Watcher-Mysterium« zu einer regelrechten Schatzsuche. Theorien wurden ausgetauscht, Vermutungen präsentiert, sogar Google-Street-View-Aufnahmen der besagten Straße wurden unter die Lupe genommen. Eine meiner persönlichen Lieblingstheorien war, es könne sich um das Guerilla-Marketing für einen Horrorfilm handeln, was zwar interessant klang, allerdings auch sehr unrealistisch schien.

Auch die polizeilichen Ermittlungen nahmen wieder Fahrt auf. Chambliss, ein erfahrener Detective, hatte die Führung übernommen und konnte DNA-Spuren an einem der Briefe feststellen. Sie stammten, und das verwunderte alle, von einer Frau. Damit hatte niemand gerechnet.

Zunächst verdächtigte Chambliss die Schwester von Michael Langford, doch ein DNA-Test konnte sie entlasten. Man versuchte, Handschriften aus der Nachbarschaft zu vergleichen, um die Signatur des Watchers zu identifizieren. Aber auch das brachte keinen Erfolg. Zwischenzeitlich gab es eine kleine Wende, als über Facebook bekannt wurde, dass eine weitere Familie aus der Nachbarschaft Post vom Watcher bekommen hatte. Zeitgleich mit dem ersten Brief der Broaddus-Familie, allerdings nur ein einziges Mal. Die Bewohner, die seit Jahren in Westfield lebten, hatten den Zettel genau wie die Woods zerknüllt und in den Müll geworfen.

Mittlerweile observierte neben dem Watcher auch die Polizei von Westfield das Anwesen – in der Hoffnung, den Stalker auf frischer Tat zu ertappen. Als ein Auto zu lange vor dem 657 Boulevard hielt, verfolgte die Polizei den Wagen. Er führte sie zu einer Frau, deren Freund nicht weit entfernt von den Broaddus lebte. Der Verdächtige spiele gerne düstere Videospiele, hieß es. Und es könne durchaus sein, dass er sich dabei mal »The Watcher« genannt hätte. Der Mann wurde zweimal zum Verhör eingeladen, sagte zu, tauchte dann aber nicht auf. Ohne ausreichende Beweise konnte das Westfield Police Department ihn allerdings nicht dazu zwingen auszusagen.

NEUE PLÄNE

Die Broaddus-Familie wollte sich nicht geschlagen geben. Weil die Klage gegen die Vorbesitzer vor Gericht längst abgewiesen worden war, entschloss sie sich zu einem letzten Plan. Sie wollte das altehrwürdige Gebäude einstampfen und zwei neue Häuser auf dem Grundstück erbauen – in der Hoffnung, den Spuk so endlich zu beenden. Man kennt dieses Vorgehen zum Beispiel von Hotels, in denen schreckliche Dinge vorgefallen sind: Sie werden umgebaut und umbenannt. Ein neuer, unbefleckter Name löscht die Vergangenheit aus. Hier allerdings wirkte das Unterfangen seltsam, denn es stellte sich schnell die Frage, ob man den Stalker damit nicht erst recht wütend machen würde. Er hing ja anscheinend sehr an dem Haus in seiner derzeitigen Form. Ohnehin wurde der Plan von der Nachbarschaftsbehörde durchkreuzt, die die Baupläne nicht genehmigte, weil die neuen Gebäude das Erscheinungsbild der Nachbarschaft zu sehr verändern würden. Unzählige Nachbarn waren zur Versammlung gekommen, einer hatte sogar einen Anwalt engagiert, um das Vorhaben zu verhindern. Es schien, als wolle die gesamte Nachbarschaft den 657 Boulevard genau so, wie er war. Manche im Internet vermuteten, dass das gesamte Umfeld der Broaddus gemeinschaftlich hinter dem »Watcher« steckte. Gab es eine große Nachbarschaftsverschwörung gegen die Familie?

Maria Broaddus reagierte empört auf die Entscheidung. In einem höchst emotionalen Statement machte sie alle Nachbarn darauf aufmerksam, dass Westfield ihre Heimat sei und alle diesen Albtraum miterlebt hätten, den der Watcher mit seinen Drohungen über Monate hinweg heraufbeschworen habe. Die Entscheidung der Nachbarschaft sei so gesehen fast wie eine persönliche Beleidigung für die gepeinigte Familie.

DER MIETER

2016 gelang es dem verzweifelten Ehepaar erstmals, einen Mieter zu finden. Eine Familie mit Hunden und zwei älteren Kindern. Allerdings mussten die Broaddus Zugeständnisse machen: Der Mietvertrag enthielt eine Passage, die besagte, dass im Falle von weiteren Drohungen durch den Watcher der Vertrag sofort gekündigt werden könnte. Als hätte dieser von der Klausel Wind bekommen, schrieb er, nachdem er zuvor ruhig geworden war, wieder einen Brief. Der war jedoch nicht an die neue Familie adressiert, sondern wieder an Derek und Maria Broaddus.

An den gemeinen und gehässigen Derek und sein Weibsbild von einer Frau Maria! 657 Boulevard hat euren hinterhältigen Angriff überlebt, seine starke Armee aus Unterstützern steht hinter mir und ist bereit, seine Tore zu verteidigen. Alle haben ihre Mission erfüllt und die Seele von 657 Boulevard erhalten. Hoch lebe der Watcher! Vielleicht ist es ein Autounfall. Vielleicht ein Feuer. Vielleicht auch etwas so Simples wie eine schleppende Krankheit, die einfach nicht mehr weggeht. Eine Krankheit, die euch schlecht fühlen lässt, Tag für Tag für Tag für Tag. Vielleicht ist es auch der Tod eines geliebten Haustieres. Geliebte Personen können von einen auf den anderen Tag sterben. Autos, Flugzeuge oder Fahrräder bauen Unfälle. Knochen brechen. Dieses Haus verachtet euch, der Watcher hat gewonnen!

Die Stimmung in der Nachbarschaft hatte sich mittlerweile gewandelt. Ein Teil der Bewohner hatten selbst Angst vor dem Watcher und war nachts ungern auf den Straßen unterwegs. Eine andere, größer werdende Fraktion jedoch unterstellte Derek und Maria Broaddus, selbst hinter dem ganzen Spuk zu stecken und alles nur inszeniert zu haben, um ihr Bauvorhaben durchzubringen. Die Woods hätten schließlich 23 Jahre keine Probleme gehabt. Man spekulierte sogar, dass die Broaddus-Familie sich mit dem Millionenkauf übernommen hätte und über den inszenierten Stalker aus dem Kaufvertrag herauskommen wollte.

Später wurden viele Nachbarn selbst vom Watcher kontaktiert mit den Worten: An die Freunde der Broaddus-Familie.

Später gestand Derek, dass er die Briefe an die Nachbarn versendet hatte – aus Verzweiflung. Er wollte Mitgefühl bei ihnen erzeugen, weil er sich unfair behandelt fühlte. Mit den ursprünglichen Watcher-Briefen hätte er allerdings nichts zu tun. DNA-Tests schlossen die Broaddus-Familie als Verfasser ebenfalls aus.

MEIN FAZIT

Diese Geschichte klingt wirklich wie ein Horrorfilm und passend dazu sicherte sich der amerikanische Streamingdienst Netflix die Filmrechte an »The Watcher«. Wieder wurde vermutet, dass die Broaddus-Familie es nur aufs Geld abgesehen hatte. Ich persönlich glaube jedoch nicht, dass sie etwas mit den Briefen zu tun hatten. Es gibt viele glaubhafte Zeugenaussagen, dass die Familie durch den Psychoterror regelrecht verrückt wurde. Außerdem hätte es sicher bessere Wege gegeben, aus dem Kaufvertrag herauszukommen – und sei es, die Immobilie in bester Lage im Einzugsgebiet New Yorks einfach wieder zu verkaufen. Erst durch den Stalker wurde sie schließlich unverkäuflich.

Den Watcher zu erfinden, brachte den Broaddus meiner Meinung nach nichts ein. Der Familie ging es finanziell sowieso gut. Und die eigenen Kinder derart zu verstören, nur in der Hoffnung, irgendwann einmal die Filmrechte verkaufen zu können? Ich denke nicht, dass das Spektakel inszeniert wurde.

Ich glaube tatsächlich, dass ein Nachbar dahintersteckte, dem die Renovierungsarbeiten nicht passten. Vielleicht ein einsamer Pensionär mit zu viel Zeit, der seinen Lebensinhalt darin sah, eine junge Familie zu terrorisieren. Vielleicht war es ein ganz unscheinbarer Nachbar. Vielleicht jemand, der immer höflich und nett war und im Gegensatz zu seinen Briefen überhaupt nicht gruselig wirkte. Auf jeden Fall musste er gute Ortskenntnisse haben, denn mehrmals konnte er exakte Beobachtungen schildern, musste also Sichtkontakt zu dem Grundstück gehabt haben, ohne aufzufallen. Das war in den Hochzeiten mit Überwachungssystem, oberservierenden Privatdetektiven und Polizisten sicherlich nicht einfach.

Für mich deuten Formulierungen wie »junges Blut« anstelle von »Kindern« eher auf eine ältere Person hin. Möglicherweise sind sie aber auch eine bewusste Täuschung eines jugendlichen Autors. Und die weibliche DNA deutet natürlich auf eine Frau hin, allerdings könnte es auch ein Paar gewesen sein.

Die Watcher-Briefe sind zwar teils so überzogen, dass sie fast nicht ernst zu nehmen sind. Dennoch verstehe ich, dass Derek und Maria Broaddus nicht im 657 Boulevard leben wollten. Viele Menschen schrieben ihnen, dass sie den Terroristen nicht gewinnen lassen und trotzdem einziehen sollten. Aber Derek betonte immer wieder, dass diese Menschen und ihre Kinder auch nicht konkret bedroht würden und sich daher nicht in seine Lage versetzen könnten. Ich kann die Broaddus verstehen und würde auch nicht gerne in einem Haus leben, in dem nachts vielleicht jemand umherschleicht oder durch die Fenster nach meinen Kindern schaut. Ehrlich gesagt macht mir schon die Bemerkung, dass in den Mauern des Hauses etwas verborgen sei, Angst. Das Unheimlichste an der Geschichte aber ist, dass der Watcher bis heute nicht gefasst wurde und somit, zumindest nach aktuellem Stand, wirklich »gewonnen« hat.

INTERVIEW MIT PROFILER MARK T. HOFMANN

JULIAN HANNES: Welche Intention hatte der Stalker? Spaßvogel und Wichtigtuer oder waren die Briefe doch ernst gemeint?

MARK T. HOFMANN: Wir haben es hier nicht mit einem Streich zu tun. Bei Streichen stellen sich die Verfasser meist oder hören zumindest auf, sobald die Polizei oder Medien ins Spiel kommen und sie erkennen, wie ernst alles genommen wird. Ein jugendlicher Streich ist dies also nicht, ein Wichtigtuer möglicherweise schon. Leider gibt es bei Stalkern nicht das eine Profil, das immer zutrifft. Motive und Verhalten können sehr unterschiedlich sein. Oft ist eins von zwei Motiven sichtbar: Die einen wollen auf krankhafte Art eine Beziehung, die anderen wollen einfach Angst machen und dadurch eine gewisse Macht ausüben.

Auf den ersten Blick ist dieser Fall anders. Hier geht es ja scheinbar nicht um Personen, sondern primär um das Haus. Das glaube ich nicht. Was will der Täter denn eigentlich? Warum droht er nicht konkret oder sagt, was er will? Was soll das Gerede von dem Haus, den Geheimnissen in den Wänden, dem jungen Blut? Was sollen Sätze wie »Willkommen zu meiner kleinen Party«? Hier probiert jemand absichtlich, gruselig zu sein. Er fordert ja gar nichts. In erster Linie geht es darum, der Familie Angst zu machen. Ich werde immer skeptisch, wenn etwas zu klischeehaft ist. Viele Drohbriefe beinhalten auch Formulierungen wie »Sünden« und »Gottes Rächer«. Oft sind die Täter kein bisschen religiös, es ist reine Inszenierung, um Angst zu machen. Die ganze Familiengeschichte, dass Großvater und Vater des Briefschreibers das Haus bereits beobachtet hätten, ist unglaubwürdig. Was soll das sein? Ein Familienbetrieb im Stalking? Ich will es nicht ins Lächerliche ziehen, aber etwas desillusionieren. Wir sollten die Täter nicht zu gruseligen Helden machen. Das Haus gibt es seit

1905. Keiner der vorherigen Bewohner hat jemals irgendetwas von irgendeinem »Watcher« gehört. Die Woods haben zwar einen Brief bekommen, jedoch mit anderem Inhalt, und es ist unklar, ob er überhaupt vom selben Verfasser kommt. Seit 110 Jahren ist Stille und plötzlich geht mit dem Einzug der Familie Broaddus der Terror los. Das führt mich zu der Annahme, dass das Motiv mehr mit der Familie und weniger mit dem Haus zu tun hat. Ich verwende das Wort Terror ganz bewusst, denn Stalking wird oft unterschätzt. Die Amerikaner nennen Stalking »psychologischen Terrorismus«, denn genau das ist es. Selbst wenn Täter nie körperlich gewalttätig werden, ist es ein verstörender, traumatischer Eingriff in die Intimsphäre und das eigene Sicherheitsgefühl.

Welche Person (Alter, Geschlecht, Herkunft etc.) würdest du aufgrund der sprachlichen Aspekte hinter den Briefen vermuten?

Wir betreten hier die Welt der forensischen Linguistik. Es gibt zwei wichtige Fragen bei Drohbriefen:
1. Ist die Drohung ernst zu nehmen (= Bedrohungsanalyse)?
2. Wer ist der Verfasser (= Linguistische Analyse)?

Bedrohungsanalyse ist ein Verfahren, das zahlreiche Dimensionen berücksichtigt. Dass der Verfasser der Briefe den Kindern etwas antut, ist extrem unwahrscheinlich, wie die Realität ja auch gezeigt hat. Ohne zu sehr ins Detail zu gehen, kann ich zwei wesentliche Argumente nennen. Ausnahmen bestätigen zwar die Regel, dennoch gilt die Grundregel: Wer droht, tut es nicht, wer es tut, droht nicht. Wollte der Verfasser die Kinder angreifen, würde er es tun und nicht zehn Briefe schreiben. Der zweite wesentliche Faktor ist das geringe tatsächliche Aggressionslevel: Die Briefe sind höflich geschrieben, ruhig, ohne Schimpfwörter. Jemand, der vollkommen hasszerfressen ist, vor Wut fast platzt und kurz davor steht, tätig zu werden, schreibt anders.

Nun zu der Frage des Verfassers: Ich halte die Inhalte der Briefe zum größten Teil für eine Inszenierung, um bewusst Angst zu machen. Allein die Bezeichnung »The Watcher« klingt wie aus einem Horrorfilm. Verfolgt man diese Spur, stellt man schnell fest, dass es tatsächlich einen Thriller aus dem Jahr 2000 mit dem Titel »The Watcher« gibt. Ich denke, dieser Film diente dem Verfasser als Vorlage oder zumindest Inspiration. Wenn die ganze Watcher-Geschichte also einfach eine freie Nachahmung eines Thrillers ist, was können wir dann überhaupt über den Verfasser sagen?

Sprachliche Nuancen deuten auf einen männlichen Verfasser hin, er ist wahrscheinlich über 30 Jahre alt, aber eher noch kein Pensionär. Die Wortwahl ist recht ungewöhnlich, der Sprachstil sehr literarisch.

Der Verfasser ist sicher belesen, gebildet und eher ein unauffälliger Typ mit durchschnittlicher Intelligenz. Er geht recht strategisch vor und schafft es trotz massiver Polizei- und Medienbeobachtung, unerkannt zu bleiben. Dennoch begeht er einige bemerkenswerte Fehler. So ist zum Beispiel der erste Brief auf Dienstag, den 4. Juni datiert. Der 4. Juni 2014 war aber ein Mittwoch. Es gibt außerdem grammatikalische Fehler, genauso wurde der Name der Familie teilweise falsch geschrieben.

Es gibt eine Stelle, an der etwas Echtes durchblickt, echte Emotion, echte Verachtung: Er spricht im englischen Original in abwertender Weise von »rich and fancy« und spielt damit auf den Lebensstil der Familie an. Eine junge reiche Familie, die glücklich ist, Smoothies trinken und sich eine Luxusimmobilie leistet. An anderer Stelle spricht er von Gier. Das ist also sein Bild von der Familie: reich, fancy und gierig. Nochmals bestätigt sich der Verdacht, dass der Verfasser speziell etwas gegen diese Familie hat. Er scheint eine eher konservative Werthaltung zu haben und eine starke Verbindung zu dieser Nachbarschaft, aber nicht zwingend zu dem Haus.

Die Kinder wurden als »junges Blut« bezeichnet, Spitznamen von ihnen aufgeschrieben. War dies Teil der Einschüchterung oder waren sie Teil des Motivs?

Die Kinder indirekt zu bedrohen ist die wahrscheinlich effektivste Art, der Familie Angst zu machen. Das Motiv der Briefe ist es, die Familie einzuschüchtern. Der Verfasser verknüpft die Einschüchte-

rung aber immer wieder mit dem Ort beziehungsweise dem Haus. Das ist clever, denn es suggeriert der Familie: Das Stalking ist an den Ort gebunden. Ihr müsst nur verschwinden, dann hört alles auf. Auch wenn er das nie direkt fordert, scheint sein Ziel zu sein, dass die Familie nicht einzieht. Sie sollen Angst haben, sich vor dem Haus, vor den Wänden, vor dem Keller fürchten. Möglicherweise ist es das Elternhaus von jemandem, der sich tatsächlich an den Renovierungen stört. Es könnte auch ein Kaufinteressent sein, der das Haus nicht bekommen hat. Oder es hat gar nichts mit dem Haus zu tun und jemand will die Familie einfach aus der Nachbarschaft vertreiben, weil er sie oder ihren Lebensstil nicht leiden kann.

Ist es möglich, wirklich von einem Haus besessen zu sein? Welche Personen sind für ein solches Verhalten anfällig?

Leute können alle möglichen Arten von Wahnvorstellungen und Besessenheit entwickeln. Aber wie gesagt halte ich hier die Nachahmung eines Horrorskripts zwecks Einschüchterung für wahrscheinlicher als eine wirkliche Besessenheit vom diesem Haus.

War es psychologisch sinnvoll, dem unbekannten Stalker nachzugeben? Was wären alternative Handlungsmöglichkeiten für die Familie gewesen?

Auch wenn die Drohungen meist nicht umgesetzt werden, ist es trotzdem psychologischer Terrorismus, der Leben zerstören kann. Nachzugeben widerstrebt unserem Gerechtigkeitssinn, wir wollen nicht, dass der Täter gewinnt. Aus Sicht der Familie aber ist vollkommen verständlich, dass sie keinen weiteren Tag in diesem Haus verbringen wollten.

Die Nachbarschaft der Broaddus' war gespalten, und einige hielten den Watcher für erfunden und die Familie für nicht glaubwürdig. Wie kann man dieses Verhalten interpretieren?

Ich halte jegliche Art, Opfern die Schuld zuzuweisen (Victim blaming), für absolut fatal und nicht tolerierbar. Bei Vergewaltigun-

gen wird oft impliziert, Frauen seien ja selbst schuld, wenn sie betrunken mit reizvoller Kleidung alleine durch einen Park laufen. Genauso wird Opfern von Cybermobbing gesagt, sie seien selbst schuld, wenn sie Nacktbilder versenden. Oder Hackingopfer seien selbst schuld, weil sie zu einfache, kurze Passwörter verwenden. Nein, die Schuld liegt bei den Tätern – und nur bei ihnen. Wenn Opfer reich sind, kommt oft der Vorwurf, alles sei inszeniert, um damit Geld zu machen. Wäre die Familie bedürftig und hätte zwei kranke Kinder, würde niemand so eine Hypothese aufstellen. Hier spricht lediglich der Neid aus den Nachbarn.

STALKING

Wie gehen Stalker vor?

Es gibt schier unendliche Möglichkeiten, wie sich ein Stalker bemerkbar machen kann: Das reicht von Briefen und SMS über anonyme Anrufe und heimliche Fotos bis hin zur wirklichen Konfrontation, dem Auflauern, Verfolgen oder Belästigen des Opfers.

Wer sind diese Menschen?

Der enttäuschte Ex-Freund kann genauso zum Stalker werden wie irgendein psychisch kranker Mensch, der aus irrationalen Gründen eine unwiderstehliche und unnatürliche Liebe zu einer fremden Person aufgebaut hat. Oft sind es Personen aus dem nahen Umfeld und das Opfer weiß oder vermutet zumindest, wer hinter dem Psychoterror steckt. Viel gruseliger ist es allerdings, wenn das Opfer keinerlei Ahnung hat, wer hinter dem Spuk steckt und der Stalker rein im Verborgenen agiert.

Aber was wollen diese Leute? Die meisten streben nach einer krankhaften Form von Aufmerksamkeit, die sie auf normalem Weg von der belästigten Person nie erlangen könnten. Wie weit sie dafür gehen, ist von Fall zu Fall unterschiedlich. Sicher gibt es eine Vielzahl an Stalker, die es nicht nur bei Drohanrufen belassen, sondern auch bereit sind, Gewalt einzusetzen – sogar gegen die eigentlich verehrte Person.

Wie häufig ist Stalking?

2018 gingen knapp 19 000 Anzeigen ein. Eine Studie des Mannheimer Zentralinstituts für Seelische Gesundheit Dressing (Kühner, Gass 2006) ergab, dass etwa 11,6 Prozent aller Menschen bereits Erfahrung mit der Bedrängung durch eine obsessive Person gemacht haben. Auffällig ist, dass 80 Prozent aller Stalkingopfer Frauen sind.

Was eine Verurteilung betrifft, liegt die Quote im einstelligen Prozentbereich – 2010 führten rund 27 000 Strafanzeigen zu gerade einmal 414 Verurteilungen. Katastrophal im Vergleich zu anderen Verbrechen.

In 50 Prozent der Fälle handelt es sich beim Stalker tatsächlich um einen Ex-Partner. In 80 Prozent ist der Stalker eine dem Opfer bekannte

Person. Schätzungsweise die Hälfte der Opfer meldet »ihren« Stalker nie bei der Polizei. Gerade wenn es sich um einen Ex-Partner oder Familienangehörigen handelt, fällt eine Anzeige schwer. Allerdings haben Studien auch belegt, dass eine Unterhaltung oder der direkte Kontakt mit der Polizei in vielen Fällen der Tat bereits ein Ende setzen.

Ist Stalking eine Straftat?
Obwohl Stalking in Deutschland tatsächlich ein großes Problem ist, wurde es erst 2007 als eigenständige Straftat im Strafgesetzbuch fixiert – man findet den Tatbestand darin unter »Nachstellung«. Strafbar macht sich, »wer einer anderen Person in einer Weise unbefugt nachstellt, die geeignet ist, deren Lebensgestaltung schwerwiegend zu beeinträchtigen«. So definiert das Gesetz Stalking in § 238 und nennt dann verschiedene Unterpunkte, auf die bis zu mehrere Jahre Freiheitsstrafe stehen.

Was tut die Polizei dagegen?
Die Gesetze gegen Stalking sind in Deutschland nicht ideal, auch wenn 2017 nachgebessert wurde. Die Polizei kann daher wenig ausrichten, solange ein Stalker keine klaren Verbrechen begeht. Wegen eines Verfolgers, der sich in der Ferne versteckt und ab und an ein paar merkwürdige Nachrichten verfasst, wird noch kein Polizeischutz abbestellt. Viele Opfer wissen also nicht, wie sie sich gegen den feigen Angreifer aus dem Untergrund zur Wehr setzen sollen, und leben in ständiger Angst.

Was ist Cyberstalking?
Ein neues Feld des Stalkings ist das im Internet stattfindende Cyberstalking. In der Anonymität des Netzes lässt sich ein Mensch mithilfe von Social Media und Fake-Accounts rund um die Uhr kontaktieren. Über die Hälfte aller jugendlichen Internetnutzer hat bereits einmal Erfahrung mit einer Bedrohung oder Belästigung über das Netz gemacht. Auch hier gibt es große Geschlechterunterschiede: Frauen werden deutlich häufiger von Männern gestalkt als andersherum. Allerdings werden auch Männer im Netz häufiger von Männern gestalkt als von Frauen.

DER RÄCHER

Er tötet nach eigenen Angaben über 100 Menschen, allerdings nur solche, die es seiner Meinung nach verdient haben zu sterben. Er hat eine eigene Agenda und hasst Kriminelle. Doch um die Gesellschaft von ihnen zu befreien, wird er selbst zu einem der schlimmsten von ihnen. Sein Leben könnte das Drehbuch zu einem Hollywoodstreifen sein und mit der jungen Generation redet er heute sogar selbst auf YouTube über Verbrechen. Sein Name: Pedrinho Matador.

Haben wir uns nicht alle schon mal dabei erwischt, wie wir im Kino oder beim Fernsehen Sympathien für den Mörder im Film entwickelt haben? Nicht immer werden Killer nämlich als Furcht einflößende, blutrünstige Monster dargestellt. Es gibt im TV und auf der Leinwand auch den Prototyp des charmanten, intelligenten Mörders mit Identifikationspotenzial. Im normalen Leben hilfsbereit und nett, plant er nachts seine düsteren Taten und scheint dabei der Polizei stets einen Schritt voraus. Oft folgt er seinem eigenen Kodex und tötet nur Verbrecher oder andere »böse« Menschen, die es in seinen Augen »verdient« haben zu sterben. Innerlich ertappt man sich da schon mal dabei, wie man ihm instinktiv die Daumen drückt, damit er auch diesmal wieder entkommt. Bis einem irgendwann erschrocken auffällt, dass man gerade allen Ernstes mit einem Serienmörder mitfiebert. Zur eigenen Ehrenrettung kann man sich meist schnell beruhigen. Es handelt sich ja nur um einen Film. Im wahren Leben würde einem so etwas natürlich nie passieren. Aber stimmt das? Gab und gibt es in der Realität nicht auch Massenmörder, die Menschen in ihren Bann ziehen?

Die kurze Antwort lautet schlicht und ergreifend: Ja! Um einige der bekanntesten Mörder entstand regelrecht eine Art Kult. Zumindest eine bestimmte Personengruppe himmelte sie geradezu an. Ted Bundy und Charles Manson beispielsweise, zwei der schrecklichsten Mörder der jüngeren amerikanischen Geschichte, erhielten zu Hoch-Zeiten täglich Liebesbriefe von begeisterten Fans in ihre Zellen.

Was auch immer die Motivation für solche Liebesbekundungen ist: Es gibt scheinbar tatsächlich Menschen, die auf absurde Weise von grausamen Taten fasziniert sind.

Andere reizt es vielleicht einfach nur, wenn sie mit einem wahrhaftigen Mörder schreiben. Ein Spiel mit dem Monster, das aber sicher verwahrt in einer Zelle sitzt und einem nichts anhaben kann – außer zurückzuschreiben. Ein kalkulierter Kick, in etwa so, als würde man vor einem Raubtiergehege den Löwen darin entgegenbrüllen und auf ihre Reaktion warten. Direkt hineinspringen möchte man dann aber doch lieber nicht, hinter der dicken Glasscheibe ist es sicherer.

Auf den folgenden Seiten geht es um einen Mann, der angeblich über 100-mal zum Mörder wurde und für viele Brasilianer trotzdem eine Art bizarrer Superheld ist. Einer, der das Recht selbst in die Hand nahm.

IN FREIHEIT

Als Pedro Rodriguez Filho 2017 nach Jahren hinter Gittern endlich wieder die süße Luft der Freiheit schnupperte, konnte er sein Glück kaum fassen. Es war nicht seine erste Entlassung, aber dieses Mal, da war er sich sicher, würde es seine letzte gewesen sein. Reue für seine grausamen Taten zeigte er nicht, und doch machte es ihn innerlich traurig, den Großteil seines Lebens hinter dicken Gefängnismauern verbracht zu haben. Die nackten Sonnenstrahlen auf seiner Haut taten gut. Er wollte zum Strand, um endlich wieder die seichte Brise des Atlantischen Ozeans auf seiner Haut zu spüren. Brasilien hatte so viel Wunderschönes zu bieten. Fast 400 Jahre hätte er eigentlich absitzen müssen – zumindest wenn man all seine Schuldsprüche zusammengezählt hätte. Niemand anderes in diesem Land hatte jemals eine so hohe Strafe bekommen. Dass er nun auf freiem Fuß war, verdankte er einzig und allein einer Besonderheit des brasilianischen Rechtssystems. Im Gesetz des größten Landes Südamerikas existiert nämlich keine lebenslängliche Haftstrafe. Die Maximalstrafe beträgt dort 30 Jahre. Und die hatte er abgesessen – jedes Jahr, jeden Monat, jede Woche, jeden Tag, jede Minute, jede Sekunde davon. Jetzt war er endlich frei. Alles, was sich einer der bekanntesten Serienmörder Brasiliens von nun an wünschte, war, ein unscheinbares, ruhiges Leben zu führen.

Doch so schnell sollte Pedros Traum nicht in Erfüllung gehen. Als er aus dem Auto stieg, standen auf einmal wildfremde Leute um ihn herum, die aufgeregt schrien: Pedrinho Matador, Pedrinho Matador – den Namen, den er als Serienmörder bekam.

Er wollte ihn nicht hören, mit dieser Zeit hatte er längst abgeschlossen. Er wollte nur noch Pedro genannt werden. Und jetzt hielten ihm hier alte und junge Leute ihre Handys vors Gesicht und fragten, ob sie ein Foto mit ihm machen dürften. Pedro war verwundert. Was wollten diese Menschen von ihm? Es dauerte eine ganze Zeit, bis der Ex-Häftling verstand, was gerade passierte und dass er über all die Jahrzehnte hinter Gittern für einige Brasilianer zu einem regelrechten Star geworden war.

Mit der Welt von 1973, als Pedro zum ersten Mal eingesperrt wurde, hatte das Jahr 2017 nichts mehr gemeinsam. Smartphones und Internet hatte es zu seiner freien Zeit noch nicht gegeben. Nach seiner ersten Entlassung konnte er nicht einmal alleine ein Zugticket ziehen, er wusste einfach nicht, wie so etwas funktionierte. Wie auch? Gefängnisse haben ihr eigenes System und Pedro hatte viele brasilianische Gefängnisse von innen gesehen. Er verbrachte den Großteil seines Lebens in einer Parallelgesellschaft, in der es um nicht viel mehr ging als um Macht, Angst und das pure Überleben. Wie also konnte Pedro Finho, genannt Pedrinho Matador, von einem Serienmörder in all den Jahren zu einer Ikone werden?

DIE ZUCKERROHRPRESSE

Alles begann mit einem Kampf, Pedro war damals gerade 13 Jahre alt. Doch während andere in diesem Alter für die Schule lernten oder Zeitungen austrugen, rang er gerne und intensiv mit seinem Cousin. Der war älter als er, doch Pedro war schon damals hartnäckig, behielt immer wieder die Oberhand und drängte seinen Gegner mehr und mehr in Richtung einer leer stehenden Zuckerrohrpresse. Zum ersten Mal stiegen dunkle Gedanken im Kopf des jungen Pedro auf: Was wäre, wenn er seinen Cousin in die Zuckerrohrpresse stoßen und ihn darin zerquetschen würde? Das Verlangen war geweckt und keimte immer stärker in ihm auf. Er hätte ihn mithilfe der landwirtschaftlichen Maschine grausam zermalmen können, sodass man kaum mehr Überreste seines Gegenübers gefunden hätte. In jenem Moment war Pedro kurz davor, zum Mörder zu werden. Er stieß seinen Cousin immer weiter in die Zuckerrohrpresse, doch dann ließ er urplötzlich von ihm ab. Doch auch wenn er ihn nicht tötete: Von diesem Moment an wusste Pedro, dass es nicht mehr lange dauern würde, bis er zum ersten Mal ein Menschenleben nehmen würde. Die Gier des Tötens würde zurückkommen und dann wäre er vermutlich nicht mehr stark genug, ihr zu widerstehen.

Das Leben von Pedro war schwierig, bevor es richtig begonnen hatte. Sein Vater schlug und trat seine Mutter während der Schwangerschaft immer und immer wieder in den Bauch. Häusliche Gewalt war an der Tagesordnung. Es war der ständige Missbrauch der Schwangeren, der dafür sorgte, dass Pedro mit einem deformierten Schädel auf die Welt kam. Der Junge war gebrandmarkt und schon ein Opfer der Gewalt geworden, bevor er überhaupt das Licht der Welt erblickt hatte. Und jene Gewalt sollte sich wie ein roter Faden durch sein gesamtes weiteres Leben ziehen.

Seine Mutter gebar den Jungen auf einer kleinen Farm in Santa Rita do Sapucaí. Die überschaubare Stadt im Süden des brasilianischen Bundesstaats Minas Gerais zählt heute 36 000 Einwohner und ist für brasilianische Verhältnisse eine reiche Gegend. Neben der florierenden Kaffeeindustrie hat das Städtchen mittlerweile auch Unternehmen der Hightechindustrie angelockt. 1967 jedoch, als Pedro besagten Kampf mit seinem Cousin führte, sah die Gegend im Landesinneren, fernab der Metropolen Sao Paolo und Rio de Janeiro, noch ganz anders aus.

DER ERSTE MORD

Ein Jahr später kam das Verlangen zu töten tatsächlich zurück. Pedro hatte schon als Teenager einen ausgeprägten Sinn für Ungerechtigkeit, der ihn zu seinen wahnsinnigen Taten animierte. Als er 14 Jahre alt war, verlor sein Vater den Job. Es muss ein schwerer Moment gewesen sein, denn Pedro hatte reichlich Geschwister – 13 Schwestern und drei Brüder, wie er später in einem Interview einmal erzählte. Sein Vater hatte in Alfenas, einer rund zwei Autostunden von Pedros Geburtsort entfernt liegenden und etwas größeren Stadt, als Sicherheitsmann an einer Schule gearbeitet. Man beschuldigte ihn, Essen aus der Schulkantine gestohlen zu haben, und hatte ihn ohne handfeste Beweise entlassen. Pedro glaubte an die Unschuld seines Vaters und hatte den Verantwortlichen für die Entscheidung schnell ausgemacht. Es war kein Geringerer als der mächtige Vizebürgermeister von Alfenas. Für Pedro, dessen Umgebung schon im Teenageralter von Kriminalität geprägt war, war es ein Leichtes, an eine Schusswaffe zu gelangen. Er hatte noch nie eine Schule von innen gesehen. Sein einziger Zeitvertreib war es, sich mit gleichgesinnten jugendlichen Kleinkriminellen herumzutreiben.

Eines Tages lauerte er dem ahnungslosen Vizebürgermeister direkt vor dem Rathaus der Stadt auf und streckte ihn mit seiner Waffe nieder. Anschließend suchte er einen zweiten Schulwächter auf, der seiner Meinung nach der wahre Dieb gewesen war, und tötete auch ihn.

Pedro hatte seinen Vater gerächt. Und er war schlau genug zu wissen, dass er nach dieser Tat nicht einfach so davonkommen würde. Er tauchte unter und floh aus der Stadt. Es zog ihn nach Mogi das Cruzes, eine Großstadt in der erweiterten Metropolregion Sao Paolos. Wer aber dachte, Pedro würde nach seiner schrecklichen Tat Zweifel bekommen oder von nun an vorsichtiger agieren, der täuschte sich gewaltig. Der erste Doppelmord hatte den Triebtäter in ihm endgültig aktiviert.

MOGI DAS CRUZES

Pedro war kaum in Mogi das Cruzes angekommen, da wurde er bereits wieder kriminell. Er hielt sich über Wasser, indem er Drogendealer ausraubte. Mindestens zehn von ihnen tötete er in dieser Zeit. Doch dann passierte etwas, das es in seinem Leben bisher noch nicht gegeben hatte: Er verliebte sich. Die Frau hieß

Maria Aparecida Olympia, genannt Botinha. Sie war die Witwe eines Ganganführers, der in den Straßenkämpfen ums Leben gekommen war. In Mogi das Cruzes gehörten Morde und Schießereien in vielen Vierteln zur Tagesordnung. Viertel, in denen ein Menschenleben nur sehr wenig wert war und in denen sich selbst die Polizei nur ungern blicken ließ.

An der Seite von Botinha nahm Pedro den Platz ihres toten Mannes ein und wurde der neue Anführer der kriminellen Organisation. Mit starker Hand führte er sein Kommando, verfolgte Rivalen und spürte Feinde auf, um sie auszulöschen – darunter auch drei ehemalige Mitglieder seiner Gang. Er war noch nicht mal 18 Jahre alt, hatte aber bereits unzählige Menschenleben auf dem Gewissen und war Anführer einer kaltblütigen Verbrecherbande. Später sagte er, er wäre dazu gezwungen worden, um sein eigenes Überleben zu sichern. Und auch wenn er immer wieder betonte, nur die »Verräter« getötet zu haben, nahm Pedro es, wenn man ehrlich ist, mit der Moral nie so genau.

Der Traum der südamerikanischen Variante von Bonnie und Clyde währte jedoch nicht lange, denn die Gang wurde verraten. Ein Polizeikommando drang in Pedros Haus ein und exekutierte seine Frau. Pedro selbst gelang die Flucht.

DER RACHEFELDZUG

Die Bindung zwischen Pedro und Botinha war sehr stark. Beide trugen diverse Liebestattoos, Botinha war von ihm schwanger gewesen, hatte das Kind aber nicht bekommen. Die nächsten Schritte von Pedro lagen also klar auf der Hand: Wenn bereits die Entlassung seines Vaters Anlass für einen Doppelmord gewesen war, sollte die Hinrichtung seiner Frau ein brutales Massaker nach sich ziehen. Doch für einen groß angelegten Vergeltungsschlag fehlten dem Brasilianer zunächst Mittel und Ressourcen.

Seine Gruppierung war zwar von der Polizei zerschlagen worden, doch das hinderte Pedro nicht daran, entschlossen eine neue, noch viel brutalere Gang zu rekrutieren. Er sammelte alte und neue Kriminelle um sich, die ihm als paramilitärische Kämpfer wie ein Trupp Soldaten folgten. Pedro musste, wenngleich er noch so jung war, eine gewaltige Anziehungskraft gehabt haben. Entsprechend schnell hatte er auch wieder ein Standbein im Drogengeschäft, damit er seinen Rachefeldzug finanzieren konnte.

Pedro war wie besessen davon herauszufinden, wer diesen Verrat begangen hatte. Wer hatte ihn, den großen und mittlerweile auch mächtigen Pedro Matador, hintergangen? Wer hatte seine geliebte Frau auf dem Gewissen? Wie eine Todesschwadron zogen seine Leute um die Viertel, immer auf der Suche nach der Antwort. Er selbst folterte jeden, von dem er auch nur annahm, er könnte irgendetwas wissen. Doch der Hintermann, der für Botinhas Tod verantwortlich war, blieb im Verborgenen – bis Pedro plötzlich von ungeahnter Stelle Hilfe bekam. Ausgerechnet die Ex-Frau eines rivalisierenden Bandenchefs verriet ihren ehemaligen Mann. Sie ließ Pedro ausrichten, ihr Ex würde hinter dem Tod an seiner Frau stecken.

Es war das bisher größte Massaker, das Pedro anrichten sollte. Gemeinsam mit vier seiner loyalsten Leute stürmte er eine Hochzeitsveranstaltung, auf der auch der Mörder seiner Frau anwesend war. Das Todeskommando ließ nur Blut und Verwüstung zurück. Neben dem Täter starben an jenem Tag sechs weitere Menschen, weitere 16 wurden verwundet. Dabei war Pedro, das muss man sich immer wieder in Gedanken rufen, zu diesem Zeitpunkt fast noch ein Kind.

DER VERRAT UND DAS GEFÄNGNIS

Seine Taten hatten sich mittlerweile herumgesprochen. Es war nur noch eine Frage der Zeit, bis der selbst ernannte Rächer geschnappt werden würde. Kurz nach der Bluthochzeit war es dann so weit. Der Vater einer Freundin hatte ihn bei der Polizei denunziert. Am 23. Mai 1974 klackten die Handschellen. Jeder dachte damals wohl, dass damit sein »Kreuzzug« beendet wäre. Doch alle sollten sich täuschen. Es fing gerade erst richtig an.

Pedro sah viele verschiedene Gefängnisse von innen. Er verbrachte die meisten seiner Jahre seines Erwachsenenlebens hinter schweren Betonmauern, eingesperrt in einer winzigen Zelle. Er schaffte es dabei von kleinen lokalen Gefängnissen bis in das Hochsicherheitsgefängnis in Taubaté. Bis heute ist er beispielsweise im Staatsgefängnis von Sao Paolo, wo er ebenfalls eine lange Zeit einsaß, eine Art Legende. Die anderen Häftlinge respektierten ihn, vor allem aber fürchteten sie ihn. Denn Pedro zögerte nicht eine Sekunde, ein Menschenleben auszulöschen, wenn er der Meinung war, jemand hätte es verdient. Und da er, so paradox das auch klingt, vor allem andere Kriminelle hasste, waren seine Mitinsassen lebende Zielscheiben für ihn. Dabei waren seine Mithäftlinge meistens ebenfalls Mörder. Kein Wunder, es gab in dieser Zeit Viertel in Sao Paolo, in denen 16 Prozent der Bevölkerung bereits einen Menschen getötet hatte.

Eine Szene, die in den Polizeiakten genauestens protokolliert ist, steht symptomatisch für alles, was ab da geschehen sollte: Pedro Finho sollte mit einem Gefangenentransport in ein anderes Gefängnis verlegt werden. Zusammen mit ihm war ein verurteilter Vergewaltiger im Rückraum des Wagens eingesperrt. Beide trugen Handschellen. Doch als die Beamten nach der Ankunft die Heckklappe öffneten, war der Vergewaltiger tot. Pedro hatte ihn während der Fahrt umgebracht, nicht einmal die Handschellen hatten ihn daran gehindert. »Was habt ihr denn?«, soll Pedro ohne ein Anzeichen von Bedauern oder gar Reue die erstaunten Wärter gefragt haben. »Er war ein Vergewaltiger.«

Tatsächlich mordete Pedro hinter Gittern mehr denn je. 47 Tötungen sind bestätigt, alle innerhalb von Gefängnismauern ausgeführt. Pedro war ein anpassungsfähiger Gefangener, ein kreativer Überlebenskünstler, nur so schaffte er es über Jahrzehnte, in solch einem giftigen, intriganten und hochgefährlichen Umfeld zu überleben. Viele Knastinsassen hatten nichts mehr zu verlieren, das wusste Pedro – vielleicht besser als jeder andere. Er verstand schnell, worauf es ankam. Dass es wichtig war, die Wärter zu bestechen und sie auf seine Seite zu ziehen. Dass man es sich mit den mafiösen Clans hinter Gittern besser nicht verscherzte und dass es wichtig war, so schnell wie möglich an ein Messer oder eine andere Waffe zu kommen. Innerhalb dieser Mauern gab es eigene Gesetze, es galt das Recht des Stärkeren. Darwinismus in Reinkultur. Es gab Meutereien, Aufstände und organisierte Messerkämpfe. Und Pedro war gut im Umgang mit dem Messer. Es war seine liebste Waffe. Schon draußen hatte er gerne damit getötet, erzählte er immer wieder. Einmal gingen gleich fünf Gefangene auf ihn los, doch Pedro wich nicht zurück, er verteidigte sich und erwischte drei von ihnen. Die anderen suchten das Weite.

Pedro hatte es vor allem auf Vergewaltiger und Frauenmörder abgesehen. Aber einmal heißt es, soll er einen Häftling auch nur deshalb getötet haben, weil er ihn nicht mochte und er zu laut schnarchte. Noch heute erzählt man sich im Staatsgefängnis von Sao Paolo die Geschichten von Pedrinho Matador. Wie viele davon wirklich so passiert sind und was davon nur »Gefängnisfolklore« ist, ist heute schwer zu ermitteln. Zu viele Akten und Protokolle wurden später nicht digitalisiert oder sind in den politischen Wirren der 70er- und 80er-Jahre verschwunden. Doch fest steht: Fast die Hälfte seiner Morde beging Pedro im Gefängnis. Und einer davon war etwas ganz Besonderes für ihn.

DAS HERZ DES VATERS

In der Zwischenzeit hatte sich in Pedros Familie in seinem eigentlichen Zuhause in Minas Gerais einiges getan. Sein Vater saß in einem lokalen Gefängnis, er hatte Pedros Mutter getötet. Nach all den Missbrauchstaten in der Vergangenheit hatte er sie jetzt mit 21 Machetenschlägen umgebracht. Pedro, der im Gefängnis davon erfuhr, wollte auch diese Tat nicht einfach ungesühnt lassen und beging sein vielleicht spektakulärstes Verbrechen – eine Tat, so grausam, dass man sie wahrscheinlich aus jedem Hollywooddrehbuch herausstreichen würde, weil sie zu makaber wäre. Doch die Realität kennt keine Grenzen.

Man brachte den jungen Pedro in Handschellen ins Leichenschauhaus, damit er seine tote Mutter noch einmal sehen konnte. Und der 20-Jährige schwor dort auf ihren Sarg, dass er sie rächen würde. Es sollte nicht lange dauern. Durch einen für Pedro glücklichen Zufall wurden er und sein Vater in dasselbe Gefängnis verlegt. Und der ältere Mann hatte gegen seinen mörderischen Sohn keine Chance. In einem unbeobachteten Moment stach Pedro 22-mal auf seinen Vater ein – exakt einmal mehr, als dieser es bei seiner Mutter getan hatte. Es war ein typisches Pedro-Verbrechen, doch diesmal ging er noch einen Schritt weiter. Dem Journalisten Marcelo Rezende erzählte er in einem Interview auf YouTube, dass er seinem Vater das Herz aus dem Leib schnitt, ein Stück davon abbiss und es dann ausspuckte. Diese Tat war wahrhaft die eines Wahnsinnigen, und trotzdem konnten viele Brasilianer sie nachvollziehen. Pedro tat das, was er fast immer tat: Er tötete jemand, den er als nicht lebenswert erachtete. Er tat es aus Rache und so konsequent, dass er nicht mal vor seinem eigenen Vater halt machte. Viele Menschen sehen bis heute keinen kaltblütigen Killer in ihm, sondern jemanden, der das Recht selbst in die Hand nahm, während die brasilianischen Behörden aufgrund von Unterbezahlung, geringen Ressourcen und Korruption seit Jahrzehnten meist nur Zuschauer im Spiel der wahren Kriminellen waren.

Pedro hatte in all seinen Jahren viel gelernt, nicht nur, nachdem er nie eine Schule besucht hat, das Lesen und Schreiben. Er wurde auch immer ruhiger, je älter er wurde. Besuch von seiner Familie war ihm unangenehm und auf seinen Wunsch hin kam die Verwandtschaft kaum noch. Nach eigenen Angaben nahmen seine Geschwister sogar die Ermordung des Vaters gut auf.

Als nach 30 Jahren die Entscheidung gefällt werden musste, ob man ihn tatsächlich freilassen konnte, geriet der Gefängnisdirektor dennoch ins Grübeln. Konnte er einen solchen Killer wirklich auf die Menschheit loslassen? Er musste nicht oft über ähnliche Urteile nachdenken – aus einem einfachen Grund: Die wenigsten Kriminellen überleben 30 Jahre in einem brasilianischen Gefängnis. Pedrinho Matador aber hatte es geschafft. Zunächst als mordender Insasse, dann für fast zehn Jahre in »Einzelhaft« und am Schluss als ruhiger Gefangener, der sogar bereitwillig leitende Aufgaben in der Gefängnisarbeit übernahm. Hatte dieser Mann eine zweite Chance verdient?

DIE PSYCHOLOGIE DES PEDRO FILHO

Jeder Mörder hat seine eigene Motivation und für Psychologen sind besonders Serienmörder ein interessantes Feld, um die Abgründe des menschlichen Verstandes zu erforschen. Natürlich wurde auch Pedro Filho ausgiebig untersucht. 1982 analysierten Psychiater ihn und zunächst hielten sie ihn für den Prototyp eines perfekten Psychopathen.

Ein Psychopath empfindet keinerlei Reue oder Mitleid für seine Taten. Psychopathen entwickeln in der Regel auch keine Gefühle und Zuneigung zu anderen Menschen. Pedro aber, das ist bekannt, hatte Gefühle, zum Beispiel für seine Geliebte und seine Mutter, deren beider Tode er bitter rächte. Die Analysten stuften ihn also eher als Soziopathen ein, also als einen Psychopathen, der aber grundsätzlich über die Fähigkeit verfügt, Empathie zu empfinden. Des Weiteren attestierten sie ihm einen »antisozialen« und »paranoiden« Charakter.

Pedrinhos Hauptmotivation sahen die Psychiater nicht in Rache, sondern in einer »gewalttätigen Selbstdarstellung«. Pedrinho hatte sich den Spruch »Ich töte aus Vergnügen« tätowieren lassen. Er liebte es, mit dem Messer zu töten. Mit vielen Stichen, meist in den Bauch. Das Töten war seine Leidenschaft. Doch wie sah der Serienmörder sich selbst: als Rächer der Wehrlosen oder als Mörder aus Lust?

In einem Interview mit der brasilianischen »ÉPOCA« verriet Pedro, dass er keine seiner Taten bereue. Er habe nur »diejenigen getötet, die nicht gut waren«. Was er nach dem Mord an einem Menschen gedacht hätte, wurde er gefragt. Er antwortete kalt: »Nichts.« Und fügte dann noch hinzu: »Keine Reue, nichts. Ich habe einen Kodex: Verräter müssen sterben.« Als er mit dem Vorwurf konfrontiert wurde, dass die Bevölkerung Angst vor ihm hätte, sah er sich missverstanden. Er hätte nie einer Frau oder einem Kind etwas zuleide getan. Im Gegenteil! Bei Besuchsterminen hätte er immer mit den Kindern anderer Gefangener gespielt, während die mit ihren Frauen geredet hätten. Kein Unschuldiger bräuchte Angst vor ihm zu haben. Er gab aber auch zu, dass es für ihn ein »Kick« und ein »Vergnügen« sei, andere Kriminelle zu töten.

Pedrinho spielte gerne mit den Medien, gab bereitwillig Interviews und war bekannt dafür, großmundig anzukündigen, andere Serienmörder zu töten. Die wohl bekannteste »Warnung« ging an Francisco de Assis Pereira, einen der »größten« brasilianischen Serienmörder, auch »The Park Maniac« genannt.

Pereira hatte in einem Park nahe Sao Paolo mindestens elf Frauen getötet. Offen versprach Pedrinho, dass er ihn töten wolle, weil er unschuldige Mädchen in den Tod gelockt und sich danach selbst als Opfer dargestellt habe. Pereira hatte stets mit der gleichen Masche agiert: Er sprach hübsche Frauen im Supermarkt an, gab sich als Modelscout aus und überredete sie zu einem Fotoshooting an einem Ort, an dem er sie schließlich umbrachte. Wahr gemacht hat Pedrinho sein Versprechen allerdings bis heute noch nicht.

WAS BRINGT DIE ZUKUNFT?

Es gibt sie tatsächlich, die Fans und Bewunderer. Für viele ist Pedrinho Matador das Gesicht der Gerechtigkeit, der Selbstjustiz – in einem Land, in dem die staatlichen Institutionen schon vor Jahrzehnten das Vertrauen der Bevölkerung verspielt haben. Pedrinho dagegen hat in den Augen all dieser Menschen sein Schicksal selbst in die Hand genommen. Dass er hauptsächlich Kriminelle ermordete, verschaffte ihm bei der Bevölkerung, die selbst schrecklich unter der vorherrschenden Kriminalität litt (und leidet), einen weiteren Bonus und hob ihn von einem gewöhnlichen Serienkiller ab. Versprechen wie das, gegen den extrem verhassten »Park Maniac« vorzugehen, ließen seine Beliebtheitswerte weiter ansteigen.

»Ich hatte Zeiten, da konnte ich nicht ruhig schlafen, wenn ich nicht tötete«, verriet Pedro Filho einmal. Was also wird er in Zukunft tun, nachdem er Jahrzehnte in den vielleicht härtesten Gefängnissen der Welt überlebt hat? Wird er weiter töten? Wird er wieder auf offener Straße Kriminelle jagen? Nein, er wünscht sich nichts mehr als ein ruhiges Leben, sagt er. Die Zeit des Tötens sei vorbei.

Stattdessen hat er, was viele verwunderte, einen eigenen You-Tube Account eingerichtet – und hatte in kürzester Zeit einige Zehntausend Abonnenten. Auf seinem Kanal spricht er vor allem über aktuelle Kriminalfälle und versucht der Jugend, so paradox das auch klingen mag, ein gutes Vorbild zu sein. Er will sie von der Kriminalität fernhalten, indem er von seinen Erfahrungen berichtet, möchte positiv Einfluss nehmen. Und er wünscht sich nichts weiter, als sein Leben nach all den filmreifen Jahren auf einer kleinen Farm mitten in den einsamen Wäldern zu Ende zu leben. Seine Anhänger mit ihren Wünschen nach gemeinsamen Selfies sind ihm unangenehm. Er braucht den Trubel um seine Person nicht, und trotzdem lässt er bereitwillig Dokumentarfilme über sein Leben drehen und soll sogar an einer Autobiografie arbeiten. Eine Zukunft als friedlicher YouTuber, Autor und Farmer scheint bei seinem Leben eigentlich unvorstellbar. Wobei die Frage bleibt, was in seinem Leben überhaupt vorstellbar war.

MEIN FAZIT

Es gibt einen guten Grund dafür, warum Selbstjustiz in zivilisierten Ländern nicht erlaubt ist und man das Gewaltmonopol an die Polizei abgegeben hat. Der berühmte Mob, der mit Fackeln und Heugabeln die Hexen durchs Dorf trieb, gehört zum Glück ins Mittelalter. Und doch juckt es selbst die größten Verfechter unseres Rechtssystem manchmal in den Fingern. Denn es gibt

Situationen, in denen jeder am liebsten das Gesetz in die eigene Hand nehmen würde.

In einem Schwellenland wie Brasilien ist das noch mal eine ganz andere Sache. In großen Städten wie Sao Paolo existieren ganze Herde der Kriminalität, sogenannte NoGo-Areas, die selbst die Polizei nicht betreten kann. Ein Großteil der verarmten Bevölkerung ist die Kriminalität längst leid und genau das war und ist der Nährboden für die Legendenbildung des Pedrinho Matador. Ein Rächer der Armen, der Schwachen, der Ausgebeuteten. Ein Mann, der seine tote Geliebte und seine tote Mutter rächte. Der niemals einer Frau oder einem Kind etwas zuleide getan hat. Der Vergewaltiger und Massenmörder jagte. Überspitzt gesagt: ein brasilianischer Superheld.

Natürlich ist das nur die eine Seite der Medaille, man darf nicht vergessen, dass es für Pedrinho ein Vergnügen war zu töten. Besonders brutal. Meist mit einem Messer. Seine Opfer konnten sich nicht in einem fairen Prozess verteidigen, denn Pedrinho Matador war Anwalt, Richter und Henker in einer Person. Und er tötete schon aus vergleichsweise nichtigen Gründen, wie bei der Entlassung seines Vaters. Niemand weiß, wie viele Unschuldige er so ermordet hat. Kritiker unterstellen ihm oft Doppelmoral, schließlich war er in seiner Anfangszeit selbst in der organisierten (Drogen-)Kriminalität involviert. War das Image des heldenhaften Rächers und der Selbstjustiz nur eine Inszenierung, um seine Tötungslust zu rechtfertigen? Ich kann die Faszination, die von seiner fast unwirklich anmutenden Lebensgeschichte ausgeht, durchaus nachvollziehen. Aber man sollte nicht vergessen, dass seine brutalen Taten auch durch die beste Absicht nicht zu rechtfertigen sind.

SELBSTJUSTIZ

Was genau bedeutet Selbstjustiz?

Selbstjustiz bedeutet, das Recht in die eigenen Hände zu nehmen und Vergeltung zu üben, ohne sich dabei auf eine staatliche Instanz zu verlassen – und ohne sich selbst an das Gesetz zu halten.

In welchen Ländern kommt es häufig zu Selbstjustiz?

Tatsächlich in weitaus mehr Ländern, als man denkt. Vor allem in Zentral- und Südamerika, in Ländern wie El Salvador oder Kolumbien also, in denen viele Jugendliche in kriminellen Gangs organisiert sind, verlässt man sich kaum auf staatliche Kontrolle. Geschieht dort ein vermeintliches Unrecht, lässt eine Vergeltungsmaßnahme meist nicht lange auf sich warten. Morde werden oft frei nach dem Motto »Auge um Auge, Zahn um Zahn« gerächt.

In den betroffenen Ländern gibt es ganze Regionen und Viertel, die die Polizei meidet und lieber sich selbst überlässt. Dort ist Selbstjustiz an der Tagesordnung und oft sogar die einzige Form von Recht.

Auch auf den Philippinen verüben sogenannte Todesschwadronen Selbstjustiz, unter anderem indem sie mutmaßliche Drogendealer ohne jeden Prozess hinrichten. Hochproblematisch!

Allerdings gibt es auch in der westlichen Welt Länder, in denen es verhältnismäßig oft zu Selbstjustizfällen kommt, so wie zum Beispiel in den USA. Dafür mitverantwortlich sind ein relativ weit auslegbares Notwehrrecht in einigen US-Bundesstaaten sowie die einfache Verfügbarkeit von Schusswaffen.

Gibt es auch in Deutschland bekannte Fälle von Selbstjustiz?

Ja, auch hierzulande gab es schon den ein oder anderen dokumentierten Fall von Selbstjustiz. Der wohl bekannteste ist der von Marianne Bachmeier. Sie erschoss 1981 mitten im Gerichtssaal den mutmaßlichen Mörder ihrer siebenjährigen Tochter Anna. Der Fall fand ein weltweites Medienecho. Tatsächlich sympathisierte auch hier ein Teil der Bevölkerung mit der Mutter, die den Tod ihrer Tochter rächte, und zeigte

Verständnis. Andere wiederum verurteilten die Tat deutlich. Noch monatelang wurde über den Fall gestritten und öffentlich diskutiert. Das Gericht verurteilte Marianne Bachmeier zu einer Freiheitsstrafe von sechs Jahren – wegen Totschlags und unerlaubten Waffenbesitzes. Nach drei Jahren Haft wurde sie jedoch vorzeitig aus der Haft entlassen.

Filmische Vorbilder
In Filmen ist Selbstjustiz häufig das zentrale Handlungsmotiv. Zuschauer scheinen (Super-)Helden, die das Gesetz selbst in die Hand nehmen und für Gerechtigkeit sorgen, zu lieben. Vielleicht gerade deshalb, weil das in der realen Welt nicht erlaubt ist.

Doch die heroische Darstellung der Rächer und selbst ernannten »Polizisten« ist durchaus zwiespältig zu betrachten. Gerade in Zeiten wie heute, wo auf Social-Media-Seiten jeder eine private Täterfahndung starten kann, ist es wichtig, vor allem der jungen Generation klarzumachen, dass die gewaltsame Durchsetzung von Recht allein Aufgabe der Justiz ist.

GEHEIMNIS-VOLLE DOPPEL-GÄNGERIN

Ein zweijähriges Mädchen
verschwindet spurlos. Wochen
später wird es 300 Kilometer
entfernt gefunden, kerngesund,
aber ohne Erinnerungen. Während
die Familie glücklich ist,
ihre Tochter wieder bei sich zu
haben, findet man ganz in der
Nähe die Leiche eines zweiten
Mädchens. Ein ganzes Land
rätselt: Wer ist die Tote und
wer ist die Lebende?

Jeder geht anders mit Extremsituationen um. Selbst Menschen, die normalerweise als durchstrukturiert und rational gelten, können von einer Sekunde auf die andere durchdrehen, wenn etwas völlig anders läuft als erwartet. Andere wiederum, die sonst eher lebhaft und offen sind, verhalten sich dann auf einmal in sich gekehrt und ziehen sich zurück. Unerwartet auftretende Gewaltverbrechen sind eine solche Extremsituation. Es gibt kein lehrreiches Handbuch und keine ausführliche Anleitung, wie man sich in so einem Fall verhalten sollte.

Zwar ist die Wahrscheinlichkeit, in Deutschland, Österreich oder der Schweiz Opfer eines Gewaltverbrechens zu werden, äußerst gering. In den letzten zehn Jahren ist die Kriminalitätsrate in den meisten Bereichen drastisch gesunken. Dessen ungeachtet steigt in vielen Teilen der Bevölkerung die Angst, Opfer eines Verbrechens zu werden. Vermutlich schüren klassische Medien und Social Media, die durch ihre Berichterstattungen Gewalt und Verbrechen zu festen Bestandteilen unseres Alltags werden lassen, Ängste und machen Verbrechen zu einer düsteren Fiktion unseres realen Lebens – auch wenn das so statistisch nicht zu belegen ist. Im Gegenteil: Die Gefahr, wenn man über eine befahrene Autostraße läuft, ist deutlich höher als die, nachts in der eigenen Wohnung von einem kaltblütigen Mörder besucht zu werden.

Den Angehörigen von Entführungsopfern sind diese Statistiken egal. Und auch ein noch so zivilisiertes Land kann keine 100-prozentige Sicherheit garantieren. Wie also geht man damit um, wenn die Tochter, der Sohn, die Schwester oder der Bruder entführt wird? Hadert man mit dem Schicksal: Warum ausgerechnet wir? Gibt man sich kämpferisch oder spielt gar mit Gedanken an Selbstjustiz? Ich verfolge schon seit vielen Jahren bedeutende Kriminalfälle und habe unterschiedliche Verhaltensmuster der Angehörigen gesehen.

Wenn ein Kind verschwindet, liegt der Fokus meist auf den Eltern. Wie agieren sie? Die einen sind sehr präsent, suchen, wo sie können, starten eigene Ermittlungen und kokettieren mit den Medien – immer in der Hoffnung, den Fall im Scheinwerferlicht lösen zu können. Andere schotten sich lieber ab und hoffen in Trauer, dass die Polizei das Kind wieder nach Hause bringen wird. Aber es gibt in solchen Situationen kein Richtig oder Falsch, kein Schwarz oder Weiß.

Betroffene Eltern sind einer psychischen Ausnahmesituation ausgesetzt. Und werden dazu oft auch selbst zum Ziel von Verschwörungstheorien oder Beschuldigungen, die dann den enormen Druck noch erhöhen.

Dazu kommt, dass es umso unwahrscheinlicher ist, dass die oder der Gesuchte überlebt, je länger sie/er vermisst wird. Psychologisch fällt oft auf, dass bei vielen Angehörigen ein Verdrängungsmechanismus einsetzt. Zu denken, das vermisste Kind könnte tot sein, ist ein absolutes Tabu. Genauso gilt es auszublenden, was der Entführer mit dem Opfer anstellen könnte. Die Hoffnung muss überleben – egal, wie klein die Chance auch scheint. Viele Eltern glauben selbst nach Jahrzehnten noch daran, dass ihr Kind irgendwie überlebt hat. Irgendwo. Sie klammern sich an jeden noch so kleinen Strohhalm.

Dieser Fall wird den beschriebenen psychischen Effekt bis aufs Äußerste ausreizen. Kann eine Familie in Trauer sich einbilden, ein völlig fremdes Mädchen wäre ihre eigene Tochter? Oder wurde hier etwas ganz anderes gespielt?

PAULINE IST VERSCHWUNDEN

Saint-Rivoal ist ein kleines Dörfchen, keine 30 Kilometer entfernt von der rauen, zerklüfteten Küste der französischen Bretagne. Die winzige Gemeinde ist umgeben von bewaldeten Hügeln, es ist eine ländliche abgelegene Gegend. So verschlafen, dass sie kaum neue Bürger anlockt. 2016 zählte man gerade noch 186 Einwohner. Der Ortsteil Goas-Al-Ludu besteht sogar nur aus einem einzigen Haus. Goas-Al-Ludu hätte es also wahrscheinlich nie in die Geschichtsbücher der Franzosen geschafft, hätte sich im Jahr 1922 nicht ausgerechnet dort einer der mysteriösesten Kriminalfälle des Landes abgespielt. Die Bretagne, die nordwestlichste Region Frankreichs, war immer noch vom Ersten Weltkrieg gebeutelt. 240 000 bretonische Soldaten waren im Krieg gefallen – zehn Prozent der damaligen Gesamtbevölkerung in der Region. Nicht wenige wünschten sich in diesen Zeiten die Unabhängigkeit.

Pauline, die Tochter der Familie Picard, die die Farm in Goas-Al-Ludu betrieb, war als achtes von neun Kindern zwei Jahre nach den letzten Kriegswirren auf die Welt gekommen. Sie führte ein unbeschwertes Leben auf dem Land, lief bis in die Abendstunden fröhlich auf dem weiten Hofgelände herum und hatte unermüdlich Lust, mit ihren älteren Geschwistern zu spielen. Nur ab und zu, wenn ihre Geschwister zur Arbeit eingespannt waren, musste sie sich ganz alleine beschäftigen. Sie war zwar erst zwei Jahre alt, doch große Sorgen, dass ihr etwas zustoßen könnte, schien man nicht zu haben. Vielleicht dachte man, in der friedlichen Landidylle, die an schönen Tagen einem Postkartenmotiv gleicht, könnte niemals etwas passieren. Man sollte sich mit dieser Einschätzung gewaltig täuschen.

Am 6. April des Jahres war die Aufregung auf der Farm der Picards groß. Wo steckte Pauline? Die Kleine hatte zunächst mit einer ihrer Schwestern in den Hügeln nach den Pferden gesehen und war danach selbstständig auf dem Gelände unterwegs. Der Bauernhof lag recht isoliert, es gab keine direkten Nachbarhäuser. Pauline soll keine 100 Meter vom Haupthaus entfernt gespielt haben, sie war sogar noch in Hörweite der anderen. Doch auf einmal war es ruhig auf dem Hof. Das kindliche Lachen und Schreien der Zweijährigen war verstummt. War sie einfach mal wieder weiter weggelaufen? In die Wälder? Oder noch mal auf der Anhöhe, um nach den Pferden zu schauen? Die Geschwister schwärmten zur Suche aus, aber Pauline war nicht aufzufinden. Man gab im Dorf Bescheid. Die Bretonen standen in diesen Zeiten zusammen. 150 Freiwillige fanden sich und durchkämmten die umliegenden Felder und Wälder, doch die kleine Pauline entdeckte man nicht. Auch die darauffolgenden professionelleren Suchaktionen der Polizei brachten keine Hinweise. Pauline war wie vom Erdboden verschluckt. Man hatte jeden Zweig in der Gegend umgedreht, jeden Stein angehoben. Ein an der Suche beteiligter Priester sagte später, man hätte vor Jahren verlorene Portemonnaies gefunden, aber keine Spur von Pauline. In Saint-Rivoal wurde viel getuschelt. Eine Frau aus dem Ort wollte an jenem Tag zwei komische Typen in der Nähe der Picard-Farm herumlungern gesehen haben. Andere vermuteten, dass eine vorbeiziehende Zigeunerkarawane Pauline entführt hatte.

Die Polizei hingegen verhaftete recht bald den offiziellen Hauptverdächtigen: Christophe Keramon, ein Regenschirmverkäufer, der für die Familie Picard gearbeitet hatte. Am Morgen des Tages, an dem Pauline verschwand, hatte er gemeinsam mit der Familie gefrühstückt und sich dabei gegenüber Pauline äußerst verdächtig verhalten. Immer wieder habe er die Zweijährige geknuddelt und ihr gesagt, er würde ein schönes neues Zuhause für sie finden. Auch wollte einer der Picards gehört haben, wie er zu Pauline meinte, er würde bald kommen, um sie mitzunehmen. Hatte Keramon seine Tat so offen angekündigt?

Die Polizei musste den Mann wieder gehen lassen. Er hatte für die Zeit des Verschwindens ein wasserdichtes Alibi, von Zeugen glaubhaft bestätigt. Doch was war mit Pauline passiert? War sie einfach fortgelaufen? Wie lange überlebte ein zweijähriges Mädchen alleine in den noch kalten, oft stürmischen Aprilnächten? Und wieso hatte sie niemand gesehen? Normalerweise klären sich Vermisstenfälle in den ersten 72 Stunden. Ist dies nicht der Fall, sinkt die Wahrscheinlichkeit, dass die verschwundene Person lebend gefunden wird, statistisch drastisch. Oft werden diese Fälle überhaupt nicht mehr gelöst.

DAS ANDERE MÄDCHEN

Einen knappen Monat geschah kaum etwas. Keine neuen Hinweise, keine neuen Spuren. Als die Hoffnung der Picards, ihre Tochter jemals wiederzusehen, bereits sank, besuchte ein Polizeibeamter aus der Ferne das Familiengut. Man muss sich vergegenwärtigen, dass es 1922 noch keine große Öffentlichkeitsfahndung über das Fernsehen oder gar Internet gab. Zeitungen und Flugblätter waren eine der wenigen Möglichkeiten, um Fahndungs- oder Vermisstenbilder zu verbreiten. Der Kriminalbeamte hatte das Foto eines Mädchens dabei, das er den Eltern zeigte.

In Cherbourg, einer Stadt in der französischen Normandie, mehr als 300 Kilometer entfernt von der Farm der Picards, hatte man ein einsames Mädchen aufgegriffen. Eine gewisse Madame Roublot hatte die Kleine, die man auf circa zwei Jahre schätzte, in einem Hauskorridor entdeckt. Sie wurde zur örtlichen Polizeistation gebracht, doch sie redete nicht mit den Beamten. Sie wirkte lebensfroh, lachte ständig und umarmte die fremden Leute auf der Wache. Ihre Kleidung war ordentlich und gepflegt. Doch wer hatte die Kleine ausgesetzt? War sie entführt worden? Verschleppt? Sie wirkte jedoch nicht unbedingt wie ein Entführungsopfer. Die Fahndung nach den Eltern oder den Personen, die sie ausgesetzt hatten, verlief zunächst im Sande. Zeugen gab es in der Hafenstadt am Atlantik keine, niemand schien das Kind vorher gesehen zu haben. Die Polizei machte eine Frau ausfindig, die kurz zuvor versucht hatte, ihre Tochter alleine in einem Kaufladen zurückzulassen. Sie hatte jedoch nichts mit dem Mädchen aus dem Hausflur zu tun.

Weil die Spur in Cherbourg immer kälter wurde, entschlossen sich die Ermittler, etwas weiter über den Tellerrand zu schauen. Für damalige Verhältnisse war es schon beeindruckend, dass man den Fall des Findelmädchens aus Cherbourg mit dem der vermissten Pauline Picard aus der Bretagne verknüpfte, obwohl die Orte Hunderte Kilometer entfernt voneinander lagen. Und so hatte die Polizei einen Beamten bei den Picards vorbeigeschickt – in der Hoffnung, dass es sich bei dem einsamen Mädchen auf der Treppe um Pauline handelte.

Die Reaktion der Eltern auf das Foto war positiv. Zwar war die Aufnahme im Vergleich zu heutigen HD- oder 4K-Schnappschüssen unscharf, weswegen sie ihre kleine Tochter nicht zweifelsfrei identifizieren konnten. Aber zumindest eine starke Ähnlichkeit stach ihnen direkt ins Auge.

Euphorisiert machten sich die Picards auf direktem Weg auf nach Cherbourg, um das Mädchen persönlich kennenzulernen und von Angesicht zu Angesicht zu entscheiden, ob es wirklich ihre Tochter war. Blieb die Frage, wie eine Zweijährige innerhalb so kurzer Zeit über 300 Kilometer bewältigen konnte, in einer Zeit, in der es weder Autobahnen noch Schnellzüge gab.

Am 8. Mai 1922, einen guten Monat nach dem Tag des Verschwindens, kam es zum Aufeinandertreffen. Monsieur Picard war sich sicher, dass seine Tochter vor ihm stand. Die Eltern waren überglücklich, ihr Mädchen wieder in den Armen zu halten. Es waren Paulines Augen, in die sie schauten, und ihre markanten Ohren würden sie unter Tausenden wiedererkennen, betonte die Mutter. Doch nach ein paar Stunden des Wiedersehens kamen auf einmal Zweifel auf. Die »echte« Pauline hatte bereits recht gut bretonisch gesprochen, das sich deutlich vom normalen Französisch unterscheidet. Das gefundene Mädchen hingegen sprach nicht ein Wort Bretonisch und schien auch ihre angeblichen Eltern nicht zu verstehen. Ein klarer Hinweis, dass sie nicht aus der Bretagne stammte. Auch wirkte sie nicht, als würde sie ihre Eltern wiedererkennen. Sie war den Picards gegenüber zwar aufgeschlossen, das aber war sie auch zu allen anderen Fremden gewesen. Die Kleidung war ebenfalls nicht identisch mit der Vermissten, nicht einmal die Holzschuhe waren dieselben.

Ärzte schoben das Schweigen des Mädchens aus Cherbourg auf eine Art Trauma. Keiner wusste, was sie durchgemacht hatte, wer sie verschleppt und so weit von zu Hause fortgebracht hatte. Es schien auch kein überzeugendes Motiv zu geben. Wer machte sich die Mühe, ein Mädchen von einer abgelegenen Farm zu entführen, um sie dann Hunderte Kilometer weiter in frischer Kleidung in einem Hausflur auszusetzen? Die Geschichte ergab hinten und vorne keinen Sinn und trotzdem glaubte sie selbst die Polizei zunächst. Vielleicht war es einfach nur der tief sitzende Wunsch aller Beteiligten, dem Fall ein positives Ende zu bescheren und die Familie wiederzuvereinen, der sie die offensichtlichen Indizien für eine Verwechslung einfach ausblenden ließ.

DIE RÜCKKEHR AUF DIE FARM

Die Eltern hatten sich trotz bleibender Zweifel entschieden, das Mädchen mit nach Hause zu nehmen. Sie hofften, dass bei »Pauline«, wenn sie an den Ort zurückkehrte, an dem sie aufgewachsen war, die Erinnerungen wiederkehrten. Zunächst schien der Plan aufzugehen. Und auch die Polizei war überzeugt, die richtige Familie zusammengeführt zu haben. Alle Dörfler, Nachbarn und sogar die Geschwister schienen Pauline wiederzuerkennen und freuten sich über die Heimkehr der verloren geglaubten Tochter und Schwester.

Der Fall erregte in der ganzen Region Aufmerksamkeit, beinahe täglich berichteten lokale Zeitungen davon. Es wurde geschrieben, dass die neue alte Pauline jetzt sogar ein paar Worte auf Bretonisch gesprochen und zudem einen Arbeiter auf der Farm wiedererkannt hätte. Der Vater wurde mit den Worten zitiert: »Es ist zweifelsfrei unsere Tochter, sie ist nur viel dünner geworden.« Tatsächlich wirkte das Mädchen allgemein schwach und ausgelaugt. Sie konnte sich wohl kaum auf den Beinen halten, doch spielte sie bereits vertraut mit ihren Geschwistern. Damit waren die letzten Zweifel, es könnte eine Verwechslung vorliegen, sowohl bei den Eltern als auch der Bevölkerung und den Medien ausgeräumt.

DIE ECHTE PAULINE WIRD GEFUNDEN

Für die Polizei hingegen war der Fall noch lange nicht beendet. Denn das vermeintliche Happy End wurde von der Tatsache getrübt, dass die Gendarmerie bei der Suche nach Paulines Entführer nicht einen Schritt weiterkam. Der oder die Kidnapper waren weiterhin auf freiem Fuß und auch deswegen war man in der ländlichen Gegend weit davon entfernt, beruhigt schlafen zu können. Die Fahnder hatten weder die zwei verdächtigen Männer ausfindig machen können, die den Hof am Tag des Verschwindens beobachtet haben sollen, noch hatten sie eine Spur von der Person, die Pauline in Cherbourg ausgesetzt hatte. Daran sollte sich auch nichts ändern – bis der Fall durch einen Fahrradfahrer eine überraschende Wende nahm.

Monsieur Le Meur, ebenfalls Farmer aus Saint-Rivoal, wollte an jenem Vormittag des 26. Mai 1922 um kurz nach 11 Uhr auf dem Fahrrad fahrend nach seinen Kühen schauen, als ihm mit einem Mal ein übler Gestank in die Nase stieg. Es roch stark nach einem Kadaver. Verweste hier etwa ein großes Tier auf seinem Grundstück?

Die Stelle lag etwa einen Kilometer entfernt von der Farm der Picards. Der Bauer schaute zwischen den Büschen nach und fand zunächst sorgsam gefaltete und aufeinandergestapelte Kleidung. Sie gehörte offensichtlich zu einem kleinen Mädchen und ließ ihn Böses ahnen. Der Farmer sah sich vorsichtig um – und es ist zwar nicht überliefert, aber Monsieur Le Meur ist sicherlich zusammengezuckt beim Anblick der verwesenden Kinderleiche, die er nun entdeckte.

Die Tote war auf den ersten Blick nicht zu identifizieren, denn dem Körper fehlten die Arme, die Beine und der Kopf. Dafür lag neben der Toten ein Schädel, der jedoch im Verhältnis zum restlichen Körper deutlich zu groß zu sein schien.

Le Meur trommelte sofort die Picards zusammen und führte sie an den Fundort. Die Eltern stellten mit Erstaunen fest, dass es sich bei der abgelegten Kleidung um dieselbe handelte, die ihre vermisste Pauline an jenem verhängnisvollen Nachmittag getragen hatte. Auch wenn die Leiche schon so zersetzt war, dass man nicht mehr erkennen konnte, wer sie einmal gewesen war, war durch die Kleidung direkt neben ihr die Wahrscheinlichkeit doch extrem hoch, dass hier die wahre Pauline Picard lag.

Nun stellten sich den Menschen aus Saint-Rivoal zwei Fragen. Erstens: Sie hatten das Feld damals mehrmals abgesucht. Auch die Polizei war involviert, man hatte aber keine Leiche gefunden. Hatte sie jemand nachträglich dort platziert? Und zweitens: Wenn die wahre Pauline tot war, wer war dann das Mädchen auf dem Hof?

MORD ODER NICHT?

Die Nachbarn bewachten die Leiche abwechselnd die ganze Nacht über und auch die darauffolgenden Tage, bis die Spurensicherung der Polizei eintraf, um eine Obduktion durchzuführen. Ewige 72 Stunden vergingen, bis die Einsatzkräfte vor Ort eintrafen. Heute würde es wahrscheinlich nicht einmal eine Stunde dauern. Denn beim Erfassen von Spuren zählt jede Sekunde – gerade in der freien Wildnis.

Die Obduktion kam zu widersprüchlichen Ergebnissen: Der erste Arzt, der die Leiche untersuchte, hielt einen Mord für wahrscheinlich. Er bemerkte einen Riss unterhalb der letzten Rippe und schloss daraus, dass jemand mit einem kurzen Messer auf die arme Pauline eingestochen hatte. Ein zweiter Gerichtsmediziner hingegen vermutete, Füchse hätten dem Leichnam zugesetzt und die Kleine wäre zuvor eines natürlichen Todes gestorben. Wahrscheinlich sei sie erfroren. Die Arbeitshypothese des natürlichen Todes lautete folgendermaßen: Die kleine Pauline war vom Hof weggelaufen und hatte sich verirrt. An jenem Abend kam ein heftiger Sturm auf, bei dem sie an Unterkühlung gestorben war. Für die zersetzte Leiche waren Tiere, allen voran Füchse, verantwortlich. Man musste den leblosen Körper bei der Suche übersehen haben oder hatte das Feld doch ausgelassen.

Während die Mediziner sich stritten, hielt die Polizei nach wie vor ein Verbrechen für wahrscheinlicher. Doch der Fall sollte noch deutlich mysteriöser werden. Es stellte sich nämlich heraus, dass die Überreste des großen Schädels am Boden nicht zur toten Pauline gehörten, sondern zu einem völlig fremden Mann.

WAS WAR MIT DEN ELTERN?

Es gab französische Medien, die die Eltern verdächtigten. Insbesondere die regionale Zeitung »L'Ouest Eclair« verdächtigte Paulines Vater sehr offensiv. Alles wurde infrage gestellt: Wieso schickte er in der Nacht, nachdem seine Tochter verschwunden war, seinen Schwager zur Polizei, anstatt selbst zu gehen? Über angebliche Gewaltausbrüche in der Vergangenheit wurde ebenfalls wild fabuliert.

Auch wenn ich absolut kein Freund davon bin, bei Vermisstenfällen vorschnell Angehörige als Täter zu verdächtigen, gibt es in diesem konkreten Fall natürlich jede Menge Verdachtsmomente gegen die Eltern. Wieso nahmen sie das fremde Mädchen bei sich auf und taten so, als sei es ihre Tochter? Sie war eindeutig kleiner und dünner als Pauline und verschiedene Merkmale, wie zum Beispiel die Zähne, passten ebenfalls absolut nicht. Sie trug andere Kleidung, erkannte niemanden und sprach nicht ihre Sprache. Wie konnte man sie trotz allem mit Pauline verwechseln?

Konnte der Wille der Eltern, sich gegen den Tod der eigenen Tochter zu stemmen, so groß sein, dass sie sich einredeten, eine Fremde sei das eigene Kind? Hat der Verstand dem Ehepaar Picard eine andere Realität vorgegaukelt, weil sie sich so sehr ein Happy End wünschten? Oder kannten sie ihr eigenes Mädchen schlicht und ergreifend zu schlecht? Sie hatten neun Kinder und waren ständig mit der Arbeit auf der Farm beschäftigt. Wussten sie womöglich gar nicht genau, wie ihre zweitjüngste Tochter aussah? Doch selbst zu der damaligen Zeit ist für mich nicht vorstellbar, dass man sein eigenes Kind, das man täglich sieht, nicht wiedererkennt.

Der Irrtum der Eltern hatte natürlich auch fatale Auswirkungen auf die Ermittlungen: Indem sie das fremde Mädchen als ihre Tochter anerkannten, wurde die Untersuchung auf eine falsche Spur gelenkt und die Suche nach der wahren Pauline eingestellt. Einige französische Zeitungen bastelten sich daraus ihre eigene Theorie: Ein Familienmitglied könnte die Kleine getötet haben. Und um die Tat zu vertuschen, nahmen die Picards einfach das fremde Mädchen auf. Eine »glückliche« Fügung? Tatsächlich wäre es so das perfekte Verbrechen gewesen, denn niemand hätte mehr nach Pauline gesucht. Sie war ja, dank ihrer Doppelgängerin, offiziell am Leben.

Die Medien spekulierten sogar, ob der verrückte, lachende Nachbar Yves Martin, wenn er schon nicht der Mörder war, die Tat nicht zumindest heimlich beobachtet hatte und deswegen seine mysteriösen Andeutungen machte. Diese Theorien wurde von der Polizei jedoch nie verifiziert.

DAS SCHICKSAL DER DOPPELGÄNGERIN

Man beerdigte die Tote als Pauline Picard, auch wenn man theoretisch nie ganz sicher sein konnte, ob sie es wirklich war. Die Technologie war damals noch weit entfernt von heutigen DNA-Abgleichen. Eines wenigstens stand nun zweifelsfrei fest: Das Mädchen aus Cherbourg war nicht Pauline, sondern eine Doppelgängerin. Man schickte sie im Sommer desselben Jahres wieder zurück nach Cherbourg, wo man sie aufgegriffen hatte. Neuere Tests hatten bestätigt, dass sie nicht die wahre Pauline sein konnte. Ärzte stellten fest, dass sie deutlich jünger und auch kleiner war als die Tote. Zudem hatte Pauline acht Backenzähne besessen, das Mädchen aus Cherbourg dagegen nur zwei.

Man taufte die Doppelgängerin Marie-Louise Pauline und übergab sie in einem Waisenhaus in Cherbourg in die Obhut der Franziskanerschwestern. Es wurde nie geklärt, wer sie ausgesetzt hatte. Die Polizei ging später davon aus, dass ihre Familie mit dem Schiff nach Amerika ausgewandert war und sie in Frankreich zurückgelassen hatte. Man stellte fest, dass sie fremden Frauen gegenüber viel misstrauischer war als Männern und ging deshalb davon aus, dass ihre leibliche Mutter sie misshandelt haben könnte. Marie-Louise sprach nach ihrem Aufenthalt auf der Picard-Farm wirklich gut bretonisch und soll im Waisenhaus immer wieder nach den anderen Kindern der Picards gerufen haben. Manch einer vermutete, dass sie die Sprache unmöglich so schnell gelernt haben konnte und deswegen am Ende doch die wahre Pauline sei. Die Wahrheit kam nie ans Licht. 1924 jedoch starb Marie-Louise im Waisenhaus an Masern, nur zwei Jahre nach der echten Pauline.

MEIN FAZIT

Der Fall ist so bizarr und verworren, dass man sich die Ausgangs-
lage noch einmal vergegenwärtigen muss: Ein zweijähriges Mädchen verschwindet spurlos, die ganze Region wird durchkämmt,
doch man findet rein gar nichts. Ein anderes Mädchen taucht
Hunderte Kilometer weit weg auf und die Eltern nehmen es bei
sich auf, obwohl es offensichtlich nicht ihre Tochter ist. Kurz darauf findet man die Leiche der wahren Pauline verwest auf einem
Feld, das man zuvor schon mehrmals abgesucht hatte. Die Obduktion bringt kein klares Ergebnis.

Mir stellen sich da mehrere Fragen: Was geschah wirklich
in dieser Nacht mit Pauline Picard? Haben die Eltern ihre eige-
ne Tochter wirklich verwechselt oder steckte Kalkül dahinter?
Woher kam auf einmal die Leiche auf dem Feld, wenn man den
Ort doch akribisch abgesucht hatte? Und was machte der fremde
Schädel daneben?

Ich persönlich halte recht wenig von der Theorie, dass Pauline einen Unfall hatte beziehungsweise erfroren ist. Natürlich
scheint das erst einmal die logischste und einfachste Lösung zu
sein – ganz ohne einen bösen Unbekannten. Und natürlich ist
der Unfall eines Kleinkinds viel wahrscheinlicher als ein Mord.
Trotzdem spricht für mich zu viel dagegen. Wieso hatte Pauline
ihre Kleidung ausgezogen, wenn es so kalt und stürmisch war?
Man könnte dies zwar theoretisch mit Hypothermie erklären,
einem Phänomen, das dazu führt, dass man sich bei extremer
Kälte paradoxerweise noch weiter entkleidet, weil der Körper
sich erhitzt. Schon manche erfahrenen Bergsteiger sind daran
gestorben, weil sie sich nackt auszogen, obwohl sie bereits am
Erfrieren waren. Aber welches zweijährige Mädchen würde in einer solchen Extremsituation seine Kleidung noch sorgsam gefal-
tet neben sich ablegen? Das sieht für mich eher nach dem Werk
eines fremden Täters aus.

Der zweite Punkt ist die Suche. Das Feld wurde nachweislich abgesucht, und das nicht nur einmal von einer Handvoll Far-

mern, sondern auch von professionellen Suchtrupps der Polizei. Die Leiche war weder versteckt noch an einem besonders unzugänglichen Ort. Sie wäre definitiv gefunden worden. Ich erinnere nur an die Worte des an der Suche beteiligten Priesters. Ich persönlich glaube, dass Pauline entführt und misshandelt wurde. Der oder die Täter kamen wahrscheinlich aus der näheren Umgebung, haben abgewartet, bis die Suchaktion abgeschlossen war und dann die Leiche nachträglich im Feld platziert – wahrscheinlich weil genau dort schon gesucht worden war. Nach dem Motto: Wir platzieren sie dort, wo man sie am wenigsten vermutet, weil man genau an diesem Ort schon jeden Stein umgedreht hat. Dann wollten der oder die Täter der Natur Zeit lassen, damit Füchse und andere Wildtiere die letzten Spuren am Leichnam verwischen. Leider war damals die Forensik noch nicht weit genug, um sagen zu können, wie lange die Leiche bereits im Feld lag.

Nur den fremden männlichen Schädel kann ich mir überhaupt nicht erklären. Vielleicht hat der unbekannte Täter schon einmal gemordet und den Schädel seines anderen Opfers hier mit abgelegt. Zu welcher Leiche er gehörte, konnte jedoch nie identifiziert werden. Auch ob die Taten überhaupt in Zusammenhang standen, fand man nie heraus.

Yves Martin, ein anderer Nachbar, war für viele Dorfbewohner der Hauptverdächtige in diesem Fall. Kurz bevor die Leiche gefunden wurde, besuchte er das Anwesen der Picards und fragte merkwürdigerweise, ob sie sich denn sicher seien, dass das neue Mädchen die wahre Pauline sei. Dann soll er folgende Worte gesagt haben: »Gott ist fair, ich bin schuldig.« Anschließend brach er in ein verrücktes Lachen aus und verließ den Hof. Einen Tag später brachte man ihn in die Psychiatrie, die Polizei ging wohl eher nicht davon aus, dass er wirklich etwas mit Paulines Verschwinden zu tun hatte. Er galt nach einem Unfall schon länger als geistig verwirrt und wollte sich womöglich mit seinem ominösen Geständnis nur wichtig machen. Trotzdem passt dieser gruselige Zwischenfall in diesen bizarren Fall wie die Faust aufs Auge.

GEHEIMNISVOLLE DOPPELGÄNGERIN

Zwar sind die meisten Gewalttaten Beziehungstaten, trotzdem spricht für mich die Leichenablage gegen die Familientheorie. Nehmen wir an, die Familie hätte das Doppelgängerspiel tatsächlich inszeniert. Mit dem Auffinden der wahren Leiche war doch klar, dass das Mädchen aus Cherbourg nicht diejenige war, für die sie gehalten wurde. Und genau hier liegt der Fehler: Wenn die Familie den Tod von Pauline vertuschen hätte wollen, hätte sie die Leiche sicher nicht so offen präsentiert. Aus welchem Grund auch?

Ich persönlich glaube an einen Triebtäter aus dem Umfeld. Jemand, der aus der Gegend kam und vielleicht schon länger ein Auge auf Pauline geworfen hatte. In einem unbeobachteten Moment, als das Mädchen zu weit vom Hof entfernt spielte, schnappte er zu. Die Leiche an einem Ort abzulegen, der mehrmals zuvor abgesucht worden war, zeugt von Mut, und ich könnte mir sogar vorstellen, dass der Mörder bei den Suchaktionen anwesend war. Ich bin mir sicher, dass man heutzutage mithilfe der Forensik den Fall lückenlos hätte aufklären können und man den wahren Täter geschnappt hätte.

Übrigens existiert in der Bretagne bis heute eine Legende, die besagt, dass Pauline doch überlebt hat. Dass sie von einer reichen Familie entführt wurde, deren eigene Tochter gestorben war – daher auch die Leiche. Aus Wut und Trauer über den Verlust entführte man ein ähnlich aussehendes Mädchen, das man dann wie eine echte Tochter aufzog. Einen Beweis für diese Legende gab es allerdings nie.

VERTAUSCHTE IDENTITÄTEN

Wie oft werden Babys im Krankenhaus vertauscht?

Es ist der Albtraum jeder Mutter: Man gibt das frisch geborene Baby im Krankenhaus aus der Hand und bekommt, ohne es zu bemerken, ein fremdes Kind zurück. Tatsächlich kommt so etwas nicht nur in Filmen vor. Am 11. März 2015 beispielsweise wurden in einem Krankenhaus im indischen Bundesstaat Assam zwei Jungen vertauscht, die im Abstand von nur fünf Minuten geboren wurden. Ein Grund: Sie hatten exakt dasselbe Gewicht von 3600 Gramm. Erst drei Jahre später wurde der Tausch vor Gericht mithilfe eines DNA-Tests festgestellt. Die beiden Familien hatten Tränen in den Augen, beschlossen aber dennoch, die jeweils nicht leiblichen Kinder zu behalten.

Objektive Zahlen neben den wenigen medial aufbereiteten Fällen existieren nicht. Es könnte eine hohe Dunkelziffer geben, die dann vermutlich vor allem auf menschliches Versagen des Krankenhauspersonals zurückzuführen wäre.

Wurden außer Pauline Picard auch schon andere vermisste Personen vertauscht?

Ja! 1912 ereignete sich in Louisiana/USA ein ähnlicher Fall. Die Eltern von Bobby Dunbar waren mit ihrem Sohn auf einem Ausflug an einem See, als der Vierjährige spurlos verschwand. Erst acht Monate später fand die Polizei einen Jungen, den sie für Bobby hielten. Doch bei der Gegenüberstellung waren die Eltern sich nicht zweifelsfrei sicher. War das wirklich ihr Kind? Ein Muttermal überzeugte sie schließlich davon, dass es sich um ihren Sohn handelte – auch wenn eine andere Frau namens Julia Anderson bis zu ihrem Tod behauptete, der Junge wäre ihr Sohn.

2004 brachte ein DNA-Test mit einem Nachkommen von Dunbar die grausame Gewissheit ans Tageslicht. Der Junge war nicht Bobby Dunbar und zeitlebens mit fremden Eltern aufgewachsen. Gruselig ist auch, dass das Schicksal des wahren Bobby Dunbar ungeklärt verbleibt.

Stehlen Menschen Identitäten von vermissten Personen?
Im Fall Timmothy Pitzen (siehe Seite 124 ff.) tauchte Anfang 2019 ein Hochstapler auf und behauptete, er sei der verschollene Junge. Ein DNA-Test entlarvte ihn. Im Fall Maddie McCann (siehe Seite 36 ff.) waren 2017 Screenshots einer britischen Studentin im Umlauf, die behauptet haben soll, sie sei das entführte Mädchen. Später stellte sich das Ganze aber als ein misslungener Scherz heraus.

Wie kann man zweifelsfrei Verwechslungen vermeiden?
Über DNA-Analysen! Die dafür nötigen DNA-Proben gewinnen Forensiker aus Blut, Speichel, Sperma, Schweiß, Muskelgewebe, Haut, Knochen oder Haaren. Manchmal genügen auch schon winzig kleine Hautschuppen, um die DNA eines Menschen zu extrahieren und mit einer Datenbank oder dem »genetischen Fingerabdruck« einer anderen Person zu vergleichen.

Um die genetische Verwandtschaft zu ermitteln, wird auf freiwilliger Basis ein Abstrich von der Mundschleimhaut genommen.

DAS
GROSSE FEUER

Das Haus einer Familie steht in Flammen. Ein Unfall? Fünf ihrer Kinder sollen dem Feuer zum Opfer gefallen sein, aber wieso findet die Polizei keinerlei Überreste? Die Familie hat einen schrecklichen Verdacht. Wurden die Kinder in Wahrheit entführt und das Feuer sollte alles nur verdecken?

Eine Verdeckungstat ist, wie der Name bereits sagt, eine kriminelle Handlung, die dazu dienen soll, eine andere Straftat zu vertuschen. Ein Entführer beispielsweise tötet sein Opfer, weil er Angst hat, es könnte ihn nach der Freilassung identifizieren. Ein Raubmörder, der in eine Villa eindringt, um Juwelen zu stehlen, wird vom Besitzer unmaskiert erkannt und deshalb tötet ihn der Dieb daraufhin, damit er nicht aussagen kann. Es gibt aber noch andere Gründe für eine Verdeckungstat, als das Motiv jemanden zum Schweigen zu bringen. Das häufigste ist das Verwischen von Spuren. Ein klassisches Mittel dazu wiederum ist die Brandstiftung. Egal, ob Einbruch oder Mord: Das Feuer verhindert im Vorfeld jede vernünftige Tatortanalyse. Der Täter muss nicht mal zur Pyromanie neigen: Bankräuber etwa brennen gerne ihren Fluchtwagen aus, denn dadurch fällt es selbst erfahrensten Forensikern schwer, brauchbare Spuren zu sichern. Wer nach einem Mord die Wohnung anzündet, hofft, dass die Leiche bis auf die Knochen verbrennt und der Mord im günstigsten Fall gar nicht als solcher erkannt, sondern als Unfall eingeordnet wird. Vielleicht war der alte Elektroherd für den Tod verantwortlich oder die maroden Leitungen hatten einen Kurzschluss? Die Bevölkerung mag an einen Unfall meist lieber glauben als an einen kaltblütigen Mord direkt vor der eigenen Haustür.

Auch in der folgenden Geschichte spielt Feuer die Hauptrolle. Doch diesmal weiß keiner, wer oder was dafür verantwortlich war.

DIE SODDER-FAMILIE

Fayetteville im US-Bundesstaat West Virginia ist ein inspirierendes kleines Örtchen. Die knapp 3000 Seelen zählende Gemeinde liegt am Fuße der Appalachen, umgeben von dunklen Wäldern und wilden Flüssen, und gilt als coolste Kleinstadt im Bundesstaat. Ein idyllischer Ortskern mit angesagten Läden, ein paar historische Straßen, entspannte Bewohner. Früher war Fayetteville von der Kohleindustrie geprägt, aber als die Minen nach und nach schlossen, hat man sich dem Tourismus geöffnet. Ob beim Kayakfahren, Wandern oder Rafting: Outdoorfans kommen hier immer auf ihre Kosten. Wirklich berühmt ist die Kleinstadt ansonsten eigentlich nur für zwei Dinge. Zum einen wäre da die New River Gorge Bridge, die längste Bogenbrücke der westlichen Welt. Sie erstreckt sich über den kalten Fluten des New River und ist eines der beliebtesten Fotomotive in West Virginia. Zum anderen gab es in Fayetteville den vielleicht mysteriösesten Feuerkriminalfall, der sich je in den USA zugetragen hat. Er ist bis heute ungelöst.

DIE VORZEICHEN

George Sodder wanderte 1908 mit gerade einmal 13 Jahren aus Sardinien ins ferne Amerika aus. Was genau ihn dazu bewegte, sein Land so jung schon zu verlassen und einmal quer über den Großen Teich zu reisen, darüber sprach er nie öffentlich. In den USA jedoch lebte er den Traum eines jeden Immigranten, arbeitete sich hart und ehrlich nach oben. Er jobbte zunächst bei der Eisenbahn in Pennsylvania. Doch der eintönige Beruf, der meist nur daraus bestand, den anderen Arbeitern Essen und Wasser zu bringen, war ihm auf Dauer nicht genug. Er zog nach West Virginia und heuerte bei einer Firma als Lkw-Fahrer an. Ehrgeizig wie er war, kündigte er aber bald auch diesen Job und gründete seine eigene Spedition. Das Geschäft lief gut, der junge George Sodder heiratete Jennie Cipriani, die als Kind ebenfalls aus Italien nach Amerika ausgewandert war. Ihr Haus nahe Fayetteville wählten sie nicht zufällig aus. Die Kleinstadt zählte zwar schon damals nicht besonders viele Einwohner, aber es gab eine kleine, wachsende italienische Community. Noch heute gibt es in großen Städten wie New York Stadtteile wie »Little Italy«. Denn neben Deutschen, Briten und Franzosen suchten auch viele Italiener ihr Heil in der Flucht nach Amerika. Klar, dass man sich untereinander suchte und fand, wenn man dieselbe Sprache sprach und ein neues Leben auf einem fremden Kontinent starten wollte. Auch nach Fayetteville hatte es also viele Italiener gezogen und so dachten George und Jennie Sodder, dies wäre ein geeigneter Platz, sich niederzulassen.

Sie bezogen ein schönes zweistöckiges Fachwerkhaus abseits des Stadtkerns. Georges Geschäft boomte, denn wegen der Kohleindustrie waren Transportunternehmen gefragt. Der Erfolg sprach sich schnell herum und es dauerte nicht lange, da hatte er reichlich an Reputation gewonnen und galt als einer der angesehensten Bürger der Kleinstadt. Unumstritten war George aber nicht, gerade in der italienischen Community. Denn der Unternehmer nahm nie ein Blatt vor den Mund, sondern sprach die Dinge klar und ehrlich an. In den meisten Fällen wurde dies sehr geschätzt, nur wenn es um Politik ging, gab es teils heftigen Gegenwind. George war ein scharfer Kritiker des damaligen italienischen Diktators Mussolini und tat dies stets laut kund. Viele andere Einwanderer teilten seine Meinung, doch ein harter Kern befürwortete den Diktator und sah in ihm einen, der Italien wieder groß machen würde. Sie hegten Hass gegenüber Sodder und nicht selten kam es zu offenen Anfeindungen zwischen den Lagern.

Zehn Kinder hatten George und Jennie, und bis auf Joe, den Zweitältesten, der dem US-Militär im Zweiten Weltkrieg diente, wohnten alle mit ihnen in dem Fachwerkhaus. Doch die Alliierten siegten bekanntlich und daher sollte auch Joe bald wieder zurück nach Hause kommen.

Mussolini, der italienische Diktator, wurde hingerichtet. Aber George Sodders offen ausgesprochene Meinung und harte Worte hatten in Fayetteville tiefe Spuren hinterlassen. Im Oktober 1945 dann gab es erste Anzeichen, dass sich bald ein Unglück anbahnen sollte. Ein Vertreter wollte den Sodders an der Haustür eine Lebensversicherung verkaufen, wurde aber von George bestimmt abgewiesen. Der Mann wurde daraufhin fuchsteufelswild und schrie: »Dein verdammtes Haus wird in Rauch aufgehen und deine Kinder werden zerstört. Du wirst den Preis bezahlen für dein dreckiges Verhalten gegen Mussolini.« So direkt hatte George Sodder selten jemand gedroht. War das wirklich nur ein enttäuschter Versicherungsvertreter oder steckte dahinter mehr?

Wenig später tauchte ein Mann auf, der angeblich Arbeit suchte. Er betrat ungefragt das Haus und machte ominöse Andeutungen. Die Sicherungskästen, stellte der Unbekannte fest, würden eines Tages sicher Feuer fangen. Dann verschwand er wieder. George ließ sich nicht verunsichern. Er hatte erst vor kurzem neue Leitungen gelegt, als man einen Elektroherd installiert hatte. Dennoch war es bereits die zweite kryptische Warnung eines Fremden, die etwas mit Feuer zu tun hatte. Und auch die Sodder-Kinder hatten etwas Auffälliges bemerkt: Ein unbekanntes Fahrzeug schien sie auf dem Weg von der Schule nach Hause zu observieren. Zufall?

EIN UNHEIMLICHER WEIHNACHTSABEND

Die mysteriösen Drohungen waren längst in den Hintergrund gerückt, als die Sodders im Dezember 1945 Weihnachten feierten. Die älteste Tochter Marion, mittlerweile im Einzelhandel tätig, hatte für ihre jüngeren Schwester Spielzeuge besorgt. Das Fest verlief harmonisch und ausgelassen und die jüngeren Geschwister bettelten die Mutter an, heute ausnahmsweise doch mal länger aufbleiben zu dürfen. Jennie Sodder stimmte zu, machte aber zur Bedingung, dass sie vorher noch die Tiere versorgen sollten. Schließlich wollten die Hühner und Kühe auch an Weihnachten gefüttert werden. George schlief bereits tief und fest und auch Jennie begab sich nun mit der jüngsten Tochter ins Schlafzimmer.

Es war halb eins, als Jennie von einem zu dieser Zeit ungewöhnlichen Geräusch geweckt wurde. Das Haustelefon klingelte. Sie quälte sich aus dem Bett, ging in den Flur und nahm den Hörer ab. Am anderen Ende der Leitung war eine Frau, die komisch lachte. Im Hintergrund war eine feiernde Gesellschaft zu hören. Die Unbekannte fragte nach jemandem. Jennie antwortete, dass hier niemand mit diesem Namen wohne und sie ihn auch noch nie gehört habe. Die Stimme der Dame am Telefon kannte sie ebenso wenig. Doch diese entschuldigte sich, sie habe sich wohl verwählt.

Jennie war müde und verwirrt. Trotzdem fiel ihr auf, dass weder die Lichter gelöscht noch die Vorhänge zugezogen waren. Merkwürdig! Normalerweise erledigten die Kinder diese Aufgabe gewissenhaft, wenn sie länger wach blieben als ihre Eltern.

Schlaftrunken schaute Jennie ins Wohnzimmer und entdeckte Marion, ihre älteste Tochter. Sie war auf der Couch eingeschlafen. An Weihnachten konnte man seinen Kindern schon mal diese Unachtsamkeit vergeben, dachte Jennie wohl, schaltete die Lampen aus, zog die Vorhänge zu und ging wieder ins Bett. Kurz überlegte sie noch, warum nur Marion unten schlief. Aber die anderen Kinder waren sicher auf den Dachboden gegangen, wo sich das eigentliche Kinderschlafzimmer befand.

Jennie schlief schnell wieder ein. Doch nicht einmal eine halbe Stunde später wurde sie erneut geweckt. Es hatte einen Schlag getan, irgendetwas musste auf das Hausdach gefallen sein und rollte nun langsam die Schräge herunter. Jennie lauschte angespannt, konnte aber nichts Weiteres vernehmen. Vielleicht hatte sie sich auch getäuscht oder geträumt. Sie war zu müde, um weiter darüber nachzudenken und nach dem anstrengenden Weihnachtsfest hatte sie sich ihren Schlaf redlich verdient. Doch schon 30 Minuten später wachte sie erneut auf, weil ihr ein merkwürdiger Geruch in die Nase stieg: Es roch nach Rauch. Diesmal wusste sie, dass es keine Einbildung war. Sie sprang aus dem Bett.

Georges Arbeitszimmer stand lichterloh in Flammen. Geistesgegenwärtig rannte Jennie zu ihrem Mann und weckte ihn. Sie mussten, so schnell es ging, aus dieser Flammenhölle entkommen. George weckte seine ältesten Söhne John und George junior. Marion lag unten auf der Couch und die kleine Sylvia hatte bei ihrer Mutter geschlafen. Diese vier Kinder waren also in Sicherheit. Doch der Rest schlief oben unter dem Dach und die Treppe dort hinauf stand bereits in Flammen. Immer wieder schrie die Familie die Namen der Kinder in Richtung Dachboden. Keine Reaktion! Eine Rettungsaktion über die Treppe war zu diesem Zeitpunkt unmöglich. Die Sodders brauchten Hilfe, und das schnell. Sie wählten die Nummer der Feuerwehr. Doch das Telefon, das eben noch funktioniert hatte, als die unbekannte Frau anrief, war tot. Marion Sodder rannte zu einem Nachbarn und versuchte von dort aus zu telefonieren. Auch ein zufällig vorbeifahrender Autofahrer hatte die Flammen gesehen und versuchte die Einsatzkräfte zu informieren. Das Problem war: Man schaffte es nicht, den Leiter der örtlichen Feuerwehr ans Telefon zu bekommen. In der heutigen Zeit unvorstellbar! Der Autofahrer raste Richtung Stadtmitte, um F. J. Morris, Chef der Feuerwehr, persönlich aufzusuchen.

Währenddessen suchte George händeringend nach einer Lösung, um seine fünf in den Flammen eingeschlossenen Kinder auf dem Dachboden zu befreien. Verzweifelt versuchte er, barfuß die Wand hochzuklettern. Doch er scheiterte und zog sich obendrein noch eine Schnittverletzung am Arm zu. Der zweite Plan war, von außen mit einer Leiter durch das Dachfenster einzusteigen. Aber aus einem nicht bekannten Grund war die Leiter nicht dort, wo sie sonst lag. Keiner der Sodders hatte sie verlegt, sie schien verschwunden.

In der Not startete George Sodder eine letzte extrem gefährliche Aktion: Er wollte zwei Lastwagen seiner Spedition, die vor dem Haus geparkt waren, auf das Grundstück fahren und dort von der Fahrerkabine aufs Hausdach klettern. Eine abenteuerliche Rettungsmission, die schon daran scheiterte, dass beide Lkw nicht ansprangen. Was insofern ungewöhnlich war, weil beide am Vortag noch einwandfrei funktioniert hatten.

Es war wie verhext, als ob jemand absichtlich jede Möglichkeit, die Kinder zu retten, manipuliert hätte. Kein Telefon, keine Leiter, keine Fahrzeuge.

Ohnmächtig mussten die verbliebenen sechs Familienmitglieder zusehen, wie die Flammen ihr Haus immer weiter zerfraßen. Es muss unfassbar schlimm gewesen sein zu wissen, dass sich fünf Kinder in der Feuerhölle befanden, man aber nichts mehr für sie tun konnte. 45 Minuten dauerte der Albtraum, dann fiel das Haus in sich zusammen. Alles, was blieb, war Asche.

DIE FEUERWEHR

Wo war eigentlich die Feuerwehr? Sie kam erst um 8 Uhr am nächsten Morgen. Dabei lag die Wache gerade mal vier Kilometer vom Haus der Sodders entfernt. Wieso hatte die Mannschaft so unfassbar lange gebraucht? Selbst zu Fuß wäre sie in einer Stunde vor Ort gewesen. Zwar war die Feuerwehr aufgrund des Krieges damals unterbesetzt. Auch hatte es länger gedauert, einen Feuerwehrmann zu organisieren, der das große Löschfahrzeug fahren konnte. Dennoch ist mir unverständlich, warum so viele Stunden vergingen, bis das Team endlich vor Ort war.

Den Männern um Chief Morris blieb nun nichts anderes übrig, als die Asche zu durchkämen. Zu löschen gab es ja nichts mehr. Nach zwei Stunden teilte der Brandinspektor George und Jennie mit, dass sie keinerlei Knochen der Kinder gefunden hätten – was seltsam war, denn normalerweise bleiben nach einem Brand immer Knochen zurück. Und nun sollten von fünf Personen keine Überreste zu finden sein?

Die Feuerwehr wollte das Grundstück in den nächsten Tagen noch einmal untersuchen, also baten die Männer George Sodder, nichts auf dem Gelände zu verändern. Die Eltern aber konnten nach vier Tagen den Anblick nicht mehr ertragen und wandelten das Grundstück in einen Gedenkgarten für ihre verstorbenen Kinder um. Der Grund für das Feuer ließ sich zunächst nicht feststellen. Die Leitungen waren erst neu verlegt worden. Ein Geschworenengericht entschied, dass es einen Unfall aufgrund einer fehlerhaften Verkabelung gegeben hatte. Kurios dabei war, dass einer der Geschworenen ausgerechnet jener Versicherungsmakler war, der George Sodder im vorangegangenen Sommer mit einem Feuer und der Vernichtung seiner Kinder gedroht hatte. Fayetteville scheint in dieser Zeit ein seltsamer Ort gewesen zu sein, an dem die Feuerwehr erst Stunden nach einem Brand anrückte und ein Geschworener der größte Erzfeind des Opfers war.

Obwohl die Leichen oder ihre Überreste nie gefunden wurden, stellte man die Sterbeurkunden für die fünf Sodder-Kinder aus und beerdigte sie förmlich. Damit, so dachte man in Fayetteville, sei dieses tragische Unglück vorüber und man könne sich wieder auf die Zukunft fokussieren. Doch so einfach war es nicht.

EIN AKT DER SABOTAGE?

Es dauerte nicht lange, da wandelte sich die lähmende Trauer der verbliebenen Sodders in Wut und Skepsis um. Zu vieles an diesem Feuerunglück passte nicht zusammen. Und während die Polizei den Fall zu den Akten legte, bevor sie überhaupt zu ermitteln begann, rekonstruierten die Sodders die Geschehnisse jener unheilvollen Nacht. George Sodder entdeckte die fehlende Leiter abgelegt an einem 23 Meter entfernten Damm. Keines seiner Kinder hatte sie dort platziert. War sie also absichtlich entfernt worden, um eine Rettung zu sabotieren?

Man fand sogar die unbekannte Anruferin, doch Ermittler konnten später eine Tatbeteiligung ausschließen. Die Frau gab an, sich wirklich nur verwählt zu haben. Während eine Spur ins Nichts führte, gab eine zweite jedoch Hoffnung.

Ein Experte fand heraus, dass die Telefonleitung des Hauses nicht, wie von den Behörden angenommen, durchgebrannt war. Nein, sie war absichtlich zerschnitten worden, womöglich vom selben Saboteur, der auch die Leiter beiseitegeschafft hatte. Die Polizei hatte einen Dieb aufgegriffen, der während des Feuers versucht hatte, Gegenstände vom Grundstück zu entfernen. Der Mann gestand die Tat und auch, fälschlicherweise das Telefonkabel durchtrennt zu haben, leugnete aber jeden Zusammenhang zu dem Feuer. Er hatte lediglich die Gelegenheit nutzen wollen, ungesehen einen Diebstahl zu begehen. Wieso er dazu die Telefonleitung durchtrennte, was im Verhältnis dazu mit enormem Aufwand verbunden war, bleibt ein Rätsel. Er beteuerte, dass er gedacht hätte, es handelte sich um die Stromleitung.

Der Hauptgrund für den Zweifel am Feuertod ihrer Kinder aber war, dass es keine Überreste gab. Im Film scheint es möglich, dass ein Körper vollständig verbrennt. In der Realität ist dies aber tatsächlich sehr selten der Fall. Auch in Vergleichsfällen jener Zeit hatte man stets Knochen der Toten entdeckt. Anderenfalls müsste eine Leiche über Stunden bei Temperaturen verbrennen, die deutlich höher liegen als die, die bei einem Hausbrand entstehen. Noch dazu hatte es bei den Sodders gerade einmal 45 Minuten gebrannt. Es hatten sogar einige Haushaltsgeräte den Brand »überlebt«. Normalerweise also hätten Fragmente der Knochen zurückbleiben müssen.

Bleiben zum Schluss noch die Lkw. Warum sprangen sie nicht an? Hatte man sie ebenfalls manipuliert? George Sodder jedenfalls war fest davon überzeugt. Ich denke, auch dahinter könnte der Dieb stecken. Womöglich haben sogar Georges Hektik und Panik dazu geführt, dass die Motoren versagt haben.

GIBT ES DOCH NOCH HOFFNUNG?

Mit der Zeit sprossen nicht nur die auf dem Erinnerungsgelände gepflanzten Blumen, sondern es wuchs auch die Hoffnung der Sodders, dass ihre Kinder vielleicht doch noch am Leben waren. Aber wo waren sie? Und was war in dieser Nacht wirklich passiert? Die Beobachtung eines Busfahrers ließ Zweifel an einer natürlichen Brandursache aufkommen. Angeblich hatte er Männer gesehen, die Feuerbälle auf das Haus geworfen hatten. Wir erinnern uns an das seltsame Geräusch, das Jennie Sodder aufweckte. Doch warum dieser Busfahrer, der in später Nacht durch Fayetteville fuhr, nicht direkt zur Polizei ging und meldete, was er gesehen hatte, bleibt ungeklärt. Tatsache ist nur, dass auch die Sodders davon ausgingen, irgendjemand hätte entflammbare Utensilien wie Handgranaten auf das Dach geworfen. Sogar Napalm könnte verwendet worden sein.

Die große Frage aber war: Wenn die Kinder nicht in den Flammen ums Leben gekommen waren, was war dann mit ihnen geschehen? Als die verzweifelten Eltern nach ihnen riefen, erhielten sie keine Antwort. Waren die Kinder zu diesem Zeitpunkt schon tot? Oder waren sie gar nicht unter dem Dach?

Es gab eine Reihe von Zeugen, die die Kinder gesehen haben wollten. Natürlich hatten Zeitungen Fotos von ihnen gedruckt, ihre Gesichter waren in West Virginia mittlerweile bekannt. Die Geschichte des brennenden Sodder-Hauses hatte weit über die Grenzen des Bundesstaats für Schlagzeilen gesorgt und viele Menschen zeigten sich erschüttert von dem Drama. Einer Frau, die das Feuer an Heiligabend ebenfalls beobachtet hatte, war ein merkwürdiges Fahrzeug aufgefallen, das an dem brennenden Haus vorbeigefahren sei. Im Rückraum meinte sie die Sodder-Kinder erkannt zu haben, die gebannt aus dem Fenster in Richtung der Flammen starrten. Die Bedienung an einer Autobahnraststätte gab an, den Kindern am nächsten Morgen sogar ein Frühstück serviert zu haben. Sie seien in ein Auto mit Kennzeichen aus Florida gestiegen. Wie auch die anderen Fälle in diesem Buch zeigen, existieren jedoch in jedem Vermisstenfall unzählige, leider meist falsche Beobachtungen.

DAS FALSCHE HERZ

Die Sodders wollten natürlich unbedingt herausfinden, was an den Gerüchten dran war, und engagierten deshalb einen Privatdetektiv namens C. C. Tinsley – dieser Ermittler war es übrigens auch, der den Skandal mit dem Versicherungsmann in der Geschworenenjury aufdeckte. Tinsely hörte sich in den Kneipen und Bars der Kleinstadt um und schnappte schnell das Gerücht auf, Feuerwehrchief Morris habe angeblich ein Herz, das er gefunden hatte, auf dem Grundstück vergraben. Sein angebliches Motiv: Er wollte den Eltern die Trauer ersparen.

George Sodder stellte Morris zur Rede. Tatsächlich gestand der die Tat und führte ihn zu dem Versteck. In einer Metallschachtel lag etwas, das wie ein Herz aussah. Sofort schickte man den Fund an einen Experten. Doch dann die verrückte Wende: Ein Bestattungsunternehmer teilte der Familie mit, es handele sich bei dem Objekt um eine Rinderleber, nicht um ein Kinderherz. Warum vergrub der Chef der Feuerwache eine Rinderleber am Tatort?

Angeblich, allerdings ist dies nicht gesichert, soll er zu seiner Verteidigung behauptet haben, er hätte die Leber vergraben, damit die Familie sie irgendwann zufällig fände und endlich Frieden finden könne.

George Sodder kämpfte weiter und bat, weil er von einer Entführung ausging, sogar das FBI um Hilfe. Das Federal Bureau of Investigation antwortete freundlich, konnte aber nicht eingreifen, da die örtlichen Behörden mit dem Fall beauftragt waren und die Hilfe des FBI laut eigenen Angaben zunächst ablehnten. Sodder nahm daraufhin die Suche selbst in die Hand: Sobald irgendjemand meinte, eines seiner Kinder gesehen zu haben, machte er sich auf den Weg. Einmal fuhr er sogar bis nach New York, weil er in einem Magazin das Foto einer jungen Balletttänzerin entdeckt hatte, die seiner verschollenen Tochter Betty wie aus dem Gesicht geschnitten war. Doch wie so oft entpuppte sich das vermeintliche Sodder-Kind als jemand anderes.

DIE WERBETAFELN

Das Wort »aufgeben« schien in dem Wortschatz der Sodder Familie nicht zu existieren. Und so gelang es George, einen renommierten Washingtoner Pathologen davon zu überzeugen, sich noch einmal die Asche des Grundstücks anzusehen. Es hatte Gerüchte gegeben, dass die Feuerwehr einfach nicht akribisch genug nach den Knochen gesucht hätte, was angesichts der langen Anreise durchaus vorstellbar wäre. Die neue Untersuchung verlief deutlich gründlicher, man fand einige Münzen und ein altes Wörterbuch der Kinder. Was man allerdings auch diesmal nicht fand, waren ihre Knochen. Zwar entdeckte der Experte Oscar Hunter ein paar kleine Knochenfragmente. Spezialisten im Labor konnten jedoch ausschließen, dass sie von den Kindern stammten. Zudem wiesen sie keine Spuren von Feuerwirkung auf. Der mit dem Fall beauftragte Marshall T. Newman betonte zusätzlich, dass es höchst ungewöhnlich sei, dass bei einer so kurzen Branddauer keinerlei Überreste verblieben. Vielmehr hätte man in so einem Fall sogar die ganzen Skelette finden müssen.

In ihrem Glauben bestätigt, dass die fünf Kinder noch am Leben seien, investierte die Familie immer mehr Zeit und Geld in die Suche. Flyer mit Fotos der Vermissten wurden gedruckt und verteilt. 1952 stellten die Sodders zwei Werbetafeln mit den Fotos der Verschollenen und Informationen zu ihnen auf – eine auf dem Grundstück des niedergebrannten Hauses, die andere an der heutigen State Route 16. Jeder, der an den großen Schildern vorbeifuhr, musste darauf schauen. Noch heute berichten alteingesessene Anwohner, wie die traurigen Gesichter der Sodder-Kinder sie im Verkehr angestarrt und bewegt hätten. Tatsächlich blieb der Aufwand nicht umsonst, und weil Sodder für Hinweise zusätzlich eine Belohnung von 10 000 Dollar ausgesetzt hatte, traf eine neue seriöse Meldung ein.

Ida Crutchfield behauptete, die Kinder eine Woche nach dem Feuer in ihrem Hotel in Charleston bewirtet zu haben. Charleston liegt eine gute Autostunde vom Tatort entfernt und ist die Hauptstadt von West Virginia. Die Gruppe, bestehend aus fünf Kindern, zwei Männern und zwei Frauen, sei erst kurz nach Mitternacht eingetroffen.

Alle seien italienischer Abstammung gewesen, und als Crutchfield mit den Kindern sprechen wollte, habe sie einer der Männer feindselig angeschaut, sich weggedreht und begonnen, hektisch auf Italienisch zu sprechen. Sofort habe daraufhin die ganze Gruppe aufgehört, mit ihr zu reden. In aller Herrgottsfrühe reiste die Truppe wortlos ab.

Die Ermittler hielten die Frau für unglaubwürdig, sie hätte erst Jahre später Fotos der Verschollenen gesehen. Nur die Sodder-Familie nahm ihre Aussage sehr ernst – genauso wie viele andere Tipps. Immer noch folgte George jeder heißen Spur, doch immer endeten sie in einer Sackgasse. Doch auf seinem Rückweg nach Fayetteville fuhr er jedes Mal an der Tafel mit den Gesichtern seiner Kinder vorbei, die ihn immer wieder zu ermahnen schienen, die Suche niemals aufzugeben.

EIN BRIEF UND »BRUDER« FRANKIE

Jahre waren vergangen, als sich George Sodder 1967 gemeinsam mit seinem Schwiegersohn nach einem telefonischen Tipp nach Houston/Texas aufmachte. Ein Betrunkener hatte einer Frau gestanden, in Wahrheit Louis Sodder zu sein, eines der vermissten Sodder-Kinder, und zusammen mit seinem Bruder Maurice hier in Texas zu leben. Mithilfe der örtlichen Polizei wurden die beiden vermeintlich Verschollenen ausfindig gemacht, doch bei der Gegenüberstellung stritten die Männer jede Verwandtschaft zu George Sodder ab. Der zur Unterstützung mitgereiste Schwiegersohn Grover Paxton sagte später allerdings, dass George noch auf seinem Sterbebett Zweifel gehegt habe, ob die zwei nicht doch seine Söhne waren.

Im selben Jahr kam die größte Hoffnung per Brief. Es war ein anonymer Umschlag, in Central City/Kentucky abgestempelt, allerdings ohne Absender. Darin befand sich ein Schwarz-Weiß-Foto, das einen jungen Mann mit dunklem Haar zeigte, vielleicht 30 Jahre alt, der verträumt in die Kamera blickte. Auf den ersten Blick könnte er tatsächlich die ältere Version des vermissten Louis Sodder sein. Auf der Rückseite stand ein kurzer, kryptischer Text:

Louis Sodder
I love brother Frankie
Ilil boys
A90132

Einen Frankie Sodder hatte es nie gegeben. War dies ein geheimer Code? Oder nur ein makabrer Scherz auf Kosten einer hoffenden Familie? Die Gesichtszüge allerdings stimmten mit denen des kleinen Louis überein und das Alter hätte auch gepasst. Die Sodders beauftragten einen Privatdetektiv, er meldete sich allerdings nie. Womöglich war es ein Betrüger oder, wie Verschwörungstheoretiker rätselten, einer zu heißen Sache auf der Spur. Ersteres ist zugegebenermaßen das Wahrscheinlichere.

Die Hoffnung der Familie war dennoch ungebrochen, auch wenn George Sodder ein Jahr später der Charleston Gazette-Mail sagte: »Die Zeit läuft uns davon. Wenn sie im Feuer gestorben sind, dann wollen wir Beweise. Wenn nicht, dann wollen wir erfahren, was wirklich in dieser Nacht geschah.«

1969 starb der unfassbar engagierte Vater. Die verbliebenen Sodders wollten die Suche weiterführen, einzig John Sodder, der nie über das Feuer sprach, war der Meinung, man sollte das Schicksal endlich akzeptieren. Doch erst als auch die Mutter Jennie Sodder 1989 das Zeitliche segnete, wurden die mittlerweile verwitterten Plakatwände mit den so einprägsamen Gesichtern Haus entfernt. Eine ganze Generation in Fayetteville war unter den mahnenden Blicken der Vermissten aufgewachsen. Und auch der Abriss sollte die Suche nicht beenden. Die verbliebenen Kinder setzen sie unbeirrt fort, denn ihre Geschwister könnten immer noch am Leben sein.

MEIN FAZIT

Was genau war nach diesem Weihnachtsfest im Jahre 1945 wirklich im Haus der Familie Sodder passiert? War es ein Unfall, war doch eine Leitung durchgebrannt? Oft sind die natürlichsten und unspektakulärsten Erklärungen die wahrscheinlichsten. Es heißt: Wenn man Hufe trampeln hört, soll man an ein Pferd denken, nicht an ein Zebra.

Auf den ersten Blick wäre ein Unfall ohne Fremdverschulden tatsächlich am wahrscheinlichsten. Doch wenn man alle Umstände berücksichtigt, gibt es einfach zu viele Ungereimtheiten. Die mysteriösen Vorkommnisse vor der Tat – der Versicherungsvertreter schien die Zukunft vorherzusehen, angeblich wurden die Kinder beobachtet, jemand rief spät an, das Geräusch auf dem Dach: Natürlich lässt sich im Nachhinein einiges zusammenreimen und Erinnerungen in neuem Kontext interpretieren, der möglicherweise zu sehr an die Hoffnung angepasst war, dass die Kinder überlebt haben.

Eltern fällt nichts schwerer, als den Tod der eigenen Kinder zu akzeptieren. Es ist verständlich, dass man sich an jedem noch so dünnen Strohhalm festhält, um eine andere Erklärung für das Unfassbare zu finden. Allerdings ist diese Geschichte zum Teil derart bizarr, ja fast schon makaber: Der Versicherungsvertreter droht mit Feuer und Vernichtung. Dieses tritt tatsächlich ein und dann sitzt der Mann auch noch in der Jury, die sich für einen Unfall ausspricht. Der Feuerwehrchef vergräbt eine Tierleber und gibt sie als Herz eines der Kinder aus, um die Familie zu schützen? In Fayetteville schreibt diese Geschichte 1945 Handlungsstränge, die selbst experimentelle Regisseure ablehnen würden: zu unrealistisch. Gab es in der kleinen Stadt vielleicht sogar eine groß angelegte Verschwörung gegen die Sodders?

Schauen wir zunächst mal auf die unwiderlegbaren, dokumentierten Fakten: Es wurde nachweislich, wenn auch von einem angeblichen Zufallsdieb, Sabotage verübt. Sodder hatte aufgrund seiner politischen Meinung Feinde in der Stadt. Die Knochen oder Überreste der Kinder wurden nie gefunden, was laut Experten bei einem Brand wie diesem eigentlich unmöglich ist.

Nehmen wir mal an, das Spektakel wurde aufwendig inszeniert: Ein Brand vertuscht die Entführung der fünf Sodder-Kinder. Man beobachtet wochenlang die Abläufe, kundschaftet das Haus aus. In der Weihnachtsnacht, als alle schlafen, schlägt man zu. Vielleicht sogar, weil man wusste, dass gerade an Weihnachten die Feuerwehr unterbesetzt ist und noch länger braucht als sonst. Man kappt das Telefon, entfernt die Leiter, bearbeitet die Lkw. Warum? Um die Sodders von der Außenwelt zu isolieren und in ihrer eigenen Handlungsfähigkeit einzuschränken? Damit die Täter entkommen können, bevor die Ermittler eintreffen? Doch wofür das alles? Wer begeht ein derartig aufwendiges Verbrechen? Bevor der Feuerteufel loslegt, bricht er erst einmal ein und stiehlt die Kinder vom Dachboden? Läuft einmal durchs ganze Haus, ohne dass ihn jemand bemerkt? Und die entführten Kinder wehren sich nicht oder schreien? Das erscheint höchst unrealistisch. Alternativ hat man die Kinder vielleicht irgendwie ins Freie gelockt – mit einem Trick, einer Finte. Oder die Kinder waren gar nie oben auf dem Dachboden, weil sie länger aufblieben und vielleicht noch mal vor die Tür gegangen sind, wo die Entführer auf sie warteten? Doch noch einmal: Wer begeht eine derart aufwendige Entführung und attackiert dabei angeblich das Haus auch noch mit Napalm oder Ähnlichem?

Ich kann die Familie verstehen und hätte, vor allem aufgrund der nicht gefundenen Überreste, auch Zweifel an der Theorie der Feuerwehr. Aber was ist die Alternative? Die Verbrecher müssen, wenn überhaupt, Mitglieder des organisierten Verbrechens sein. Bis heute vermuten viele in Fayetteville, dass die Mafia hinter allem steckt. Wurde George Sodder seine lautstarke Kritik am italienischen Regime zum Verhängnis? Doch selbst wenn: Hätte man wirklich seine Kinder entführt, um ihn zu bestrafen, und das dann auch noch so aufwendig vertuscht? Agieren solche Organisationen nicht genau so, dass man weiß, wer einen getroffen hat? Man hätte doch ein Zeichen setzen wollen, wäre es darum gegangen, Sodder mundtot zu machen. Wenn man den Vergeltungsschlag als Unfall tarnt, setzt man kein Zeichen. Zumal sich gleich die nächste Frage aufdrängt: Was sollte mit den Kindern geschehen? Wo wären sie aufgewachsen? Hatte man sie manipuliert? Fanden sie ihre wahre Identität vielleicht nie heraus, weil sie in einem fremden Umfeld aufwuchsen? Die Sichtung im Hotel scheint mir noch die glaubwürdigste zu sein. Die Frau kann aber auch eine andere italienische Familie mit fünf Kindern gesehen haben. Das merkwürdige Verhalten der Männer muss nicht zwangsläufig heißen, dass sie Kindesentführer waren.

Ich persönlich glaube ja, dass die meisten Kriminalfälle eine simple Lösung haben. Aber dieser ganze Fall schreit nach Sabotage und Verschwörung. Man kann sich zumindest kaum vorstellen, dass es ein ganz normaler Unfall war. Das Verhalten der Behörden muss man als dilettantisch beurteilen, mich macht es jedenfalls sprachlos. Was das Überleben der Kinder angeht, bin ich skeptisch. Ich hoffe aber dennoch, dass die Wahrheit in diesem Fall doch eher ein Zebra ist und kein Pferd.

BRANDSTIFTUNG UND PYROMANIE

Wie viele Brandstiftungen gibt es in Deutschland?

In den letzten zehn Jahren wurden zwischen 18000 und 25000 Fälle pro Jahr registriert, allerdings war nur etwa die Hälfte davon vorsätzlich. Die Aufklärungsrate der vorsätzlichen Brandstiftungen ist mit 35 Prozent (2015) nicht gerade besonders hoch. Fast zwei Drittel der Fälle bleiben ungeklärt.

Was steckt dahinter?

Brandstiftung kann mehrere Gründe haben:

- Streiche/Unwissen von Kindern/Jugendlichen (tatsächlich wohl eine der häufigsten Ursachen)
- Verdecken einer anderen Straftat (zum Beispiel Einbruch, Mord)
- Versicherungsbetrug
- Pyromanie (krankhaftes Verlangen, Feuer zu legen)

Was ist Pyromanie?

Pyromanen sind pathologische Brandstifter. Sie haben eine Obsession für Feuer und setzen, in der schlimmsten Form, immer wieder Gebäude in Brand. Ihnen geht es nicht um Geld oder Rache, sondern um das Feuer an sich. Während der Tat fühlen sie sich befriedigt und zeigen in der Regel keine Reue.

Pyromanie ist eine sehr seltene Krankheit. Es gibt keine exakten Daten, man geht aber davon aus, dass weniger als ein Prozent der Gesamtbevölkerung betroffen ist.

Sind Feuerwehrmänner tatsächlich besonders oft Pyromanen?

Auch dazu gibt es keine wissenschaftlichen Studien. Dennoch hält sich hartnäckig das Gerücht, dass überdurchschnittlich viele Feuerwehrmänner selbst Pyromanen sind. Dies scheint zunächst paradox und es lässt sich auch nicht belegen. Zumindest aber gibt es einige bekannte

Einzelfälle, in denen ein Feuerwehrmann selbst ein Feuer legte, um es anschließend zu löschen – und die immer viel Aufmerksamkeit in den Medien fanden.

Wer eine Obsession für Feuer hat, findet in diesem Beruf natürlich einen Zugang zu seiner brennenden Passion. Der Tatsache, selbst ein Feuer zu legen, um es anschließend zu löschen, kann allerdings auch das Bedürfnis nach Anerkennung zugrunde liegen. Um als »Held« wahrgenommen zu werden, der Haus und Familie rettet, inszeniert man eine vermeintlich prekäre Situation.

Wie hoch ist die Strafe?

Brandstiftung ist unter anderem aufgrund der hohen gesundheitlichen Gefahr, die von ihr ausgeht, kein Kavaliersdelikt. Dementsprechend hart wird sie bestraft.

In Deutschland sieht das Strafgesetzbuch in § 306 für Brandstiftung an den meisten Objekten eine Freiheitsstrafe von mindestens einem Jahr bis maximal zehn Jahren vor. Bei schwerer Brandstiftung oder Brandstiftung mit Todesfolge kann sich das Strafmaß noch erhöhen.

TIGERELTERN

Sie scheint die perfekte Tochter zu sein. Beste Schulnoten, Universitätsstipendien und die Aussicht auf eine Teilnahme an den Olympischen Spielen als Eiskunstläuferin. Doch die Wahrheit sieht ganz anders aus. Als ihr Schauspiel auffliegt, greift sie zu einer drastischen Maßnahme: Sie wählt die Nummer eines Auftragskillers...

Eltern wollen stolz auf ihre Kinder sein, das ist ein natürliches Bedürfnis. Viele projizieren vielleicht auch ihre eigenen unerfüllten Jugendwünsche auf den Nachwuchs. Der Industriearbeiter, der früher einmal Fußballspieler werden wollte, fährt seinen Sohn persönlich zu jedem Auswärtsspiel, damit dieser das erreichen kann, was ihm verwehrt geblieben ist. Klar will jeder, dass das eigene Kind es zu etwas bringt, in der Gesellschaft eine tragende Rolle spielt. Aber oft klafft zwischen Anspruch und Realität eine große Lücke.

Gerade wenn Eltern aus ärmeren Ländern in Industriestaaten einwandern, haben sie oft das enorme Bedürfnis, ihre Kinder mögen es einmal besser haben als sie. Sie sehen es als selbstverständlich an, dass der Nachwuchs die neuen Chancen nutzt, um etwas aus seinem Leben zu machen. Gute Schulnoten, tolle sportliche Leistungen oder musikalische Auszeichnungen sind für sie erstrebenswerte Symbole des Erfolgs. In anderen Ländern wiederum, wie Japan oder China, die für sehr strenge, autoritäre Erziehungsstile stehen, ist das freie, spaßige Privatleben regelrecht als Laster verschrien und wird dem gesellschaftlichen Leistungsdruck maximal untergeordnet.

In den USA existiert der Begriff »Tiger Parenting«. Die sogenannten Tigereltern pushen ihre Kinder zu erfolgreichen individuellen Leistungen – durchaus auch mal gegen deren Willen. Im Haushalt werden strikte Regeln aufgestellt, unnütze Zeit mit Freunden wird auf ein Minimum beschränkt. Das Erlernen eines klassischen Musikinstruments oder eine Führungsrolle in einem Sportteam fallen ebenso in den streng getakteten Zeitplan wie Hausaufgaben und die akribische Vorbereitung auf Klausuren. Es geht um den Vergleich mit anderen: Das eigene Kind muss überall Bestwerte vorweisen, um sich im harten Wettbewerb unter den Gleichaltrigen durchzusetzen. Das Ziel: Kapitän im Fußballteam, Nummer 1 bei Klassenarbeiten, Förderung für begabte Musiker. Was aber passiert, wenn das eigene Kind versagt?

Der hohe psychische Druck kann eine ganze Kindheit zerstören. »Tiger Parenting« ist daher im Westen äußerst umstritten.

Vor allem in Fernost jedoch sehen viele Eltern diese Erziehung als alternativlos an, denn in großen Teilen Asiens herrscht ein völlig anderes gesellschaftliches Leistungsdenken. Aber nicht jedes Kind ist der nächste Albert Einstein oder Cristiano Ronaldo, auch wenn sich manche Eltern das partout nicht eingestehen wollen und ihrem Nachwuchs deswegen das Leben zur Hölle machen. Bisweilen driften der Anspruch der Tigereltern und die Wirklichkeit so weit auseinander, dass sich menschliche Abgründe auftun, die unüberbrückbar scheinen. Und manchmal hält das Tigerkind dem nicht mehr stand und schlägt zurück – wenn es sein muss auch gegen die eigenen Eltern.

DER NOTRUF

Die Frau in der Notrufzentrale ging mit ruhiger Stimme ans Telefon: »Wie ist Ihr Name?« Eine junge aufgeregte Stimme antwortete: »Jennifer.« »Ist bei dir eingebrochen worden, Jennifer?«, fragte die Beamtin. »Ja, ich habe Schüsse gehört.« Es war die tragische Nacht des 8. November 2010, als dieser Anruf von den kanadischen Behörden aufgezeichnet wurde. In einer ruhigen Wohngegend außerhalb Torontos hatten drei bewaffnete Räuber das Haus der Pan-Familie überfallen. Die 24-jährige Tochter musste aus dem oberen Stockwerk hilflos mit anhören, wie man ihre Eltern mit vorgehaltener Waffe aus dem Bett in den Keller verschleppte und dort auf sie schoss. Anschließend flohen die feigen Täter mit dem erbeuteten Geld und wurden nicht mehr gesehen.

Als die Polizei an den Tatort kam, reichte im Grunde ein Blick, um die Sachlage zu klären: Es war ein schrecklicher, aber eindeutiger Raubmord. Doch dann fiel den Beamten plötzlich ein unstimmiges Detail ins Auge. Die Fesseln, mit denen die Arme der Tochter hinter ihrem Rücken zusammengebunden waren, ließen dem Mädchen wenig Bewegungsfreiheit. Wie hatte sie so ihr Handy bedienen und den Notruf wählen können? Die Ermittler vor Ort wurden skeptisch. Doch eine Überwachungskamera hatte die Einbrecher gefilmt. Jennifers Geschichte schien zu stimmen. Trotzdem sagte ihr Instinkt den Polizisten, dass dieser Fall nicht so einfach war, wie er auf den ersten Blick aussah. Und sie sollten recht behalten.

DER TRAUM VON DER GOLDENEN ZUKUNFT

Würde man den Prototyp des Tigervaters suchen, er würde vermutlich den Namen Hann Pan tragen. Zusammen mit seiner Frau Bich Pan war der Vietnamese in den 1970er-Jahren nach Kanada gezogen. Die beiden politischen Flüchtlinge ließen sich in der Nähe von Toronto nieder und versuchten, sich dort eine neue Existenz aufzubauen. Sie schufteten Tag und Nacht in einem Autowerk, getrieben von dem bedingungslosen Willen, ihren Kindern eine goldene Zukunft zu ermöglichen. 2004 kauften die Pans ein großes Haus und zwei Autos – der kanadische Traum nahm erste Züge an. Es ging ihnen finanziell schon recht gut, doch für ihre beiden Kinder Jennifer und Felix war das nur die Basis, um in Ruhe ihre Bestimmung zu erfüllen. Sie sollten später nicht für einen Hungerlohn in einem Werk schuften, wie es einst ihre Eltern getan hatten. Nein, sie sollten einmal die Chefs dieser Firma werden – so der Plan der ehrgeizigen Eltern.

Jennifer wurde von ihrem Vater auf Perfektion getrimmt. Er akzeptierte nur den bestmöglichen Erfolg und kaum etwas darunter. Seine Frau Bich nahm es mit der Erziehung zwar ein wenig lockerer, doch auch für sie stand fest: Aus Jennifer sollte etwas Großes werden.

Zunächst schien das junge Mädchen die Rolle der Traumtochter auch voll und ganz zu erfüllen. Sie lernte schon im zarten Alter von vier Jahren Klavier, ihre Noten in den ersten Schuljahren waren überragend, in der Schulband spielte sie Flöte und als Eiskunstläuferin war sie derart begabt, dass man ihr ernsthaft Hoffnung auf eine olympische Zukunft machte. Zumindest für ihre Schulkameraden lagen die Schattenseiten des Lebens der

Jennifer Pan jedoch deutlich sichtbar auf der Hand: Während die anderen Teenager nach der Schule gemeinsam abhingen, wurde Jennifer immer von ihren Eltern abgeholt und zu irgendeinem Training oder einer Lernstunde gefahren. »Freizeit« war in ihrem Leben ein Fremdwort. Ihre Eltern verboten ihr, Jungen zu daten oder eine Schulparty zu besuchen. Vor allem ihr Vater verurteilte solche Dinge als unnütz. Das unbeschwerte, sorglose Teenager-Highschool-Leben sah Jennifer stets bei anderen, aber niemals bei sich selbst.

DAS FALSCHE SPIEL BEGINNT

Mit der Zeit kristallisierte sich aber heraus, dass Jennifer trotz ihres Ehrgeizes (und dem ihrer Eltern) den Erwartungen nicht gerecht wurde. Ihre Noten wurden schlechter, auf einmal zählte sie nur noch zum Durchschnitt und eine Knieverletzung verhinderte darüber hinaus weitere Ambitionen auf eine professionelle Karriere als Eiskunstläuferin.

Jennifer wusste, dass sie mit ihren wahren Noten nicht zu Hause auftauchen konnte, ohne einen Riesenstreit zu provozieren. Ihre Leistungen wären zwar für viele andere Eltern immer noch akzeptabel gewesen. Doch für ihren perfektionistischen Vater war eine Zwei bereits eine Schande, ja fast eine persönliche Beleidigung. Sie wäre die Enttäuschung der gesamten Familie und das würde Konsequenzen nach sich ziehen. Um den Erfolg wiederherzustellen, würde die kurze Leine, käme die Wahrheit ans Licht, wahrscheinlich noch kürzer werden. Wollte sie wirklich noch mehr lernen, bis in die tiefsten Nachtstunden? Wollte sie ihre Jugend weiter einschränken? Nein!

Jennifer entschied sich, ihren Eltern lieber etwas vorzugaukeln und wurde dabei durchaus erfinderisch. Schon in der Mittelstufe manipulierte sie ihr Zeugnis mit Papier und Schere, sodass sie stets die Bestnote hatte. Ihre Eltern waren stolz. Der Vater hegte große Hoffnung, dass sie in einem wissenschaftlichen Programm einer Universität aufgenommen würde.

Immer weiter steigerte sich Jennifer in ihr falsches Schauspiel und sah sich dabei zunehmend mit immer größeren Problemen konfrontiert. Sie hatte die Zusage der Ryerson-Universität bereits in der Tasche, da fiel sie im letzten Jahr im Mathetest durch. Die Universität zog daraufhin ihr Angebot zurück. Schlimmer noch, Jennifer hatte nicht einmal die Highschool bestanden. Ein Dilemma, das sie nicht so schnell ungeschehen machen konnte.

Ihre Eltern durften natürlich nichts von alldem erfahren. Also fälschte Jennifer ihr Abschlusszeugnis. Vor den Pans behauptete sie, sie würde an der Uni studieren. In Wahrheit aber fuhr sie jeden Tag in die Stadtbücherei, um dort im Internet über ihren angeblichen Studiengang zu recherchieren und sich wissenschaftliche Notizen zu machen, die sie abends ihrem stolzen Vater präsentierte. Um Hann Pan bei Laune zu halten, erfand sie durchgehend Stipendien, Ehrungen und vermeintlich gewonnene Wissenschaftswettbewerbe. In Wahrheit arbeitete sie, um sich etwas eigenes Geld zu verdienen. Sie unterrichtete Klavier und bediente in einem Pizzaladen – ein Job, den ihre anspruchsvollen Eltern ihr wohl nicht nur untersagt hätten, sondern der in ihrer Familie regelrecht verpönt gewesen wäre.

AUFKOMMENDE ZWEIFEL

Der strenge Vater wurde mit der Zeit allerdings misstrauisch und fragte sie skeptisch über ihren Studiengang aus. Die verunsicherte Jennifer hatte Glück, dass ihre Mutter ihr in der Not zu Hilfe kam. Hann sollte seine Tochter einfach sie selbst sein lassen und sie nicht durchlöchern wie bei einem Polizeiverhör. Zähneknirschend gab der Familienvater nach.

Jennifer Pan hatte in ihrem »versteckten« Leben einen bedeutenden Verbündeten: ihren Freund Daniel Wong. Daniel, ebenfalls der Sohn asiatischer Einwanderer, war für das Mädchen zunächst nur ein normaler älterer Schulfreund gewesen. Doch als die beiden gemeinsam auf einer Konzerttour in Europa waren, half ihr Daniel als Einziger bei einem Asthmaanfall ausgelöstes

Blackout und konnte sie beruhigen. Später sagte Jennifer, Daniel hätte ihr an jenem Tag das Leben gerettet. Es war der unkonventionelle Startschuss für ihre Liebe, die beiden wurden ein Paar. Doch während Jennifer bei den Wongs ein und aus ging, ahnten die Pans nicht das Geringste – und damit das so blieb, mussten die beiden ihre Beziehung im Verborgenen führen. Wenn Daniels Eltern beispielsweise endlich einmal die Pans kennenlernen wollten, erfand Jennifer stets neue Ausreden, um ein Treffen der beiden Familien hinauszuzögern.

Nur Daniel war eingeweiht. Er wusste genau um die Umstände in Jennifers Elternhaus und half ihr sogar bei der Umsetzung ihrer täuschenden Scharade. Hann Pan wollte, dass sie die Universität wechselte und am pharmakologischen Programm der University of Toronto teilnahm. Die Papiere für diesen Wechsel hatte Wong am Computer online von einem Bekannten fälschen lassen. Daniel hatte Erfahrung in kleinkriminellen Delikten und durchaus ein paar Kontakte in die Unterwelt Kanadas.

Als die Eröffnungszeremonie für das wissenschaftliche Programm anstand, freuten sich die stolzen Pans, schick gekleidet an der Prozedur teilzunehmen. Da sie ohne Schulabschluss aber nicht wirklich Teil des Programms war, geschweige denn irgendwer an der Universität von Toronto jemals schon ihren Namen gehört hatte, tat Jennifer das, was sie mittlerweile immer tat: Sie erfand weitere Lügen, um ihre Lügen zu decken. Diesmal behauptete sie, die Klasse wäre so überfüllt, dass es dieses Jahr nicht genug Plätze für die Eltern gäbe.

Es war allerdings nur eine Frage der Zeit, bis das Kartenhaus, das sie so mühsam errichtet hatte, zusammenbrechen würde.

DAS KARTENHAUS ZERFÄLLT

Jennifer wurde, was ihre Lügen anging, zunehmend leichtsinnig. Sie hatte ihren Eltern vorgegaukelt, sie würde als Freiwillige einer Organisation helfen, die in einem Labor das Blut von kranken Kinder analysierte. Ihr Hintergedanke dabei: Weil die Organisation rund um die Uhr im Krankenhaus arbeitete, müsste Jennifer auch mal die ein oder andere Nachtschicht übernehmen. Dadurch könnte sie, so ihre Hoffnung, länger bei ihrem Freund Daniel bleiben und vielleicht sogar einmal bei ihm übernachten. Das war bisher nicht möglich gewesen.

Ihre Eltern, von Natur aus skeptisch, bemerkten jedoch, dass Jennifer weder eine Chipkarte für ein Labor noch eine Uniform oder sonstige »Beweise« mit nach Hause brachte. Bich, die sie immer vor dem Krankenhaus mit dem Auto absetzte, entwickelte daher einen Plan: Heimlich verfolgte sie ihre Tochter in die Klinik. Jennifer hatte ihre Verfolgerin zwar bemerkt, aber da war es bereits zu spät. Ihre perfekte Fassade war aufgeflogen. Unter Tränen gestand sie ihren Eltern alles – vom fehlenden Highschoolabschluss über die gefälschten Zeugnisse und Unistipendien bis hin zu ihrer Beziehung mit Daniel.

Hann Pan wurde cholerisch. Er war so wütend, dass er seine Tochter nie wiedersehen wollte. Sie solle sein Haus für immer verlassen, brüllte er Jennifer an. Die Mutter, immer schon die Sanftere der beiden, weinte fürchterlich, versuchte aber ihren Mann zu überzeugen, ihren Sprössling nicht im Stich zu lassen. Bich setzte sich zwar durch, doch von nun an regierten im Haus Pan wieder die Eltern – rücksichtsloser als je zuvor. In den ersten Wochen durfte Jennifer ihr Handy und ihr Laptop nur im Beisein ihrer Eltern benutzen, die jede ihrer Nachrichten überprüften. Sie musste, bis auf die Klaviernachhilfestunden alle Jobs kündigen und sollte sofort ihren Schulabschluss nachholen. Anstatt ihren Erziehungsstil zu hinterfragen, setzten die Pans auf noch härtere Regeln und auf Maßnahmen, bei denen selbst George Orwell blass geworden wäre.

HAUSARREST

Es war eine schwere Zeit für Jennifer und Daniel, doch zunächst hielt die Liebe zwischen den beiden weiter. Sie schaffte es, ihn manchmal nachts heimlich anzurufen, auch wenn sie dabei flüstern musste. Die junge Kanadierin schrieb einmal auf Facebook: »In meinem Haus zu leben ist wie unter Hausarrest zu leben.«

Als die Eltern mit der Zeit die Zügel wieder etwas locker ließen, begann Jennifer diesen Umstand sofort durch neue Täuschungen auszunutzen. Jede freie Minute zwischen den Klavierstunden nutzte sie, um ihre große Liebe Daniel zu treffen. Dieses Mal jedoch flog sie schneller auf, denn Hann und Bich hatten ihre Lügenmuster längst durchschaut. Sie verboten ihr daraufhin jeden Kontakt zu ihrem Freund und überwachten ihre Tochter, welch Wunder, nur noch schärfer. Selbst die Kilometeranzeige ihres Autos wurde nun penibel notiert, damit keine heimlichen Fahrten stattfanden. Dabei war Jennifer mit ihren 24 Jahren längst aus dem Teenageralter heraus. Doch noch immer stand sie unter der Fuchtel ihrer Eltern. Und das mehr als je zuvor.

Daniel Wong zog schließlich die Notbremse. Er wollte diese Scharade nicht länger mitspielen und machte Schluss. Als Jennifer mitbekam, dass er ein anderes Mädchen namens Christine datete, inszenierte sie eine makabre Intrige. Angeblich wären als Polizisten verkleidete Männer in ihr Haus gestürmt und hätten sie im Flur vergewaltigt, erzählte sie Daniel unter Tränen. Die Drahtzieherin der Bande wäre seine neue Freundin Christine, die ihr auch Drohbriefe schreiben würde. Die Geschichte war zwar frei erfunden, aber Daniel schien ihr zu glauben. Denn es gab in Jennifers Welt ein Mittel, das immer zu funktionieren schien: Lügen.

EIN TEUFLISCHER PLAN

Jennifer wusste, dass sie Daniel auf lange Sicht hin endgültig verlieren würde, wenn sie das Problem mit ihren Eltern nicht in den Griff bekäme. Sie musste sich etwas einfallen lassen. Und tatsächlich reifte im Frühling 2010 ein teuflischer Plan in ihr, wie sie ihr Leben in Unterdrückung ein für alle Mal beenden könnte. Die Idee kam von ihrem alten Schulfreund Andrew, dem sie ihre Probleme offenbart hatte. Andrew verriet ihr daraufhin, dass er ebenfalls Schwierigkeiten mit seinen Eltern hätte – so groß, dass er einmal kurz davor gewesen war, seinen Vater zu töten. Jennifer überlegte: Könnte sie es nicht genauso machen und ihre Eltern einfach umbringen? Das würde das Problem auf eine zwar drastische, aber endgültige Weise beseitigen.

Die junge Frau war schlau genug zu wissen, dass sie den Mord niemals selbst begehen könnte. Die Polizei dürfte den Mord auch nie auf sie zurückführen, denn wenn sie ins Gefängnis käme, würde sie Daniel gar nicht mehr sehen. Jennifer sprach mit einem kriminellen Bekannten, den ihr Andrew vermittelt hatte, und versprach ihm 1500 Dollar für den Auftragsmord. Der Junge nahm ihr Geld, doch dann meldete er sich nie wieder. Er hatte sie reingelegt.

Daraufhin bat Jennifer Daniel, ihr zu helfen. Er hatte ja schon früher Kontakte zur kriminellen Szene gehabt. Und tatsächlich kannte ihr Freund einen Typen, der bereit war, für Geld zu morden. Sein Spitzname war »Homeboy«. Daniel organisierte Jennifer ein zweites Handy, mit einer neuen, nicht registrierten SIM-Karte, damit sie unbemerkt mit »Homeboy« kommunizieren konnte.

Jennifer schrieb viel mit dem Killer. Sie telefonierte sogar mit ihm und gemeinsam heckten sie den perfekten Plan aus. Der Auftragsmörder verlangte ursprünglich 20000 Dollar für sein Verbrechen. Doch weil Jennifer die Freundin seines Homies Daniel war, gab er sich auch mit der Hälfte zufrieden. Und Jennifer war bereit, jeden Cent davon zu bezahlen, der sie nur aus ihrer Gefangenschaft erlösen würde.

Kurz vor der Tatnacht gab es auf einmal Schwierigkeiten in der Beziehung mit Daniel. Er schrieb Jennifer, dass er doch stärkere Gefühle für Christine hätte. Jennifer wurde wütend, sie hatte doch bereits alles so perfekt geplant: Durch den Tod ihrer Eltern würde sie Besitz im Wert von 500000 Dollar erben, das hatte sie gemeinsam mit Daniel ausgerechnet. Das Geld sollte der Grundstock für ihre goldene Zukunft werden. Und jetzt machte er einfach einen Rückzieher? »Ich dachte, du machst das für dich, für dein Leben. Nicht für uns«, lautete seine Antwort. Dann vertrugen sie sich wieder, um kurz darauf schon wieder miteinander zu flirten wie in alten Zeiten.

MISSGLÜCKTER SHOWDOWN

Am 8. November 2010 war der Tag des »Showdowns« gekommen und das Elternhaus sollte der Tatort werden. Die Pans wohnten in Unionville, nordöstlich von Toronto. Hier gab es wenige Einbrüche und noch weniger Morde. »Homeboy« hatte die Gegend bereits an Halloween mit seinen Leuten ausgekundschaftet – kostümiert. Das in Nordamerika groß zelebrierte Fest war die perfekte Tarnung. Die verkleideten Menschen überall auf den Straßen waren eine gute »Tarnung«, er konnte sich in Ruhe unbeobachtet umschauen.

Jennifer Pan schaute ihre Lieblingsserien. Sie wartete auf den entscheidenden Moment. Erst kurz zuvor hatte sie noch einmal mit dem Killerteam – mittlerweile bestand es aus drei gewaltbereiten Männern – telefoniert und den Ablauf besprochen. Alles war exakt geplant: Um 22.02 Uhr knipste Jennifer Pan für eine Minute das Licht im Treppenhaus an. Das war das Signal für die Killer, dass Hann und Bich Pan zu Hause waren. Die Eingangstür hatte Jennifer bereits heimlich geöffnet. Und so stürmten die drei als Einbrecher getarnten Männer das Gebäude, die geladenen Pistolen im Anschlag.

Sie überraschten das Ehepaar in ihrem Schlafzimmer und trieben beide in den Keller. Dort verlangten sie die Herausgabe alles sich im Haus befindenden Bargelds. Währenddessen war einer der drei zu Jennifer ins Obergeschoss gekommen. Sie übergab ihm 2500 Dollar, die sich im Haushalt der Eltern befunden hatten, dann fesselte er ihre Hände provisorisch mit Schnürsenkeln an ein Treppengeländer. Die Tarnung musste aufrecht gehalten werden, es sollte aussehen wie ein Raubüberfall.

Doch sie machten Fehler. Im Keller machte sich Hann Pan derweil Gedanken, wie die Killer in sein Haus gekommen waren. Seine Frau Bich flehte die Eindringlinge an, ihrer Tochter nichts zu tun. Ihrer Tochter werde nichts passieren, versprach einer der Mörder – und sagte damit sogar die Wahrheit. Die Eltern allerdings würden sie nicht verschonen, deswegen wären sie ja gekommen. Damit sie nicht sehen konnten, was passieren würde, hatten die vermeintlichen Einbrecher den Pans Decken über den Kopf gezogen. Die besprochene Exekution sollte die so lang ersehnte Erlösung für Jennifer werden. Bich Pan richteten sie mit drei Kopfschüssen hin, sie war sofort tot. Hann Pan schossen sie in die Schulter und ins Gesicht, er fiel regungslos zu Boden. Dass er nicht tot war, bemerkten die Killer nicht. Sie flohen nach draußen und rasten in ihrem Wagen davon.

18 Minuten hatte der Terror im Haus gedauert. Eine Überwachungskamera eines Nachbarn zeigte später drei schattenhafte Figuren, die im Dunkeln der Nacht verschwanden.

JENNIFERS FEHLER

Jennifer schaffte es trotz Fesseln, das Handy in ihrer Hosentasche zu erreichen, und wählte die 911, den nordamerikanischen Notruf. Sie schilderte in den 34 aufgezeichneten Sekunden panisch, dass jemand ihr Haus gestürmt habe. »Helft mir, bitte. Ich brauche Hilfe«, weinte sie in die Leitung. »Ich weiß nicht, wo meine Eltern sind, bitte beeilen Sie sich doch.« Sie spielte ihre Rolle exzellent, so wie sie es bisher immer getan hatte. Und vermutlich hätte niemand ihre Performance als verzweifelte Tochter einer überfallenen Familie hinterfragt, wäre nicht etwas Unfassbares, etwas Ungeplantes passiert, das der jungen Frau einen gehörigen Strich durch die Rechnung machte. Im Hintergrund des Anrufes nämlich hörte man jemanden schreien. Es war die Stimme von Hann Pan, ihrem Vater. Wie konnte das sein? Musste er zum Zeitpunkt des Anrufs nicht längst tot gewesen sein? Doch Hann Pan war hart im Nehmen. Wie durch ein Wunder hatte er den Schuss in sein Gesicht überlebt. Andere wären daran gestorben, doch der Vietnamese schien den bedingungslosen Willen zu haben zu leben. Der Rettungsdienst kam und brachte ihn ins Krankenhaus. Aber Hann Pan lag im Koma und war nicht ansprechbar.

Die Polizei verhörte Jennifer, die einzige Zeugin des Überfalls, noch in derselben Nacht auf dem Revier. Die Ermittler waren skeptisch: Wie hatte die junge Kanadierin trotz gefesselter

Hände ihr Handy bedienen können, um den Notruf zu wählen? In einem zweiten Verhör sollte sie ihre Handbewegungen vorführen. Das Kunststück schien eigentlich unmöglich.

Neben den Fesseln gab es noch einige weitere Unstimmigkeiten, die der Polizei sofort aufgefallen waren. Wieso war so wenig gestohlen worden? Wer begeht für so wenig Bargeld einen Raubmord und nimmt dann nicht einmal die anderen Wertgegenstände aus dem Haus mit? Und wieso hatten die Gangster zwei Zeugen erschossen, Jennifer dagegen nicht angerührt? Die Ermittler zogen einen Schluss: Entweder hatten die Gangster gegen jede Logik amateurhaft und dumm gehandelt. Oder aber es ging gar nicht darum, die Pans auszurauben.

Die Beamten setzten ein Überwachungsteam auf Jennifer an, das die verdächtige Tochter auf Schritt und Tritt verfolgen sollte. Sie wollten jede ihrer Bewegungen mitbekommen.

DAS ERWACHEN

Die Obduktion wurde bald überflüssig, denn Hann Pan erwachte aus seinem dreitägigen Koma. Vielleicht wäre man Jennifer nie wirklich auf die Schliche gekommen, wenn die Killer ihn getötet hätten. Ihr Versagen und Hanns hartnäckiger Überlebenswille hatten den Plan jedoch durchkreuzt. Denn Jennifers Vater konnte sich an jedes Detail des Überfalles genauestens erinnern. Zum Beispiel hatte er gehört, dass einer der Eindringlinge wie ein Freund mit seiner Tochter gesprochen hatte.

Die ohnehin schon misstrauisch gewordene Polizei sah sich in ihren Verdächtigungen bestätigt und konfrontierte Jennifer mit den Aussagen ihres Vaters. Der leitende Verhörexperte log sie sogar an, was in Kanada im Gegensatz zu Deutschland gestattet ist. Angeblich könnte man auf Satellitenbilder zugreifen, die per Infrarotkameras die Bewegungen innerhalb des Hauses hatten tracken können. Auch hätten Lügendetektoren Jennifers erste Aussagen widerlegt. Der Spezialist heuchelte zudem Verständnis vor und versuchte so, die junge Frau dazu zu bringen, alles zu gestehen. Seine Worte zeigten Wirkung. Jennifer brach unter dem Druck der Ermittler tatsächlich zusammen und gestand, die Auftragsmörder selbst angeheuert zu haben. Doch eine letzte große Lüge hatte sie vorbereitet: In ihrer Not behauptete sie, sie hätte selbst sterben wollen. Und weil alle vorangegangenen Selbstmordversuche gescheitert wären, hätte sie schließlich professionelle Killer engagiert. Sie wollte dem diktatorischen Regime ihrer Eltern mit einem beauftragten Suizid entkommen. Leider sei dann aber alles schiefgelaufen und die Mörder hätten, quasi aus Versehen, die falschen Zielpersonen hingerichtet.

Die Polizei glaubte ihr kein Wort, die erfahrenen Ermittler konnte sie nicht wie alle anderen nach Strich und Faden belügen. Analysten stellten alle Nachrichtenverläufe zwischen Jennifer, ihrem Freund Daniel Wong und den Auftragskillern wieder her. Sie konnten das gesamte Szenario rekonstruieren und so war es kein Wunder, dass ein kanadisches Gericht Jennifer Pan, Daniel Wong und zwei der drei Auftragskiller zu lebenslangen Haftstrafen verurteilte. Erst 2035 haben sie eine Chance auf eine erste Begnadigung. Dann wäre Jennifer 49 und Daniel 50 Jahre alt.

MEIN FAZIT

Der Fall Jennifer Pan schlug in ganz Amerika große Wellen. Doch auch wenn die abscheulichen Taten des Mädchens durchwegs verurteilt wurden, sahen nicht wenige auch eine Mitschuld bei den Tigereltern. Ihr Erziehungsstil hätte überhaupt erst dazu geführt, dass die Situation derart eskalieren konnte.

Tausende Teenager, viele davon Kinder asiatischer Einwanderer, meldeten sich im Internet und schilderten ihre eigenen Erfahrungen, die denen von Jennifer verblüffend ähnelten. Viele der unterdrückten Kinder litten unter Depressionen oder psychischen Störungen. Die vielleicht wichtigste Frage in diesem Fall lautete daher: War Jennifer selbst nur ein Opfer? Wurde sie von ihren eigenen Eltern in den Wahnsinn getrieben, der diese Tat erst ermöglichte?

Ich persönlich bin absolut kein Freund des autoritären Erziehungsstils, bei dem Kinder permanent überwacht werden und nie die lustigen Seiten des Lebens genießen dürfen. Ich glaube sogar, dass so ein familiäres Umfeld ein Kind nachhaltig zerstören kann. Dennoch ist Jennifer Pan für mich kein Opfer. Sie war immerhin schon 24 Jahre und damit alt genug, sich von ihrer Familie zu emanzipieren. Sicherlich wäre es schwierig gewesen, eine eigene Wohnung zu finanzieren, auf eigenen Beinen zu stehen und nicht mehr auf die Eltern zählen zu können. Aber wer es schafft, einen Auftragskiller zu engagieren und einen komplexen Raubmord vorzutäuschen, der hätte sicherlich auch das geschafft.

Natürlich kann man verstehen, dass Jennifer nur eins wollte: dass die ständige Bevormundung und Kontrolle endlich ein Ende nahm. Aber ihre Eltern deswegen regelrecht hinrichten zu lassen war ein feiges, abscheuliches Verbrechen, das zu Recht hart bestraft wurde. Nicht zu vergessen, dass sie sich von dem elterlichen Erbe ein tolles Leben mit Daniel aufbauen wollte. Habgier war also durchaus auch ein Motiv.

Jennifer war eine Schauspielerin, eine notorische Lügnerin und eine Meisterin der Manipulation. Sie belog alles und jeden, auch ihre große Liebe Daniel. Selbst den Ermittlern versuchte sie im Angesicht der lebenslangen Haftstrafe eine unglaubwürdige und schnell widerlegte Selbstmordvariante aufzutischen.

Ich bin froh, dass ich eine vollkommen andere Kindheit hatte, und es tut mir wirklich leid, was Jennifer zu Hause durchmachen musste. Aber nichts davon rechtfertigt ihre Taten.

Jennifers Bruder zog nach alldem an die Ostküste und versucht seitdem dort ein normales Leben zu führen. Hann Pans Leben ist ein Scherbenhaufen. Er kann nicht mehr arbeiten, und wenn er überhaupt mal schläft, quälen ihn Albträume und Panikattacken. Diese eine Nacht wird ihn wohl nie wieder loslassen. Und er sagt, dass für ihn in dieser Nacht nicht nur seine Frau starb, sondern auch seine Tochter.

AUFTRAGSMÖRDER

Warum engagiert man einen Auftragskiller?

Entweder weil der Drahtzieher selbst nicht dazu in der Lage oder Verfassung ist, die Zielperson zu töten, oder weil er das eigentliche Motiv verschleiern, sich selbst ein glaubhaftes Alibi verschaffen und keine DNA-Spuren hinterlassen möchte.

Wie viele Auftragsmorde gibt es?

In Filmen und Serien sieht man sie am laufenden Band, in Wahrheit aber sind coole Profikiller mit Sonnenbrille und Scharfschützengewehr, bezahlt mit jeder Menge Bargeld, eine Rarität. Dementsprechend sind dokumentierte Auftragsmorde extrem selten. David Wilson, ein britischer Kriminologe, erfasste in 39 Jahren in seinem Land gerade mal 36 Auftragsmörder – nur eine Person übrigens davon weiblich.

Wer sind die Auftragsmörder?

Früher wurden professionelle Killer vor allem der Mafia zugerechnet oder sie kamen aus dem politischen Spektrum, mittlerweile gehören aber auch weitere Gruppierungen zu dieser Fraktion. Im Darknet bieten auch Kleinkriminelle in diesem Segment ihre Dienste an oder Leute, die unter Geldnot leiden und genug kriminelle Energie mitbringen. Manchmal sprechen die Drahtzieher auch Leute aus ihrem persönlichen Umfeld an, denen sie eine solche Tat zutrauen. Besagter David Wilson untersuchte die Typologie der Auftragsmörder mit seinen Co-Autoren in einer Studie, die er 2014 im »Howard Journal of Criminal Justice« veröffentlichte. Er hob dabei vier Charaktere hervor:

- **Der Novize:** Er besitzt kriminelle Energie, ist allerdings Ersttäter. Mitunter ist er ein ganz normaler Mitbürger, der vielleicht einfach Geldprobleme hat.
- **Der Dilettant:** Er hat weder den notwendigen kriminellen Background noch Zugang zu Waffen oder die Bereitschaft, den Mord tatsächlich »durchzuziehen«. Dieser Typ ergibt sich der Polizei meistens vor der Tat.

- **Der Geselle:** Erfahrener »Gangster« mit Kontakten zum organisierten Verbrechen. Hat Zugang zu Feuerwaffen. Allerdings ist er kein Mastermind und neigt daher zu Fehlern, weswegen er nach Tipps aus seinem Umfeld oft von der Polizei gefasst wird.
- **Der Meister:** Er entstammt dem organisierten Verbrechen oder hat sein Handwerk in der Armee, dem Geheimdienst oder einer paramilitärischen Organisation erlernt. Seine Morde werden mit eiskalter Perfektion ausgeführt und fast nie aufgedeckt (Giftmorde, Sniperattacken).

Wie teuer ist ein Auftragsmord?

Wilson berechnete in seiner Studie einen Mittelwert von 18 000 € für einen Auftragsmord. Der teuerste Killer war mit 120 000 € vergütet worden, dem günstigsten, einem 16-Jährigen, dagegen war ein Menschenleben gerade einmal 240 € wert.

Zum Schluss sei an dieser Stelle noch einmal festgestellt, dass Auftragsmorde extrem selten sind. Zum Glück!

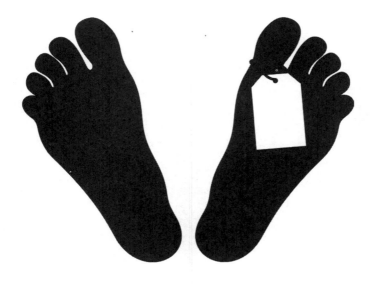

LETZTER FUNKSPRUCH

Der letzte Überlebende an Bord eines Schiffes gibt einen verzweifelten Funkspruch ab. Er weiß, die Rettung wird für ihn zu spät kommen. Als Hilfe eintrifft, ist die gesamte Besatzung bereits tot. In ihren grimassenhaft verzerrten Gesichtern spiegelt sich pure Angst. Wen oder was haben sie gesehen, bevor sie starben?

Schaut man auf die Statistiken, wurden in Deutschland in den letzten Jahren konstant über 90 Prozent aller Morde aufgeklärt. Das heißt aber auch, dass es jene weniger als zehn Prozent an Fällen gibt, die ungeklärt bleiben – und jedes Prozent davon ist bei solch schwerwiegenden Delikten eines zu viel.

Manchmal tappen die Behörden komplett im Dunkeln, manchmal hat die Polizei auch einen Verdächtigen und die Ermittler sind sich aufgrund ihrer Erfahrung hundertprozentig sicher, dass er es war. Aber in einem Rechtsstaat wie Deutschland reicht das Bauchgefühl der Polizei nicht aus, genauso wenig wie ein, zwei Indizien, die jemanden verdächtig werden lassen. Zu Recht brauchen die Ermittler eine sehr sichere Indizien- und Beweiskette. Sie brauchen ein Motiv, müssen die Tat rekonstruieren können. Und nur wenn dem Richter kein Zweifel mehr an der Täterschaft bleibt, kann er den Tatverdächtigen auch verurteilen. Kein Richter vergibt aus einer Laune heraus »lebenslang« und zerstört damit womöglich das Leben eines Unschuldigen. Es heißt nicht umsonst »im Zweifel für den Angeklagten«.

Wie viele der unaufgeklärten Fälle in Deutschland zu jenen »perfekten« Morden zu zählen sind, darüber gibt natürlich keine Statistik Aufschluss. Aber was ist das überhaupt, der perfekte Mord? Keine Leiche, keine Tatwaffe, keine DNA und keine Zeugen? Ist es ein Mord, der überhaupt nicht erst als solcher gesehen wird, sondern als Unfall oder Selbstmord? Nehmen wir an, zwei gute Freunde sind alleine auf einem kleinen Segelboot auf dem offenen Pazifik. Der eine schubst den anderen während eines Sturms unerwartet über die Reling. Er könnte später aussagen, es sei ein Unfall gewesen. Keine Zeugen, keine brauchbaren Spuren. Die Leiche wird nie gefunden, verschwindet in den Tiefen des Ozeans. Und selbst wenn sie irgendwann, irgendwo angespült wird, lassen sich keine entscheidenden DNA- oder Kampfspuren finden. Wäre dies nicht der perfekte Mord?

In dieser Geschichte geht es nicht nur um eine Leiche im Ozean, sondern um Dutzende. Und bis heute weiß niemand, was mit ihnen geschah. War es ein Unfall oder der perfekte Massenmord?

S.O.S.

Das amerikanische Dampfschiff »Silver Star« war im Februar 1948 eigentlich auf einer ruhigen Fahrt durch die Straße von Malakka, der südostasiatischen Meerenge zwischen der Nordküste von Sumatra und dem Süden Malaysias. Heute wird es in diesen Gewässern, die täglich 2000 Schiffe passieren, die meisten davon auf der Durchfahrt nach China, ganz schön eng. Damals jedoch, lang vor dem industriellen Aufschwung Asiens, ging es auf der Seestraße deutlich ruhiger zu. Sehr ruhig sogar.

Die amerikanische Besatzung war um diese Jahreszeit von zu Hause eigentlich winterliche Temperaturen gewöhnt. Hier aber strahlte die Sonne erbarmungslos über die Ausläufer des Indischen Ozeans und heizte das Deck gehörig auf. Der Funker der »Silver Star« hätte wohl am liebsten den ganzen Tag an einem schattigen Plätzchen in der Hängematte verbracht, noch dazu weil der Funkverkehr bereits stundenlang still stand. Nichts rührte sich. Zwar waren Teile der Meerenge für Piraten berüchtigt, doch relevante Vorfälle gab es zu dieser Zeit keine. Vielleicht befand sich der Funker also tatsächlich im Halbschlaf, vielleicht war er auch mit den Gedanken bei einem leckeren Steak, als er von einer Sekunde auf die andere hochschreckte. Die Funkstille war unterbrochen worden. Jemand meldete sich. Völlig unerwartet.

Der Funker konnte nicht glauben, was er da hörte. Es war ein Morsecode, und zwar der simpelste und bekannteste der Welt: dreimal kurz, dreimal lang, dreimal kurz. S.O.S. – ein Zeichen, das von Südostasien bis in die Schweizer Alpen jedes Kind versteht. Dieser dringende Notruf wurde von einem holländischen Schiff entsendet, der »Ourang Medan«, und er las sich, als wäre er einem Horrorfilm entsprungen: »S.O.S. von Ourang Medan * * * wir treiben. Alle Offiziere, darunter der Kapitän, tot im Kartenraum und auf der Brücke. Wahrscheinlich die gesamte Besatzung tot.« Der Funker, scheinbar der letzte Überlebende, machte keinerlei Angaben, was passiert war. Er forderte noch einen Arzt, dann war es erst mal ruhig.

Was war geschehen? Waren Piraten über das Schiff hergefallen? Hatte es eine Meuterei gegeben? War an Bord eine Epidemie ausgebrochen oder gar ein Feuer? Wie im Lehrbuch fragte die »Silver Star« nach der Position des bedrohten Schiffes. Die Antwort kam prompt: 179 Grad West und 20 Grad Süd. »Der dritte Offizier liegt tot auf der Brücke und der Kapitän und der Ingenieur des Schiffes sind wohl ebenfalls tot, genauso wie die gesamte Mannschaft des Maschinenraums«, präzisierte der Überlebende die Lage. Es folgte ein weiterer Funkspruch, der allerdings nicht zu entziffern war und keinen Sinn ergab. Dann meldete sich der einsame Funker ein letztes Mal – mit nur zwei Worten: »Ich sterbe.«

Ein weiterer amerikanischer Dampfer, die »City of Baltimore« hatte den verzweifelten und höchst mysteriösen Hilferuf ebenfalls empfangen. Allerdings war das Schiff zu weit von der Stelle entfernt, an der die »Ourang Medan« angeblich trieb. Man hatte zwar einen Arzt an Bord, aber es würde Tage dauern, die 800 Seemeilen zu bewältigen. Die Hilfe käme sicherlich zu spät.

DIE »OURANG MEDAN«

Es lag also an der »Silver Star«, Licht ins Dunkel dieses Unglücks zu bringen. Das Dampfschiff befand sich nur 210 Seemeilen südöstlich der »Ourang Medan«. Es würde nicht einmal einen Tag dauern, bis sie das Schiff erreicht hätten. Aber ob das reichen würde? Die Besatzung war skeptisch, denn der Funker meldete sich trotz unzähliger Kontaktversuche nicht mehr. Doch der Zusammenhalt unter Seeleuten war groß. Einem Notruf musste man folgen, das war mehr als ein schiffsinterner Ehrenkodex, es war eine Frage von Moral und Menschlichkeit.

Es dauerte exakt 19 Stunden, dann entdeckten sie die »Ourang Medan« – 50 Meilen entfernt von der angegebenen Position. Es war 9 Uhr morgens, als die Besatzung der »Silver Star« gemeinschaftlich versammelt auf der Brücke stand und ängstlich in Richtung des regungslosen Dampfers starrte. Kein Rauch, keine Flagge. Das Schiff schien das zu sein, was man unter Seeleuten als Geisterschiff bezeichnete. Seit Jahrhunderten machten in einschlägigen Hafentavernen Legenden die Runden und Matrosen erzählten bei reichlich Bier und Rum von gottlosen Schiffen, die auf den Weiten des Ozeans umhertrieben. Ihre Mannschaften hatte sich das Meer geholt, jetzt waren sie führerlos – und verflucht. Jedem war klar, dass es sich dabei nur um altes Seemannsgarn handelte. Aber hier, in diesem Moment, schienen die Märchen real zu werden.

Der Kapitän der »Silver Star« entschied sich, die »Ourang Medan« in einem sicheren Radius von hundert Metern zu umkreisen, und ließ mehrmals die Schiffssirene aktivieren, in der Hoffnung, jemand oder etwas würde sich regen. Doch keiner reagierte auf den tobenden Alarmton. Wenn überhaupt noch jemand auf dem Geisterschiff lebte, konnte er sich wohl nicht mehr bewegen. Es wurde beratschlagt, wie weiter vorzugehen sei, und man analysierte das vor sich treibende Boot aus sicherer Entfernung. Bei aller Hilfsbereitschaft wollte der Kapitän nicht leichtfertig die eigene Crew in Gefahr bringen.

Auffällig war, dass die »Ourang Medan«, wie man im Sprachgebrauch der Schiffsleute sagt, leichte Schlagseite Richtung Steuerbord hatte. Sie neigte sich also unnatürlich zur Seite, was auf eine falsche Anordnung der Fracht im Laderaum zurückzuführen sein konnte. Irgendwelche Schäden waren auf die Distanz nicht zu erkennen. Es gab kein offensichtliches Leck, der Dampfer trieb einfach vor sich hin, nur eines der Rettungsboote fehlte. Hatte sich ein Teil der Crew retten können? Oder hatte es wirklich eine Meuterei gegeben und die Aufständischen waren entkommen? Handelte es sich vielleicht sogar um eine Falle, einen Hinterhalt von Piraten?

EIN GEISTERSCHIFF?

Die Schiffsleitung der »Silver Star« begab sich mit einem Megafon an die Reling und machte eine Durchsage in Richtung des geisterhaften Gefährts. Doch alle Aufrufe, sich zu zeigen, gingen ins Leere. Wenn sie wissen wollten, was an Bord des mysteriösen Dampfers geschehen war, mussten sie ihn betreten – ob es ihnen gefiel oder nicht. Der Kapitän ließ ein Beiboot mit seinem ersten Offizier und neun tapferen Matrosen übersetzen, damit sie sich das Schreckgespenst von Nahem ansahen.

Zunächst wagten sich vier der Männer an Bord und erkundeten vorsichtig das Deck. Die »Ourang Medan« war größer als erwartet. Um den Dampfer zu betreiben, so schätzten die Matrosen, bräuchte man eine Mannschaft von mindestens 40 Mann. Doch wo waren die? Warum hatte niemand auf ihre Signale reagiert?

Es dauerte nicht lange, da fanden sie die Antwort. Bereits auf dem Oberdeck lagen die ersten Toten. Glaubt man den wenigen Berichten, muss es für die tapferen Männer der »Silver Star« ein grausamer Anblick gewesen sein. Die Leichen wiesen keinerlei äußere Verletzungen oder Blutspuren auf, aber ihre grauenvoll verzogenen Gesichter zeugten von einem schmerzhaften, qualvollen Tod. Die kalten Augen der Toten sollen die nackte Angst widergespiegelt haben. Aber vor wem oder vor was fürchteten sie sich in ihren letzten Sekunden so sehr?

Langsam tasteten sich die Männer ins Innere des Schiffes vor. Man fand den Kapitän und die Offiziere – allesamt tot, wie es der Funker durchgegeben hatte. Und dann fanden sie ihn, den letzten Überlebenden, den Funker an seinem Funkgerät. Doch sie kamen zu spät. Er war bereits tot, sein Gesicht ebenso fratzenhaft verzerrt wie jene der restlichen Mannschaft. Er hatte es gewusst, er hatte seinen eigenen Tod prophezeit. Es muss schrecklich gewesen sein, dem Tod ins Auge zu sehen, ohne irgendetwas dagegen tun zu können. Selbst der Schiffshund war tot – und auch seine Augen spiegelten die Panik wider. Als hätten sie alle irgendetwas gesehen, was sie zu Tode erschreckt hatte. Als hätten sie dem leibhaftigen Teufel ins Gesicht geschaut und wären dann einfach umgefallen.

Die wichtigste Frage war immer noch, was diesen massenhaften Tod ausgelöst hatte. Auch wenn Seeleute traditionell zu Aberglauben neigen, suchte man nach einer rationalen Erklärung. Die Matrosen der »Silver Star« erhofften sich, die Antwort im Logbuch des Kapitäns der »Ourang Medan« zu finden. Doch das Buch war nicht in seiner Kajüte und auch sonst konnten sie es nirgends entdecken. Wer war im Rettungsboot geflohen? Und hatten sie das Logbuch mitgenommen?

Die vier Matrosen waren bereits mit einem mulmigen Gefühl im Bauch an Bord des Geisterschiffs gegangen. Doch jetzt wurde es immer schlimmer. Lag da nicht auch ein komischer Geruch in der Luft? Plötzlich entdeckte einer der Männer Rauch. Gab es ein Feuer?

Der erste Offizier ordnete einen sofortigen Rückzug an und das Ruderboot setzte zurück zur »Silver Star«. Die Männer waren bestimmt heilfroh, dieses Teufelsschiff hinter sich zu lassen. Doch noch bevor sie ihren sicheren Dampfer erreicht hatten, zuckten sie abermals zusammen.

Eine Explosion erschütterte die »Ourang Medan«, die daraufhin in Flammen stand. Schnell dockten die ausgeschwärmten Crewmitglieder an der »Silver Star« an und beobachteten, wie das Geisterschiff im Ozean versank. Es dauerte mehrere Stunden, bis es vollständig unter Wasser war. Die »Silver Star« schaute die ganze Zeit zu, aber tun konnte die Crew nichts mehr. Tausende Meter ist das Meer an dieser Stelle tief, man würde die »Ourang Medan« nie wiederfinden. Keine Leiche konnte obduziert, keine Papiere gefunden werden. Der Dampfer nahm des Rätsels Lösung mit in sein tiefes Grab.

Natürlich ließ dieses Schreckensszenario die erfahrene Mannschaft der »Silver Star« nicht kalt. An Bord wurde wild spekuliert, was passiert sein könnte. Die vier Männer, die den Toten ins Gesicht geschaut und ihre von Angst verzerrten Augen erblickt hatten, standen sichtlich unter Schock.

Selbst der Kapitän hatte keine vernünftige Erklärung. Er vermutete, dass die »Ourang Medan« vielleicht Munition gelagert hatte, daher die Explosionen. Aber was genau den Tod der Besatzung ausgelöst hatte und wieso nicht mehr Männer geflohen waren, das konnte auch er nicht beantworten.

DAS RETTUNGSBOOT

Drei Wochen nach der Tragödie wurde das fehlende Rettungsboot an den Marshallinseln angeschwemmt. Sechs von sieben Geflüchteten waren bereits tot, nur einer lebte noch. Er nannte sich selbst Jerry Rabbit und gab gegenüber seinem Retter, einem Missionar, der sich mitfühlend um ihn kümmerte, an, er sei der zweite Offizier der »Ourang Medan« gewesen. Man hatte ihn, wie den Rest der Besatzung, angeblich in Shanghai angeworben. Die ganze Sache sei von Anfang an dubios gewesen: Die Schiffsführung hätte sich nicht um seine Papiere oder sonstige Formalien gekümmert, was ihm verdächtig vorkam. Er vermutete kriminelle Geschäfte, wollte aber nicht nachfragen, sondern einfach seinen Job erledigen. Der gesunkene Dampfer stammte laut seinen Angaben wohl aus China, nicht aus Holland. Die Crew bestand anscheinend nur aus Asiaten.

In Shanghai lud man 7000, später in einem kleineren Hafen weitere 8000 Kisten unbekannter Herkunft und dem Großteil der Mannschaft auch unbekannten Inhalts in den Bauch des Schiffes. Ein Umstand, der den Männern noch zum Verhängnis werden sollte, denn sie hatten keine Ahnung, was sie transportierten.

Das Ziel, so viel war dem zweiten Offizier verraten worden, sollte Costa Rica sein. Doch man mied die üblichen Seerouten. Jerry Rabbits Verdacht, dass es sich um ein kriminelles Geschäft handelte, erhärtete sich. Er vermutete Schmugglerwaren in den tausenden Kisten.

Die Misere auf See begann am zehnten Tag der Fahrt mit dem Erkranken des Heizpersonals. Dann starb der Heizer. Der Kapitän persönlich soll einen Hitzschlag als Todesursache attestiert haben, was Rabbit, dem zweiten Offizier, ungewöhnlich vorkam. Trotz der tropischen Hitze im Heizraum wuchsen seine Zweifel, und als sich wenig später auch das Maschinenpersonal mit Magenproblemen krankmeldete, wusste Rabbit, dass sein Instinkt ihn nicht getäuscht hatte. Heimlich sah er die Schiffspapiere durch und stellte fest, dass der Dampfer Tausende Kisten mit

Schwefelsäure, Zyankali und Nitroglycerin geladen hatte – nur wenige Meter unter ihm. Rabbit ahnte Übles. Hatten sich aufgrund der hochgefährlichen Fracht Blausäuredämpfe entwickelt? Von diesen Giften konnten, über die Atemwege aufgenommen, schon wenige Milligramm tödlich sein.

Rabbit konfrontierte den Kapitän mit seinem Verdacht, der ihn nicht ernst nahm. Dieser soll sich zudem geweigert haben, einen Notruf abzusetzen – womöglich damit die illegalen Geschäfte nicht ans Licht kamen.

Der Dampfer war aufgrund der vielen Krankheitsfälle längst manövrierunfähig und trieb nur noch vor sich hin. Gemeinsam mit sechs Matrosen desertierte der zweite Offizier daher nachts heimlich in einem Rettungsboot. Es war ihre letzte Hoffnung, doch da sie kaum Wasser und Proviant entwenden konnten, war es ein Kampf gegen die Zeit und die unbändige Hitze der südostasiatischen Sonne. Sechs Matrosen verloren diesen Kampf, nur Rabbit schaffte es an Land. Doch auch er starb, kurz nachdem er alles berichtet hatte, an Erschöpfung.

Inwieweit die »Silver Star« den Vorfall dem amerikanischen Seeamt meldete, ist nicht belegt. Da die »Ourang Medan« wohl nicht offiziell registriert war und eventuell illegal operierte, konnte nie ein Verfahren eingeleitet werden. Die wirklichen Umstände wurden also nie geklärt.

MEIN FAZIT

Über diesen Fall zu recherchieren, stellte sich als überaus schwierig heraus, denn es gibt nur wenige glaubhafte Quellen. Ich habe nur ein paar britische und niederländische Zeitungsartikel sowie wenige, dafür recht detaillierte aus dem deutschen Raum. Auffällig ist, dass sich Zeiten, Orte und Namen von Quelle zu Quelle ändern. Wann das Unglück genau stattfand und wo, lässt sich somit nicht zweifelsfrei rekonstruieren. Auch wie viel von allem tatsächlich passiert ist und was vielleicht von der Besatzung der »Silver Star« oder den ersten Berichterstattern hinzugefügt wurde, ist schwer zu sagen. Zeitweise wurde die ganze Geschichte von Wissenschaftlern schon infrage gestellt. Handelte es sich, wie man 2019 sagt, um »Fake News«? Eine Seemannslegende? Forscher fanden heraus, dass in den Niederlanden nie ein Schiff mit dem Namen »Ourang Medan« registriert war.

»Ourang Medan« ist indonesisch und bedeutet so viel wie »Der Mann von Medan« – Medan ist die größte Stadt der Insel Sumatra. Aber Indonesien war lange Kolonie der Niederlande, weshalb die Verbindung durchaus Sinn macht. Wenn der Frachter allerdings wirklich in kriminelle Geschäfte verwickelt war, kann man eine fehlende Registrierung natürlich nachvollziehen.

Die Existenz der »Silver Star« hingegen ist nachweislich belegt. Doch der Rettungsversuch eines mysteriösen Schiffes, wie ihn die verschiedenen Zeitungsartikel beschreiben, wurde zumindest offiziell nie gemeldet.

Ich persönlich glaube, dass die Geschichte schon so oder ähnlich passiert ist – auch wenn im Laufe der Zeit viele Details hinzugefügt wurden, weswegen die Fakten sehr wässrig bleiben. Vielleicht war es ein anderes Schiff oder man hat zwei Geschichten zusammengemischt?

Dass der Fall aber durchaus ernsthaft betrachtet wurde, zeigt ein im Jahre 2003 veröffentlichter Brief aus dem Jahre 1959. Er stammt von einem CIA-Mitarbeiter namens C. H. Mark und ging an den damaligen Geheimdienstboss Allen Dulles. Mark fasste seinem Chef darin den Untergang der »Ourang Medan« zusammen und warf die Frage auf, ob der Vorfall womöglich mit anderen ungeklärten Fällen von verschollenen Flugzeugen oder Schiffen zusammenhing.

Was aber geschah damals mit der Besatzung des unregistrierten Dampfers? Sucht man in Internetforen, findet man die üblichen Verdächtigen, die glauben, dass UFOs oder Aliens die Mannschaft heimgesucht hätten – daher auch der panische Ausdruck in den grausam verzerrten Gesichtern. Vielen gilt das Ereignis als Beweis für die Existenz von Paranormalem. Dass die CIA sich für den Fall interessierte, ist Wasser auf ihre Mühlen.

Es gibt aber auch rationalere Ansätze. Selbst wenn sich die Geschichte des gestrandeten zweiten Offiziers nicht zweifelsfrei verifizieren lässt, macht seine Vermutung Sinn. Am wahrscheinlichsten ist, dass die Fracht an Bord für das Sterben der Crew verantwortlich war. Durch undichte Stellen in den Fässern oder in Kombination mit dem Meerwasser, das durch ein Leck in den Frachtraum gelangte, könnten sich durchaus giftige Gase entwickelt haben.

Eine andere, vielleicht noch wahrscheinlichere Theorie ist, dass die »Ourang Medan« Giftgas an Bord führte, das während des Zweiten Weltkriegs von den Japanern in China gelagert wurde. Möglicherweise sollte dieses über unorthodoxe Wege nach Amerika gebracht werden, ohne dass die Öffentlichkeit davon erfuhr. Das würde erklären, warum der Frachter nirgendwo gemeldet war und warum er ohne Flagge fuhr – und ebenso, dass der Kapitän auf keinen Fall einen Notruf absetzen wollte. Er musste verhindern, dass eine solch starke Waffe einer möglicherweise feindlich gesinnten Mannschaft in die Hände fiel.

Auch wenn diese Geschichte wie eine moderne Legende eines Geisterschiffes klingt, halte ich sie für glaubhaft – zumindest den Kern. Ich stehe dem Paranormalen skeptisch gegenüber, auch wenn ich mich sehr dafür interessiere. Ich glaube daher nicht, dass die Mannschaft einem übernatürlichen Wesen ins Auge sah, bevor sie starb. Die Leichen zeigten auch keinerlei Anzeichen dafür, dass sie mit Piraten oder anderen Matrosen bei einer Meuterei gekämpft hätten. Die Giftgastheorie finde ich sehr spannend und halte sie durchaus für denkbar. Am wahrscheinlichsten ist trotz allem aber wohl, dass sich infolge der chemischen Schmugglerwaren giftige Gase gebildet haben, die die Mannschaft dahinrafften.

GEISTERSCHIFFE

Gibt es wirklich »tote« Schiffe?

Ein Schiff ohne eine Menschenseele an Bord ist nicht nur gruselig, sondern galt auch als äußerst unheilbringend. Es existieren viele Legenden von Schiffen, die nur alle 10 oder 100 Jahre auf See auftauchen und dann wieder verschwinden. Die endlosen Weiten der Weltmeere hatten eben schon immer etwas Mystisches an sich.

Tatsächlich aber sind Geisterschiffe, die führerlos durch den Ozean treiben, nicht nur irgendwelcher Seemannsgarn, sondern historisch immer wieder vorgekommen. Über Jahrhunderte erzählte man sich unter Matrosen Geschichten von verfluchten Segelschiffen, deren Besatzung ums Leben kam, und von da an ziellos umhertrieben. Im Mittelalter kam dies häufiger vor, wenn unheilbare und hochansteckende Krankheiten wie die Pest die Mannschaft auf See befiel und niemand an Bord überlebte. Weil die Lebenden die ersten Toten ins Meer warfen, um sich selbst zu schützen, fanden Retter später kaum mehr Leichen an Deck.

Seit wann gibt es Geisterschiffe?

Eines der ersten und berühmtesten Geisterschiffe war die »Mary Celeste«. Der Zweimaster wurde 1872 gesichtet, er trieb einsam und ziellos zwischen den Azoren und Portugal umher. Das Schiff hatte ursprünglich an der Ostküste der USA abgelegt und war auf dem Weg nach Italien. Sie hatte neben Industriealkohol auch normale Passagiere an Bord.

Die letzte Sichtung mit einer vermeintlich lebenden Crew erfolgte am 4. Dezember 1872, doch nur neun Tage später fand man das Schiff ohne Besatzung auf dem Atlantik treibend. Etwas Unerklärliches musste passiert sein. Aber was?

Man entdeckte das Frühstück, das noch auf dem Tisch stand, und die Pfeifen fühlten sich noch lauwarm an. Es musste also erst vor Kurzem noch jemand da gewesen sein. Lebensmittel und Trinkwasser waren reichlich an Bord, was seltsam erschien. In der Kapitänskajüte fand man angeblich Blutspuren, weshalb die Theorie aufkam, die Mannschaft hätte den Kapitän ermordet und wäre anschließend geflohen. Das Beiboot war nicht mehr da. Wahrscheinlicher ist jedoch, dass giftige Ethanoldämpfe aus den Alkoholfässern nach oben gestiegen waren und die Passagiere in das Rettungsboot drängte, wo sie auf hoher See kenterten oder abgetrieben wurden.

Gehören Geschichten von Geisterschiffen der Vergangenheit an?
Wer denkt, dass Geisterschiffe nur ein Phänomen zurückliegender Jahrhunderte seien, irrt sich gewaltig. Auch heutzutage existieren im Nirgendwo treibende menschenlose Boote – trotz modernster Schiffsnavigation, Satellitenbildern und Ortungssystemen. 2012 entdeckten beispielsweise kanadische Küstenaufklärer das japanische Geisterschiff Ryōun Maru, das seit dem letzten Tsunami über ein Jahr lang verschollen gewesen war.

Neben plötzlich aufkommenden Krankheiten und Giftgasen waren und sind Piraten eine Ursache für eine fehlende Besatzung – bis heute. Eine Mannschaft zu entführen kann auch im 21 Jahrhundert sehr lukrativ sein. Und manchmal verschwinden Schiffe auch, weil die Reederei einen Versicherungsbetrug plant.

DER FALL
REBECCA R.

An einem Montagmorgen verschwindet ein 15-jähriges Mädchen aus Berlin spurlos. Die Angehörigen klammern sich an die vage Hoffnung, dass sie noch lebt. Die Polizei hingegen hat einen fürchterlichen Verdacht – ausgerechnet gegen jemanden aus dem engsten Kreis...

Wir alle kennen diese alten Krimis, in denen sich der Ermittler ins örtliche Wirtshaus setzt, um Hinweise aufzuschnappen, die bei der Lösung eines Kriminalfalls helfen. Im Dunst unzähliger Zigaretten spekulieren die Dörfler, gesprächig geworden durch ein, zwei Bier, wer denn nun der Mörder gewesen sein könnte. Wilde Spekulationen werden aufgestellt. War es der Nachbar? Er soll sich doch verdächtig verhalten haben. Oder war es gar jemand aus der Familie des Opfers? Waren die nicht seit Jahren zerstritten? Jeder will etwas gehört oder gesehen haben, jeder weiß irgendein Detail. Das meiste ist klassischer Tratsch – entweder komplett erfunden oder im Stile der »Stillen Post« derart verwässert, dass es für die Untersuchungen nicht mehr zu gebrauchen ist. Aber vielleicht weiß doch irgendjemand mehr. Vielleicht auch nicht…

Ein Mord- oder Vermisstenfall zieht zwangsläufig viele Menschen an, die sich an seiner Aufklärung versuchen wollen. Ein Krimi kann mit noch so vielen Buchpreisen ausgezeichnet worden sein: an die Realität wird er niemals herankommen. Nichts bewegt und polarisiert Menschen mehr als echte, greifbare Verbrechen. Und nicht selten artet die harmlose Spekulation im Wirtshaus zu einer Art Lynchjustiz aus, weil sich die Bevölkerung auf einen Täter festlegt und ihn vorverurteilt. Eines der Grundprinzipien eines Rechtsstaats ist aber die Unschuldsvermutung: Ein Mensch ist erst dann als schuldig zu sehen, wenn er in einem fairen Prozess rechtskräftig verurteilt wurde. Das wird früher wie heute viel zu oft vergessen.

Das Wirtshaus des 21. Jahrhunderts ist das Internet. Millionen von Menschen diskutieren dort über potenzielle Täter oder Verdächtige. Erreicht ein Fall deutschlandweites Aufsehen, wird im Schutz der Anonymität diverser Foren genauso wild spekuliert und diskutiert wie auf Facebook, Instagram oder anderen sozialen Plattformen. Längst gibt es keine Tabuthemen mehr. Es ist so einfach wie nie, seine Meinung und Position mit der Öffentlichkeit zu teilen. Und so wie man sagt, dass Deutschland während einer Fußballweltmeisterschaft 80 Millionen Bundestrainer hätte, halten sich während eines im medialen Fokus stehenden ungelösten

Verbrechens 80 Millionen Menschen für Sherlock Holmes. Das ist an sich kein Problem, solange ihre Spekulationen einen gewissen Grundrespekt gegenüber den Angehörigen, Opfern, Verdächtigen und auch Behörden und Ermittlern nicht vermissen lassen. Im spektakulären Vermisstenfall um Rebecca R. aus Berlin war genau das aber leider nicht immer der Fall.

DAS FAHNDUNGSFOTO

Es war ein ungewöhnliches Fahndungsfoto, das auf den Titelseiten einiger großer Zeitungen abgedruckt worden war. Rebecca, eine 15-jährige Schülerin, war seit dem 18. Februar 2019 als vermisst gemeldet. Doch das Foto, durch das man sich Hinweise aus der Bevölkerung erhoffte, war ein Selfie von ihrem Instagram Account. Das Bild zeigte ein attraktives junges Mädchen und stach sofort ins Auge. Doch es gab, wie sich herausstellte, ein entscheidendes Problem: Das Foto war recht stark mit Filtern und Farbeffekten bearbeitet worden. Kritiker befürchteten, es zeige nicht die wahre Rebecca, sondern eine von ihr erschaffene künstliche Idealversion ihrer selbst.

Es ist wohl kein Geheimnis, dass wir uns auf sozialen Netzwerken wie Instagram oder Facebook von unserer besten Seite präsentieren wollen. Selfies werden immer wieder aus verschiedenen Winkeln und mit unterschiedlichem Licht geschossen, bis alles so passt, wie wir es uns vorstellen. Dazu gibt es für Profis Programme wie Photoshop, für Amateure einfache Filter auf Instagram, mit denen wir das Bild so lange bearbeiten können, bis wir 100-prozentig zufrieden sind. Wie viel so ein Foto noch mit der realen Person zu tun hat, muss jeder für sich selbst entscheiden.

Was die Fahndung nach Rebecca betrifft, war das Selfie Fluch und Segen zugleich. Auf der einen Seite sorgte das Foto, das auch von einer jungen Hollywoodschauspielerin hätte stammen können, für extreme mediale Aufmerksamkeit – nicht umsonst landete es auf den Titelseiten. Ein 08/15-Passfoto hätte es vielleicht nur auf Seite 50 geschafft.

Andererseits kann so ein gestelltes Foto potenzielle Zeugen täuschen, weil sie dadurch Rebecca im echten Leben möglicherweise einfach übersehen. Ohne perfektes Licht und Filter sieht ein Mensch eben doch ganz anders aus.

In Rebeccas Fall war wohl der Hauptgrund für das ungewöhnliche Fahndungsfoto, dass es in letzter Zeit kaum noch unbearbeitete Bilder von dem Mädchen gab. Das mag auf den ersten Blick merkwürdig erscheinen, doch viele Teenager sind es gewöhnt, ihre Fotos stark zu bearbeiten – angetrieben womöglich durch eine gewisse jugendliche Unsicherheit. Der Drang, im Netz immer perfekt auszusehen, ist bei der Generation Instagram allgegenwärtig und wird durch die vielen inszenierten Fotos der großen Vorbilder auf der Plattform nur noch weiter geschürt. Der Fall Rebecca R. steht daher fast sinnbildlich für all jene Verbrechen, die im Smarthpone-Zeitalter stattfinden – und das fing schon mit dem Instagram-Fahndungsfoto an.

WAS GESCHAH WIRKLICH AM 18. FEBRUAR?

Familie R. hat drei Töchter. Rebecca, mit 15 das Küken, Vivien und die Älteste, Jessica, die bereits verheiratet ist. Rebecca gilt als Familienmensch, sie übernachtete einmal im Monat bei ihrer ältesten Schwester und ihrem Schwager, die beide selbst schon ein zweijähriges Kind haben. Das Verhältnis wird als sehr gut beschrieben, auch mit Florian, dem Mann ihrer Schwester, versteht sie sich prächtig. Die beiden sollen immer viel herumgeblödelt haben, wird später gesagt. Auch an jenem verhängnisvollen Wochenende war Rebecca im Einfamilienhaus der Schwester zu Gast. Es liegt in einer gutbürgerlichen Wohnlage im Süden des Berliner Stadtteils Neukölln. Eine Gegend, die ruhig und sicher scheint, obwohl man hier doch nur einen Katzensprung von einem der vielen pulsierenden sozialen Brennpunkte der Hauptstadt entfernt ist.

Am Abend vor ihrem Verschwinden verhielt sich Rebecca normal. Man hatte Pizza mit Käserand bestellt und später spielten die beiden Schwestern noch eine Runde SIMS, ein Videospiel, in dem man selbst Charaktere erstellen kann, um mit ihnen ein fiktives Leben zu führen. Außerdem suchten sie im Netz nach einem Wohnwagen für den geplanten Campingtrip im Sommer. Die Stimmung war gut, als sich Rebecca im Wohnzimmer ihrer Schwester schlafen legte.

Florian, Rebeccas Schwager, war in jener Nacht nicht zu Hause. Der gelernte Koch war auf einer Betriebsfeier, bei der wohl bis in die frühen Morgenstunden gefeiert wurde. Er kam erst gegen 5.45 Uhr nach Hause und legte sich schlafen.

Um 7 Uhr verließ Rebeccas Schwester Jessica mit ihrer Tochter das Haus, sie brachte die Kleine in die Kita und fuhr dann zur Arbeit. Um 7.15 Uhr rief Rebeccas Mutter ihre jüngste Tochter an, doch die hatte ihr Smartphone wohl ausgeschaltet. Sie hatte Angst, dass Rebecca, die gerne mal etwas länger schlief, die Schule verpassen könnte.

Eine gute Stunde später, um 8.25 Uhr, versuchte die Mutter es ein zweites Mal. Doch das Telefon war noch immer ausgeschaltet oder befand sich im Flugmodus. Verwundert rief die Frau ihren Schwiegersohn an, Rebeccas Schwager. Dieser versprach ihr, nach Rebecca zu schauen, die Mutter hörte am Telefon mit, wie er die Treppe vom Schlafzimmer in Richtung Wohnzimmer herunterging. Rebecca war nicht da. Doch warum hatte das Mädchen, das sonst so gerne seine Zeit am Handy verbrachte, ihr Mobiltelefon an diesem Morgen ausgeschaltet? Wie die meisten Teenager wird sie ihr Smartphone über Nacht aufgeladen haben. An mangelndem Akku kann es also wahrscheinlich nicht gelegen haben.

Leicht besorgt schickte Rebeccas Mutter ihrer Tochter daraufhin eine WhatsApp-Nachricht: »Hallo meine Süße, ich hoffe, du bist pünktlich zur Schule gekommen. Ich konnte dich gar nicht erreichen.« Doch die Nachricht wird von Rebecca nie gelesen.

9.50 Uhr ist Schulbeginn an der Walter-Gropius-Schule in Berlin, die Schule liegt gerade mal sechs Autominuten vom Haus der Schwester entfernt. Hier hätten für die Zehntklässlerin ab März die Abschlussprüfungen für die Mittlere Reife stattgefunden. Rebecca ist eigentlich zuverlässig und ehrgeizig genug, anschließend an einer anderen Schule ihr Abitur zu machen. An diesem Morgen aber erreichte sie die Schule nicht. Normalerweise werden die Eltern eines Kindes automatisch von der Schule informiert, sollte das Kind bis 9 Uhr nicht dort erscheinen. Da Rebecca an diesem Tag jedoch erst um 9.50 Uhr Schulbeginn hatte, geschah dies nicht.

Als Rebecca am Nachmittag nicht in ihr Elternhaus in Berlin-Britz zurückkehrte, schrillten bei ihren Eltern die Alarmglocken. Das Handy war noch immer nicht wieder eingeschaltet, in der Schule hatte man sie an dem Tag nicht gesehen. Sie meldeten ihre Tochter bei der Polizei als vermisst. Das Problem: In einer Großstadt wie Berlin gehen bei den Behörden täglich Vermisstenmeldungen von Teenagern ein. Dass Jugendliche von zu Hause ausreißen oder mit Freunden einen Tag Schule schwänzen, ist das Normalste der Welt. In den allermeisten Fällen tauchen die Ausreißer spätestens nach 48 Stunden wieder auf. Es ist verständlich, dass nicht in jedem Fall direkt eine Großfahndung eingeleitet werden kann.

Rebeccas Familie war sich aber sicher, dass dem Mädchen etwas passiert sein musste. Die Schülerin galt als extrem zuverlässig, selbst bei kleinen Verspätungen rief sie ihre Eltern an, und wenn sie es einmal vergaß, brach sie jedes Mal entschuldigend in Tränen aus.

Schon an den ersten Tagen erstellten daher Schulfreundinnen Flyer, die sie verteilten und im Internet posteten. Vielen schien instinktiv klar zu sein, dass irgendetwas Ernstes passiert sein musste.

EIN MÄDCHEN VERSCHWINDET

Rebecca gilt als ein aufgeweckter, sozialer und optimistischer Mensch. Sie trägt einen langen blonden Bob mit Pony, hat klare blaue Augen und eine Zahnspange. Wie viele in ihrem Alter ist sie oft am Handy und auf Social Media unterwegs. Sie liebt es, zu shoppen und nach neuen Klamotten zu schauen. Tanzen ist ihre große Leidenschaft, sie besucht zeitweise sogar eine Tanzschule für Hip-Hop und auch später führt sie ihrer Familie ständig neue Bewegungen vor. Nur mit der Ordnung hat sie so ihre Probleme. Aber welcher Teenager hat das nicht?

Rebecca wechselt ihre Berufswünsche und Zukunftspläne häufig: Zuerst wollte sie zur Bundeswehr, dann Model werden. Der aktuellste Plan lautete Stewardess, damit sie oft nach Japan und Korea fliegen könne. Sie hat ein Faible für asiatische Kultur, schwärmt für die koreanische Boygroup BTS. Einer der Sänger soll es ihr besonders angetan haben. Für ihre 15 Jahre ist Rebecca mit ihren 1,75 Metern schon recht groß. Ihre Mutter bemerkte einmal spöttisch, dass die Asiaten doch alle kleiner seien. Rebecca konterte, dass es auch große Asiaten gäbe. Das Verhältnis zwischen den beiden ist sehr gut. Große Geheimnisse, da war sich die Mutter sicher, gab es zwischen ihnen nicht.

Jungen dagegen gab es in Rebeccas Leben durchaus. Im Mai 2018 hatte die Schülerin sogar einen festen Freund, doch lange hielt die erste Liebe nicht. Anfang 2019 gab es noch eine Internetbekanntschaft. Max oder Maxi, glaubte sich die Mutter in einem Interview mit der »Bunten« zu erinnern. Sie würden sich verstehen, als würden sie sich schon ewig kennen, schwärmte Rebecca damals. Der Junge wollte sie sogar besuchen kommen. Die 15-Jährige musste ihrer Mutter damals hoch und heilig versprechen, sich nicht alleine mit ihm zu treffen, sondern Freundinnen mitzunehmen. Die Mutter bot ihr sogar an, sie selbst könne sich in der Nähe unauffällig im Hintergrund aufhalten.

Wo ist Becci, wie sie von ihren Freunden genannt wurde, nur? Wohin ist sie an diesem Montagmorgen verschwunden? Und die entscheidende Frage: Ist Rebecca selbstständig abgetaucht oder wurde sie gegen ihren Willen entführt? Dass eine schwere Straftat vorliegt, ist bei Vermisstenfällen in den ersten 48 Stunden unwahrscheinlich. Das Leben ist kein Hollywoodfilm, in dem permanent Gangster mit Lieferwagen herumfahren und Menschen in einsamen Seitenstraßen in ihr Auto ziehen. Viel realistischer ist, dass Jugendliche von zu Hause weglaufen. Aber auch rebellische Teenager hauen nicht einfach so ab, meistens gibt es einen guten Grund. Streit in der Familie oder Mobbing in der Schule zum Beispiel können einen Jugendlichen zu einem solch drastischen Schritt bewegen. Im Fall von Rebecca ist nichts dergleichen bekannt. Sie ist an der Schule beliebt, auch wenn es in letzter Zeit zu ein paar kleinen Streits gekommen sein soll. Außerdem kaufte Rebecca kurz bevor sie verschwand noch Bilderrahmen, um die Fotowand in ihrem Zimmer umzugestalten. So verhält sich kein Teenager, der vorhat unterzutauchen.

Da Rebecca bis heute verschwunden ist, kann man nicht davon ausgehen, dass sie freiwillig ging. Sie ist kein James Bond mit gefälschten Papieren, der mal eben völlig spurlos und wie vom Erdboden verschluckt verschwindet. Sie ist eine 15-jährige Schülerin, die kaum Geld bei sich hatte – und weder ein Motiv noch die Möglichkeit zum Untertauchen.

Am 21.Februar begann die Polizei die Angelegenheit daher ernst zu nehmen und veröffentlichte das Foto von Rebecca.

DIE TAGE DANACH

Zuerst wollte man wissen, wer Rebecca am 18. Februar gesehen hatte. Wer hatte mit ihr Kontakt? Hatte jemand mit ihr gesprochen? War sie an der üblichen Bushaltestelle? Ist sie vielleicht in den falschen Bus gestiegen? Man erhoffte, so rekonstruieren zu können, an welcher Stelle des Schulwegs das Mädchen verschwand. Die Polizei begann akribisch mit den Ermittlungen, ein Spürhund verfolgte laut Medienberichten Rebeccas Spur bis zur Bushaltestelle. Dann wertete man Videoaufzeichnungen einer nahe liegenden Bäckerei aus. Währenddessen kämpfte die mittlere Schwester Vivien auf Instagram um Aufmerksamkeit für den Fall. Schnell war der Hashtag #findbecci in den Weiten des Internets etabliert und Tausende Menschen zeigten in den sozialen Netzwerken ihr Mitgefühl oder boten Hilfe bei der Suche an. Unzählige meldeten sich mit Hinweisen bei der Polizei oder der Familie. Doch nur zwei Tage nach Beginn der ernsthaften Öffentlichkeitsfahndung übernahm am 23. Februar auf einmal die 3. Mordkommission in Berlin den Fall. Die Mordkommission? In einem Vermisstenfall? Man gehe von einem Tötungsdelikt aus, hieß es knapp gegenüber der Presse. Auf welchen Fakten diese Annahme basierte, war zunächst nicht bekannt. Der Chefermittler Michael Hoffmann hat einen ausgezeichneten Ruf, gemeinsam mit seinem Team konnte er bereits einige spektakuläre Fälle aufklären – unter anderem den Mord an einem Berliner Diskobesitzer. Er gilt als hartnäckig und äußerst kompetent.

Rebeccas Familie wollte derweil nicht tatenlos zu Hause herumsitzen. Längst redete sie ganz offen mit den Medien. Es gab mehrere TV-Interviews mit RTL und auch gegenüber den Printmedien wurden bereitwillig Informationen herausgegeben. Längst hatte der Medienrummel begonnen, ein wenig erinnerte es an den Fall von Madeleine McCann, das kleine Mädchen, das 2007 spurlos in Portugal verschwand (siehe Seite 36 ff.). Ab jetzt wurden alle Beteiligten genauestens beobachtet. Jeder Schritt und Tritt der Ermittler und Angehörigen wurde von Reportern festgehalten. Inklusive Paparazzifotos. Die ganze Nation schaute gespannt auf die täglichen Entwicklungen, die fast im Sekundentakt in den Livetickern der Onlineauftritte großer Boulevardblätter gelistet wurden. Jedes noch so kleine Detail war eine Erwähnung wert und wurde nahezu in Echtzeit über das Internet geteilt. Das Ganze mutete fast ein wenig bizarr an, als hätte sich dieser Fall gar nicht in echt ereignet. Für viele im Internet schien er eher eine Art Realitysoap zu sein. Ohne Rücksicht auf Verluste wurden täglich die irrwitzigsten Theorien gepostet. Familienangehörige wurden mit Klarnamen verdächtigt oder beleidigt – zu diesem Zeitpunkt noch ohne jede Grundlage. Das ging absolut zu weit. Ganz klar wurden einem hier wieder einmal die Schattenseiten der Onlinewelt vor Augen geführt. Vielen Menschen schien nicht bewusst zu sein, dass dies kein sonntäglicher Krimi war, bei dem man nebenbei Popcorn isst und über den Mörder scherzt. Es ging um ein echtes vermisstes Mädchen. Und um eine Familie, die wahnsinnig litt.

Beschimpfungen, Beleidigungen und Verschwörungstheorien bekam die Familie von Anfang an ab. Nicht nur im Internet, auch in der realen Welt sah sich Rebeccas Mutter mit solchen Menschen konfrontiert. Auf offener Straße soll ihr jemand zugerufen haben, dass man nicht das Steuergeld für ihre Tochter verschwenden und sie mal lieber selbst nach ihrem Kind suchen sollte. Eine dreiste Respektlosigkeit! Unmengen an Steuergeldern werden an unzähligen Stellen offen sichtbar verschwendet. Die Suche nach verschwundenen Kindern, den Schutzbedürftigsten in unserer Gesellschaft, ist jedoch eine der sinnvollsten und wichtigsten Verwendungszwecke unserer Abgaben überhaupt.

Rebeccas Schwester Vivien organisierte eine Privatsuche. Über 70 Freiwillige meldeten sich, um gemeinsam die Rudower Höhen nahe Rebeccas Schulweg zu durchforsten. Erfolglos.

Die Polizei hatte am 27. Februar bei ihrer ersten großen Suchmaßnahme mehr Erfolg. Während ein Hubschrauber mit Kamera in der Nähe des Hauses von Florian und Rebeccas Schwester Jessica über Berlin-Britz flog, suchten Polizeibeamte systematisch den Schulweg der Vermissten ab und durchwühlten Altkleidercontainer hinter den Gropius-Passagen, einem Einkaufszentrum nicht weit entfernt von Rebeccas Schule. Tatsächlich wurden die Einsatzkräfte fündig: Sie beschlagnahmten ein graues T-Shirt, doch ob es von Rebecca war, wollten sie nicht verraten. Bis heute ist nicht geklärt, ob das Kleidungsstück überhaupt etwas mit dem Fall zu tun hat oder ob man es nur auf Verdacht untersuchte.

DIE ERSTE FESTNAHME

Am Tag darauf, dem 28. Februar, folgte der erste Paukenschlag: Florian, Rebeccas Schwager, wurde zum dritten Mal verhört, eigentlich als Zeuge. Zunächst schien das nicht ungewöhnlich, denn der Schwager war der letzte Mensch, der mit Rebecca im Haus war, bevor sie verschwand. Jede kleine Beobachtung könnte von entscheidender Bedeutung sein. Doch Florian ist für die Ermittler zu diesem Zeitpunkt bereits weit mehr als ein einfacher Zeuge. Sie glauben, er habe etwas mit Rebeccas Verschwinden zu tun. Auch dieses Verhör dauerte, wie die beiden davor, mehrere Stunden. Rebeccas Vater hatte angedeutet, dass man seinen Schwiegersohn schon bei den beiden ersten Verhören ordentlich »in die Mangel« genommen hätte.

In den sozialen Netzwerken war Florian von Anfang an der Hauptverdächtige gewesen – wobei die Hobbydetektive im Internet, im Gegensatz zu den professionellen Ermittlern, zu diesem Zeitpunkt keinerlei Indizien dafür gesammelt hatten. Um 13.50 Uhr verkündete die Polizei ihren ersten großen Durchbruch. Der Schwager wurde festgenommen. Die Ermittlungen hätten den Verdacht einer Straftat erhärtet, hieß es. Laut Medien schwieg Florian nun im Verhör bei den meisten Fragen. Nur eine Sache beteuerte er: Mit Rebeccas Verschwinden habe er nichts zu tun.

EINE WELT BRICHT ZUSAMMEN

Am nächsten Tag rückte die Spurensicherung im Einfamilienhaus der Schwester an, in dem sich Rebecca zuletzt aufgehalten hatte. Der Pizzaabend, das Videospiel, die Übernachtung im Wohnzimmer: Hier hatten Rebeccas letzte bekannte Momente stattgefunden. Was aber, wenn in diesem Haus noch mehr passiert war? Die Polizei konzentrierte sich vor allem auf einen bestimmten Zeitpunkt: die Stunde, nachdem Jessica, Rebeccas Schwester, zusammen mit ihrem Kind das Haus verlassen hatte und Becci ganz alleine mit ihrem Schwager war.

Die Kriminaltechniker suchten akribisch nach Hinweisen und Spuren, die auf ein Gewaltdelikt schließen ließen. Für die Familie bedeutete die Festnahme des Schwagers gleich einen doppelten Schlag. In diesem Moment muss für die Eltern eine

Welt zusammengebrochen sein. Zum einen galt nun jemand aus ihrem engsten Kreis als Hauptverdächtiger, zum anderen wäre ihre Tochter wohl nicht mehr am Leben, sollten sich die Verdachtsmomente der Ermittler bewahrheiten. Und der Täter wäre einer aus ihrer eigenen Mitte. Ihr geliebter Schwiegersohn. Der Vater ihrer Enkeltochter.

Man kann das Verhältnis zwischen Florian R. und Rebeccas Familie als äußerst vertraut und liebevoll beschreiben. Auch wenn Florian nur ein angeheiratetes Familienmitglied ist, ist er für Rebeccas Eltern wie ein Sohn. Vor allem mit dem Vater soll Florian eng verbunden sein. Für Rebecca, das bestätigen alle, ist er wie ein großer Bruder. Und auch mit Vivien, der mittleren Schwester, kommt er gut aus.

Als die Polizei zum ersten Mal aussprach, dass sie in einem Tötungsdelikt ermittele und der Schwager als Hauptverdächtiger gelte, reagierte die Familie unerwartet. Statt sich zurückzuziehen und abzuwarten, was passierte, gingen sie erst recht an die Medien und gaben ein öffentliches Statement ab: Die gesamte Familie R. stehe felsenfest hinter ihrem Schwiegersohn, dem Hauptverdächtigen Florian R., beteuerte man in mehreren Interviews. Sie seien überzeugt, dass er unschuldig sei. Auch Rebeccas Schwester Vivien postete auf Instagram die Unschuldsvermutung.

Die Reaktionen im Internet waren gespalten. Während den einen der geschlossene Familienzusammenhalt imponierte, kritisierten die anderen, dass die Familie indirekt die Arbeit der Ermittler erschwerte und nur die Augen vor der Wahrheit verschließen wollte.

Wieso verteidigten die Familienmitglieder Rebeccas Schwager so vehement? War das pure Verdrängungsstrategie? Wollten sie nicht wahrhaben, dass der Täter möglicherweise aus dem engsten Umfeld kam? Dass sie ihn seit Jahren kannten? Wollten sie sich nicht eingestehen, dass sie sich so in einem Menschen getäuscht haben könnten? Auf der anderen Seite war auch klar: Sobald sie den Schwager für schuldig hielten, hieß das, dass Rebecca nie wieder lebend auftauchen würde.

Vielleicht aber reichten der Familie auch die Indizien der Polizei einfach nur nicht aus. In einem Rechtsstaat müssen die Ermittler einem Verdächtigen seine Schuld nachweisen – nicht er ihnen seine Unschuld. Und das ist gut so.

DIE INDIZIEN

Schon einen Tag später wurde Florian wieder auf freien Fuß gesetzt. Einem Ermittlungsrichter, der die Untersuchungshaft hätte anordnen können, reichten die Indizien einfach nicht aus. Doch welche Indizien gab es überhaupt?

Als Rebeccas Schwester Jessica an jenem verhängnisvollen Morgen gegen 7 Uhr das Haus verließ, schaute sie nicht mehr im Wohnzimmer nach Rebecca – was nachzuvollziehen ist, sie wollte ihre kleine Schwester nicht unnötig wecken, wenn diese erst später Schule hatte. Ab diesem Zeitpunkt waren nur noch zwei Personen im Haus: Rebecca, die vermutlich noch schlief, und Florian, ihr Schwager. Kurz darauf verschwand das Mädchen. Das allein machte ihren Schwager natürlich noch nicht zum Hauptverdächtigen. Er hatte wohl im Verhör behauptet, er hätte nach der Betriebsfeier geschlafen. Als später Rebeccas Mutter anrief, wollte er nach der Schülerin schauen. Doch die wäre da schon weg gewesen.

Die Polizei hatte die Routerdaten im Hause von Florian R. ausgelesen. Dadurch ließ sich feststellen, wann Rebeccas Handy zum letzten Mal ins WLAN eingeloggt war. Zwischen 6 und 8 Uhr morgens griff das Handy mindestens einmal auf den Router zu. Die Familie, die den Router ebenfalls ausgelesen hatte, sagte, der letzte Zugriff habe um 7.40 Uhr stattgefunden. Interessant ist, dass Rebeccas Handy sich anscheinend in keinen Mobilfunkmast außerhalb eingeloggt hat. Das heißt, das Handy muss, nachdem das Mädchen im Haus das letzte Mal online gewesen war, ausgeschaltet worden sein oder sich im Flugmodus befunden haben. Die Polizei hielt sich dazu öffentlich sehr bedeckt. Sie begründete die Festnahme des Schwagers zunächst mit Unstimmigkeiten zwischen den objektiven Routerdaten und Florians Aussage. Wie die Medien angeblich aus Ermittlerkreisen erfuhren, soll er behauptet haben, er hätte geschlafen. Gleichzeitig soll er in dieser Zeit jedoch WhatsApp-Nachrichten geschrieben und empfangen haben. Warum hatte er in dieser Angelegenheit nicht die Wahrheit gesagt? Auch Florians Zeitangaben sollen nicht immer gestimmt haben. Diese Indizien reichten allerdings nicht aus, um ihn länger festzuhalten. Manchmal schreibt man noch im Halbschlaf WhatsApp-Nachrichten – gerade nach einer durchgefeierten Nacht. Genauso kann man sich mit der Uhrzeit vertun. Das ist kein Verbrechen und wohl jedem von uns schon irgendwann mal passiert.

DIE DECKE

Lange Zeit blieb Rebeccas Schwager nicht in Freiheit. Bereits drei Tage später wurde er erneut festgenommen. Die Staatsanwaltschaft hatte Beschwerde gegen seine Freilassung eingereicht und ein zweiter Ermittlungsrichter hatte ihr recht gegeben. Florian R. saß nun wegen dringenden Tatverdachts des Totschlags in Untersuchungshaft.

Man hatte sich von der Untersuchung des Hauses, von dem man annahm, dass es der Tatort war, Spuren erhofft. Und laut Informationen der »Bild-Zeitung« waren die Kriminaltechniker auch fündig geworden: Neben Rebecca, ihren Schulsachen und ihrem Handy war noch ein weiterer Gegenstand aus dem Haus verschwunden: eine lilafarbene Fleecedecke.

Am 5. März gab es dann die nächste Wendung im Fall Rebecca. Bis dahin war die Indizienlage gegen den Schwager – zumindest was man in der Öffentlichkeit darüber wusste – doch arg dünn gewesen. Doch das sollte sich ändern. Anonyme Quellen hatten der »Bild-Zeitung« gesteckt, man hätte im Kofferraum des Familienautos, das der Schwager fuhr, Fasern der Fleecedecke und Haare von Rebecca gefunden. Ein vermeintlicher Durchbruch. Sofort überschlugen sich im Internet die Theorien: War

Rebecca im Haus getötet, in die Decke gerollt und im Kofferraum abtransportiert worden? Die Polizei ging wohl genau von diesem Szenario aus. Hätte Rebecca freiwillig das Haus verlassen, um zur Schule zu gehen, hätte sie wohl kaum eine Decke mitgenommen. Wofür? Für ein Picknick? Oder hatte sie sich die Decke umgehängt, weil ihr kalt war? Aber wäre sie damit nicht zwangsläufig vielen Menschen aufgefallen? Vielleicht hatte sie die Decke in ihrem Rucksack verstaut. Aber war zwischen den Schulsachen überhaupt genug Platz dafür?

Nur einen Tag später folgte eine weitere Entdeckung, die den Verdacht gegen den Schwager noch deutlich erhärten sollte.

KESY

Vermutlich haben die wenigsten Menschen schon einmal von KESY gehört. KESY ist die Abkürzung für ein Kennzeichenerfassungssystem, das von der Polizei in Deutschland eingesetzt wird, um gestohlen gemeldete Fahrzeuge wiederzufinden – eigentlich eine Maßnahme, um beispielsweise gegen organisierte Autoschieber vorzugehen. Dazu wurden in einigen Bundesländern an den Autobahnen vereinzelt Kameras aufgestellt, die das Kennzeichen jedes vorbeifahrenden Autos scannen und mit einer Datenbank abgleichen. Jeder Treffer wird sofort der Polizei gemeldet. In Sachsen gibt es das System seit 2013, mit seiner Hilfe wurden dort bereits eine Handvoll gestohlener Fahrzeuge identifiziert. Dennoch ist das System umstritten, vor allem aus datenschutzrechtlichen Gründen. Normalerweise sollen die Daten auch sehr schnell wieder gelöscht werden. Zumindest bei KESY in Brandenburg ist das nicht passiert und spielte so den Ermittlern im Fall von Rebecca in die Hände. Der himbeerrote Renault Twingo des Tatverdächtigen war nämlich genau von einer solchen Anlage erfasst worden – und zwar an dem Tag, als Rebecca verschwand. Um genau 10.47 Uhr.

Der Standort der KESY-Anlage war eigentlich geheim, wurde durch die Ermittlungen allerdings offengelegt. Das Auto war am Vormittag des 18. Februar auf dem Weg von Berlin Richtung Frankfurt an der Oder auf der A12 registriert worden. Der Twingo war also etwa drei Stunden, nachdem Rebeccas Handy zum letzten Mal im Router eingeloggt gewesen war, auf dem Weg Richtung polnische Grenze. Die Polizei ist sich laut aktuellstem Ermittlungsstand sicher, dass zu diesem Zeitpunkt nur der 27-jährige Schwager Zugriff auf den Wagen hatte.

Was machte der Schwager, der doch erst fünf Stunden zuvor von einer durchfeierten Partynacht nach Hause gekommen war und noch todmüde gewesen sein dürfte, so schnell schon wieder hinter dem Steuer? Was war so wichtig? Wo musste er hin?

Das Kennzeichenerfassungssystem, kurz vor der Ausfahrt Storkow in Ostbrandenburg installiert, registrierte den Tatverdächtigen dann noch ein zweites Mal: tags darauf um 22.39 Uhr.

Die Polizei entschied sich für einen Schritt, der im Nachhinein von einigen Juristen kritisiert werden sollte: Sie veröffentlichte Fotos von Rebeccas Schwager und dem Auto. Natürlich platzierten einige Tageszeitungen die Bilder umgehend prominent auf den Titelseiten.

Am Abend des 6. März war der Chefermittler persönlich in der reichweitenstarken ZDF-Sendung »Aktenzeichen XY« zu Gast und bat nun auch die Bevölkerung um Hilfe. Die wichtigste Frage war: Wer hatte Florian R. oder sein Auto am Tag des Verschwindens in Ostbrandenburg gesehen? Es dauerte nicht lange, da kannte fast jeder in Deutschland Florians Gesicht.

Die Maßnahme stieß auf viel Kritik, weil sie extrem in die Persönlichkeitsrechte des Tatverdächtigen eingriff. Sollte sich herausstellen, dass er unschuldig war, würde trotzdem jeder Mensch sein Gesicht mit einem abscheulichen Verbrechen verbinden. Das würde ein geregeltes Leben trotz eines Freispruchs oder einer Verfahrenseinstellung schwer möglich machen. Ein Verbund von Strafverteidigern kritisierte die Öffentlichkeitsarbeit der Polizei deswegen scharf: Sie gleiche einer Vorverurteilung und würde einen fairen Prozess für den Schwager des vermissten Mädchens enorm erschweren.

MYSTERIÖSE FAHRTEN

Infolge der massiven öffentlichen Aufmerksamkeit gingen Hunderte neue Hinweise bei der Polizei ein. Die Theorie der Ermittler, auch wenn sie nicht laut ausgesprochen wurde, lag auf der Hand: Die Mordkommission ging davon aus, dass Rebecca das Haus nie lebend verlassen hatte. Grund für diese Annahme seien unter anderem die Routerdaten und das Telefonverhalten der Verschwundenen.

Die Untersuchungen schienen ergeben zu haben, dass es im Haus ein Tötungsdelikt gegeben haben musste. Zu der von der Polizei vermuteten Tatzeit war Rebecca mit ihrem Schwager alleine im Haus. Deckenfaser und Haare im Kofferraum sowie kurz darauf folgende unerklärte Fahrten in Ostbrandenburg ließen grob das Bild erahnen, das sich die Polizei vom Tathergang machte.

Der Tatverdächtige kam von einer Betriebsfeier nach Hause, eventuell unter dem Einfluss von Alkohol. Um 7 Uhr verlässt seine Frau mit dem Kind das Haus. Die Polizei geht davon aus, dass es danach zu einem Streit oder einer anderen Konfrontation zwischen Rebecca und ihrem Schwager gekommen ist, was mit dem Tod der 15-Jährigen endete. Mit der Leiche im Kofferraum hätte sich der Verdächtige in diesem Szenario dann Richtung Frankfurt/Oder aufgemacht, um Rebecca irgendwo an einer einsamen Waldstelle im ländlichen Brandenburg zu verstecken oder abzulegen. Aber wieso hätte er sich am nächsten Tag noch einmal dorthin begeben sollen? Wäre eine »Entsorgung« des Leichnams bei Tageslicht zu auffällig gewesen? Hatte er deshalb die Aktion einen Tag darauf in die späten Abendstunden verschoben? Um bei Dunkelheit zu beenden, was er tags zuvor angefangen hatte? Zum Beispiel die Leiche zu vergraben oder in einem See zu versenken. Damit in nächtlicher Stille ganz sicher niemand in der spärlich bevölkerten Region etwas mitbekäme?

Die Mordkommission ging davon aus, dass es genau so vermutlich passiert war. Anders kann man sich den enormen Aufwand der darauffolgenden Suchaktionen nicht erklären. Eine

Hundertschaft der Polizei, ausgerüstet mit Stöcken und Schaufeln, durchkämmte ganze Waldgebiete in Ostbrandenburg, meist in der Nähe von Storkow. Stets verfolgt von Fotografen. Der Wolziger See wird mit Booten befahren, sogar Taucher kommen zum Einsatz. Das Technische Hilfswerk unterstützt mit Maßnahmen, die eigentlich zur Bergung von Lawinenopfern entwickelt wurden. Trotz allem blieb die Suche zunächst ohne Erfolg.

Wieso man gerade die Gegend um Storkow untersuchte, wo es doch im ländlichen, kaum besiedelten Brandenburg noch viele andere abgelegene Stellen gibt? Storkow liegt nicht weit von dem KESY-Standort entfernt, wo das Auto erfasst wurde. Zudem schien die Polizei einige vertrauenswürdige Hinweise von Leuten erhalten zu haben, die den Tatverdächtigen und sein himbeerrotes (und damit nicht gerade unauffälliges) Auto gesehen haben wollten. Die Medien vor Ort bekamen zum Beispiel heraus, dass eine Gruppe Reiterinnen Rebeccas Schwager bei dem Waldstück gesehen hätte.

Bleibt die Frage: Wie findet man eine potenzielle Leiche in einem so riesigen Gebiet? Oft sieht man frisch ausgehobene Erde oder kann mithilfe hochentwickelter Technik erkennen, wo in letzter Zeit gegraben wurde. Die größte Hoffnung setzten die Ermittler aber nicht auf neueste Suchtechnik, sondern auf Spürhunde. Ihre feine Nase ist auf mikroskopisch kleine menschliche Geruchspartikel trainiert.

Es gibt unterschiedlich ausgebildete Hunde: Sogenannte Leichenspürhunde sind, wie der Name bereits sagt, auf den Geruch von Leichen spezialisiert. Sie können eine Stelle, an der eine tote Person abgelegt wurde, auch nach Wochen noch erkennen – selbst wenn sich die Leiche nur ganz kurz dort befand (mehr dazu im Faktenkapitel »Spürhunde« auf Seite 72–73). Speziell ausgebildete Hunde schlagen sogar an der richtigen Stelle an, wenn sie mit Booten über ein Gewässer gefahren werden und ein Leichnam unter Wasser liegt. Die Hunde, das lag auf der Hand, sollten die Stelle identifizieren, an der Rebeccas Leiche verscharrt oder versenkt worden war.

Nicht selten führten die »Supernasen« so die entscheidende Wende in einem Mordfall herbei. Im Fall Rebecca jedoch schlugen sie nicht an. Weder im Wald noch auf den Booten der Wasserpolizei. Nur einmal wurde es laut am Storkower Kanal. Aber es handelte sich nur um ein verendetes Tier.

Neben den Leichenspürhunden kamen auch noch sogenannte Mantrailer zum Einsatz, Spürhunde, die ausgebildet sind, lebende Personen zu erschnüffeln, etwa wenn sie von Lawinen verschüttet wurden. Doch wofür setzte die Polizei Hunde ein, die auf lebende Menschen spezialisiert sind, wenn sie doch von einem Tötungsdelikt ausging?

Die Erklärung klingt faszinierend: Die Hunde suchten nicht etwa nach Rebecca, sondern nach dem Ort, an dem der Schwager sich zuletzt aufgehalten haben könnte. Immer wieder liefen Polizisten mit ihnen die Autobahn ab. Anscheinend wollten sie herausfinden, welche Ausfahrt der Tatverdächtige genommen hatte. Aber war das nicht ein bisschen zu viel erwartet? Konnte ein Hund Wochen später die Spur eines Menschen wittern, der im Auto vorbeigefahren war? Auf einer Autobahn? Genügten dazu die wenigen Geruchspartikel, die während der Fahrt durch die Lüftung des Wagens nach draußen drangen? Die Polizei schien es in Betracht zu ziehen, auch wenn andere ausgebildete Hundeführer dies für äußerst unrealistisch halten.

DIE FAMILIE HÄLT ZUSAMMEN

Wer gedacht hatte, diese Indizienkette müsste Familie R. umstimmen und sie den Tatverdächtigen kritisch hinterfragen lassen, lag falsch. Alle standen fest zu Florian – trotz der Haare im Kofferraum, trotz der Fleecefasern und trotz der mysteriösen Fahrten. Vielleicht sogar mehr denn je. Rebeccas Mutter erklärte in einem Interview, dass die lilafarbene Fleecedecke oft im Kofferraum lag, weil man sie auf Ausflügen immer dabeihatte. Die Faserspuren seien deshalb ganz natürlich. Auch für die Haare lieferte sie eine Erklärung: Ihre Tochter hatte mit ihrer kleinen

Nichte, der Tochter von Florian, im Auto gespielt. Und was die unerklärlichen Fahrten nach Brandenburg betraf, sprang Rebeccas Vater für den Schwiegersohn in die Bresche. Er wüsste genau, warum Florian an jenem Vormittag im Twingo unterwegs war, dürfte es aber nicht öffentlich sagen. Mit Rebeccas Verschwinden hätte es jedoch ganz sicher nichts zu tun. Gleichzeitig forderte er seinen Schwiegersohn auf, doch endlich zu reden und sich und seine verdächtigen »Ausflüge« zu erklären, damit die Ermittlungen wieder in die richtige Richtung gingen.

Jeder neutrale Außenstehende wird sich gefragt haben, wieso Rebeccas Vater den Ermittlern nicht einfach die Wahrheit sagte, wenn er damit seinen Schwiegersohn entlasten konnte? Es ging schließlich, um das Leben seiner Tochter. Wenn sie nicht getötet, sondern vielleicht entführt worden war, zählte jede Sekunde, die in die falsche Richtung ermittelt wurde. Und was konnte der Schwager überhaupt so Schlimmes getan haben, dass er lieber weiter Tatverdächtiger in einem Tötungsdelikt blieb, statt den Beamten zu gestehen, wo er wirklich war? Zur Verteidigung des Vaters sollten wir bedenken, dass keiner von uns alle Hintergründe und Motive eines Menschen kennt, weshalb man öffentliche Aussagen nicht immer nachvollziehen kann.

Gegenüber der Presse verriet Rebeccas Vater dann doch noch mehr Details: Er hätte Florian, als dieser zum ersten Mal entlassen wurde, zur Rede gestellt und Erklärungen bekommen. Schnell las man im einschlägigen Boulevard von einem angeblichen Drogendeal in Polen. Tatsächlich ist die A12 eine Route, auf der illegale Substanzen wie Crystal Meth geschmuggelt werden. Wollte der Vater nichts verraten, damit er seinen Schwiegersohn nicht in die Bredouille brachte?

Die Familie verneinte das Drogenfahrt-Gerücht später und laut meinen Informationen wurde ihnen diese Behauptung sowieso nur von der Boulevardpresse in den Mund gelegt. Tatsächlich wurde ein Drogendeal nie erwähnt. Auch die Polizei vermutete hinter den angeblichen Deals eine Schutzbehauptung. Sie ging wohl davon aus, dass der Tatverdächtige eine weniger schwere kriminelle Tat als Ausrede erfand, um Verständnis für sein Schweigen zu erlangen. Welches Motiv der Schwager wirklich für die Fahrten hatte, bleibt also weiterhin unklar. Es gibt keine Zeugen dafür, was er am Vormittag nach seiner langen Partynacht im ländlichen Brandenburg wirklich getan haben könnte. War er angeln, hat er Pilze gesammelt oder einen ausgedehnten Waldspaziergang unternommen? Das ist selbstverständlich nicht verboten. Das Timing allerdings wäre im Nachhinein äußerst unglücklich gewählt gewesen.

DIE FREILASSUNG

Es wurde noch wochenlang, bis tief in den April hinein, nach Rebeccas Leiche gesucht. Immer wieder durchkämmte die Polizei neue Gebiete, anscheinend erhielt sie immer noch neue Hinweise. Man fand jedoch nichts, im besten Fall wurden Reifenspuren aufgenommen. Ob diese allerdings für den Fall relevant waren, ist nicht überliefert.

Der tatverdächtige Schwager war mittlerweile wieder auf freiem Fuß. Seine Anwältin, eine ehemalige Polizistin, hatte Haftbeschwerde eingereicht und der Haftrichter hatte dieser stattgegeben. Die Freilassung bedeutete zwar weder, dass Florian unschuldig war, noch dass er entlastet worden war. Aber zumindest wusste man, dass die Polizei keinesfalls einen geheimen hundertprozentigen Beweis in der Hinterhand hatte, auch wenn das so mancher angenommen hatte. Auch dass die Staatsanwaltschaft darauf verzichtete, Einspruch einzulegen, spricht dafür, dass sich der Tatverdacht zumindest nicht deutlich erhärtet hatte – trotz der gründlichen Ermittlungen. Allerdings sind die Hürden für einen Freiheitsentzug in Deutschland auch hoch und ein Verdächtiger darf nur bei einem dringenden Tatverdacht in Untersuchungshaft. Das bedeutet, dass eine Verurteilung vor Gericht sehr wahrscheinlich wäre, ein einfacher Tatverdacht dazu aber nicht ausreichte. Die Polizei gab an, trotzdem weiterhin gegen Florian R. zu ermitteln. Daran hätte auch die Freilassung nichts geändert.

Weil die Suchaktionen keinerlei Erfolge brachten, wurden sie schließlich eingestellt. Wie auch im Fall Maddie McCann (siehe Seite 36 ff.) gab es zwar zahlreiche Menschen, die Rebecca angeblich gesehen hatten. Die bekannteste Sichtung kam aus Krakau, wo ein Mann behauptete, Rebecca mit einem Fremden in einem Einkaufszentrum gesehen zu haben. Das Mädchen sprach Deutsch und trug eine Zahnspange. Die Familie nahm die Sichtung sehr ernst, weil sie bis dahin nicht verraten hatte, dass Rebecca eine Zahnspange trug – genau für solche Situationen. Denn so kann man Zeugen auf ihre Glaubwürdigkeit hin prüfen. Die Polizei überprüfte den Hinweis, verglich womöglich auch Aufnahmen von Videoüberwachungskameras aus dem Shoppingcenter, kam aber zu dem Entschluss, dass es sich nicht um das vermisste Mädchen aus Berlin handelte.

Die Familie gibt nicht auf. Sie glaubt weiterhin an die Unschuld des Schwagers und startet immer wieder auf eigene Faust Suchaktionen. Weil sie sich dabei von der Polizei oft belächelt und nicht ernst genommen fühlt, scheint es mittlerweile zwei Lager zu geben: die hoffende Familie, die nach »ihrem« Mädchen, und die Polizei, die nach einer Leiche sucht.

Die Angehörigen fühlen sich isoliert, das Vertrauen in die Justiz scheint erschüttert und so schlüpft Rebeccas Familie schon seit längerem selbst in die Rolle des Ermittlers. Sie ist bemüht, ihre Theorie, dass Rebecca noch lebt, mit guten Argumenten zu untermauern. Während die Ermittler bis heute davon ausgehen, dass Rebecca das Haus nicht lebend verlassen hat, ist ihre Familie davon nämlich nach wie vor überzeugt. So fanden sie einige Zeugen, die versicherten, Rebecca an jenem Februarmorgen noch lebend gesehen zu haben. Einer Nachbarin fiel besagte Decke auf, was ihr ungewöhnlich vorkam. Ein Mädchen will die Vermisste an der Bushaltestelle am Handy beobachtet haben. Sie kannte Rebecca vom Sehen und war im selben Sportverein wie ihre Schwester, eine Verwechslung ist daher nahezu auszuschließen.

Eine weitere Zeugin will Rebecca gegen 7.30 Uhr im Bus 171 Richtung Rudow gesehen haben. Ihre Beschreibung Rebeccas enthielt einige Details – bis hin zur aktuellen Haarlänge –, weshalb die Eltern die Sichtung sehr ernst nahmen. Allerdings fährt die Linie 171 nicht zu Rebeccas Schule. Wollte sie sich mit jemandem treffen und nahm deswegen diese ungewöhnliche Route? Weil der 171er-Bus Richtung Flughafen Schönefeld fährt, gab es sofort wieder Verschwörungstheorien.

Leider werden Aufnahmen aus Überwachungskameras in öffentlichen Verkehrsmitteln in der Regel schnell überschrieben, weswegen sich die Sichtung nicht mehr verifizieren lässt. Die von der Zeugin angegebene Uhrzeit zumindest kann definitiv nicht stimmen, da der letzte Routerzugriff von Rebeccas Handy nach 7.30 Uhr erfolgte. Die Sichtung wäre also nur dann möglich gewesen, wenn sich die Zeugin in der Zeit getäuscht hat. Außerdem weiß man, dass Zeugen sich gerade in so populären Fällen wie diesem oft irren. Trotzdem erwischt man sich dabei, ihnen glauben zu wollen. Ihre Aussagen sind wie ein Strohhalm, an den man sich klammern kann.

Viele Monate blieb es im Fall Rebecca R. außergewöhnlich still. Selbst die sonst so eifrigen Boulevardmedien berichteten kaum mehr darüber. Zwischenzeitlich geisterte zwar noch die Meldung herum, es handele sich um einen tödlichen »Stolperunfall« im Haus. Doch das halte ich für äußerst unrealistisch.

Gerade als die Ersten befürchteten, die vermisste Rebecca würde zu einem sogenannten Cold Case, überraschten die Ermittler im September 2019 mit einer neuen Suchaktion im. Erneut wurde ein Waldgebiet bei Kummersdorf, einem Ortsteil von Storkow, durchkämmt. 60 Bereitschaftspolizisten waren, unterstützt von Kriminaltechnikern, im Einsatz. Weil die Gegend bereits im Frühjahr ohne ermittlungstaktischen Durchbruch durchsucht worden war, verwunderte der erneute Einsatz. Vielen waren die Bilder der Hundertschaften, Spürhunde und Kriminaltechniker, die vor einigen Monaten gefühlt jeden Millimeter des Waldes durchkämmt hatten, noch präsent. Wieso also untersuchte man denselben Wald nun ein zweites Mal? In den bekannten Medien kursierten diverse Gerüchte: Mal wollte die Presse aus Ermittlerkreisen erfahren haben, dass ein Hund in dem Waldstück angeschlagen und den Einsatz ausgelöst hätte, mal ging man von der Abarbeitung alter Hinweise aus. Andere vermuteten, dass die Ermittler noch einmal die wahrscheinlichste Stelle untersuchen wollten, ehe es Herbst würde in den Wäldern Brandenburgs und der Boden mit Blättern übersäht wäre.

Was auch immer daran wahr war: Die Suche wurde nach kurzer Zeit ohne Erfolg abgebrochen.

MEIN FAZIT

Die Unschuldsvermutung ist gerade in den Tagen sogenannter Fake News und Social-Media-Shitstorms ein hohes Gut, das es unbedingt zu achten gilt. Leider wurde sie im Fall Rebecca des Öfteren missachtet. Hat sich der Schwager durch sein Verhalten verdächtig gemacht? Natürlich! Aber kann man allein aufgrund der öffentlichen Indizien davon ausgehen, dass er die Tat begangen hat? Nein! Wie sich laut Medienberichten herausstellte, war das Haar im Kofferraum doch nicht von Rebecca. Genauso sind die KESY-Aufnahmen datenschutzrechtlich sehr umstritten. Ob sie vor Gericht verwendet werden dürfen, ist noch nicht klar. Es scheint, als bräuchten die Ermittler noch weitere, eindeutigere Indizien, um ihren Verdacht zu untermauern. Es ist zwar möglich, einen Verdächtigen auch ohne Leiche zu verurteilen, aber es ist deutlich schwerer.

Ich kann die Mordkommission verstehen, wenn sie diejenige Theorie verfolgt, die ihrer Meinung nach am wahrscheinlichsten ist. Die Statistik, dass viele Täter aus dem nahen familiären Umfeld eines Opfers stammen, mag ihre These stützen.

Ich verstehe jedoch auch die Familie, die sich kämpferisch zeigt und fest daran glaubt, dass Rebecca noch am Leben ist – und sich mit ihren Gedanken, Hoffnungen und Sorgen nicht ernst genommen fühlt. Sie ist der Ansicht, dass sich die Ermittler auf ihre Version »eingeschossen« haben und keine andere Möglichkeit mehr in Erwägung ziehen. Doch wie hätte der Tatverdächtige Florian R. Rebecca verschwinden lassen können, ohne irgendwelche Spuren zu hinterlassen? Er sei doch kein Profikiller, betonen die Angehörigen etwas überspitzt immer wieder. Ganz Unrecht haben sie mit dieser Argumentation nicht: Wer wäre so abgebrüht und würde derart eiskalt agieren, sollte es eine Affekttat im Haus gegeben haben? Ein »normaler« Mensch würde bei einer ungeplanten Tat mit Sicherheit eine Reihe Fehler begehen, die ihn später überführen würden. Nicht zuletzt machen natürlich die Zeugen der Familie Hoffnung – genauso wie die Tatsache, dass alle aufwendigen Suchaktionen der Polizei nach einer Leiche bisher fehlschlugen. Vielleicht weil einfach keine Leiche existiert?

Natürlich bleibt die Frage, was sonst passiert sein könnte. Warum war Rebeccas Handy aus? Wurde sie auf dem kurzen Weg zur Bushaltestelle entführt? Oder wurde gar ins Haus eingebrochen, wie im Fall Maddie McCann? Wohl kaum, Rebecca ist kein Kleinkind und mit knapp 1,80 Metern auch zu groß, um sie mal eben wegzutragen.

Im morgendlichen Berlin bei Tageslicht und im Berufsverkehr, selbst in einem eher verschlafenen Viertel, wäre eine Entführung extrem riskant. Wurde sie also in eine Falle gelockt? Hat sie sich mit irgendjemandem getroffen? Das hätte man anhand ihrer Onlineaccounts nachvollziehen müssen. Doch dort fand man nichts. Und dass die Schülerin ein geheimes Zweithandy besaß, das sie vor ihrer Familie verbarg, ist sehr unrealistisch.

Je länger ein Fall andauert, desto schwieriger wird die Aufklärung. Vielleicht greift irgendwann Kommissar Zufall ein und bringt Licht ins Dunkel. Mir erscheint es unwahrscheinlich, aber nicht unmöglich, dass Rebecca noch lebt – auch wenn ich ihrer Familie so sehr wünsche, dass sie recht behält. Es gibt sie, die positiven Beispiele, wie Natascha Kampbusch, die ihrem Entführer nach vielen Jahren entkommen konnte. Rebecca kannte diesen Fall gut. Sie hatte ihrer Mutter einmal gesagt, man müsse sich im Falle einer Entführung ruhig verhalten. Hoffen wir, dass sie genauso wie Natascha eines Tages wieder auftauchen wird.

INTERVIEW MIT PROFILER MARK T. HOFMANN

JULIAN HANNES: War das Instagram-Fahndungsfoto im Fall Rebecca Fluch oder Segen?

MARK T. HOFMANN: Beides. Jeden Tag werden bei der Polizei etwa 300 Personen als vermisst gemeldet. Genauso viele Anzeigen werden aber auch täglich wieder gelöscht, weil Personen meist nach 48 Stunden wieder auftauchen. Die Zahl der Vermissten in Deutschland liegt bei rund 11 000 Menschen, davon sind 7000 minderjährig (Stand: 2018). Das berühmte Filterfoto war auffällig. Hätte es dieses Foto nicht gegeben, würden wir jetzt nicht über Rebecca sprechen und überregionale Medien hätten kein Wort über sie verloren. Rebecca wäre einer der 6999 anderen Fälle, über die wir auch nicht sprechen. Ich denke trotzdem, die Polizei hätte dieses Foto nicht gewählt, das lag eher im Ermessen der Familie.

Man sagt, der Täter kommt meistens aus dem persönlichen Umfeld. Denkst du, die Polizei war hier aber zu voreilig, und siehst du ein mögliches Entlassungsszenario für den Schwager?

Im Familienumfeld zu ermitteln ist naheliegend und vollkommen korrekt und die Indizien haben den Verdacht ja auch erhärtet. Dennoch ist der Schwager als unschuldig anzusehen, solange die Schuld nicht belegt ist. Wir sollten vor all den überarbeiteten Polizisten voller Hochachtung den Hut ziehen und nicht bei jedem öffentlichen Fall die Arbeit der Polizei bewerten und kritisieren. Das Einzige, was ich ungewöhnlich fand, war die Veröffentlichung des Fotos des Verdächtigen. Normalerweise veröffentlicht die Polizei nur Fotos von gesuchten Personen, nicht aber von Personen, die man bereits in Gewahrsam hat. Das war unnötig, zumal er ja bis dato nur verdächtig ist. Egal, wie der Fall ausgeht: Das Internet vergisst nie und das Bild wurde hundertfach veröffentlicht.

Wieso glaubt die Familie offensichtlich eher dem eigenen Schwager als den Ermittlungsbehörden?

Die eigene Tochter für tot zu halten ist wohl der schlimmste Gedanke, den Eltern haben können. Es ist vollkommen verständlich, dass die Familie die Hoffnung nicht aufgeben möchte, da ja keine Leiche gefunden wurde und nicht sicher ist, ob es ein Tötungsdelikt war. Da sie Rebecca nicht für tot halten, halten sie logischerweise auch den Schwager nicht für den Mörder. Den Schwager aber trotz aller Indizien zu decken ist ungewöhnlich. Aber der Gedanke, dass jemand, den wir mögen, in ein Verbrechen verwickelt ist, ist schwer zu ertragen.

Hältst du es für möglich, dass Rebecca schlicht und ergreifend »weggelaufen« ist?

Möglich ja, wahrscheinlich nein. Bei den allermeisten Vermisstenfällen tauchen die Personen innerhalb von 48 Stunden wieder auf. Insbesondere bei den Dimensionen, die dieser Fall erreicht hat, wäre sie sicher zurückgekehrt oder zumindest gesehen worden. Sofern Rebecca keine trainierte Agentin ist, halte ich es für unwahrscheinlich, dass sie sich in Luft auflöst, ohne physische oder digitale Spuren zu hinterlassen. Sicher hätte sie zudem Tage vorher geplant, Sachen gepackt, sich auf irgendeine Art verabschiedet und ungewöhnlich verhalten.

Aus Profilersicht: Beurteilt man den letzten Abend und alle Informationen über den Morgen und die Tage danach, welches Szenario hältst du für am wahrscheinlichsten?

Statistisch gesehen ist der Täter in der Familie zu vermuten. Damit war die Festnahme des Schwagers nicht überraschend. Das ist um ein Vielfaches wahrscheinlicher als ein mysteriöser Entführer. Das Verhalten des Schwagers, die Spuren im Kofferraum und die Autofahrten sind erdrückende Indizien. Auf Basis aller bekannten Fakten des Falls ist dies die mit großem Abstand wahrscheinlichste Theorie. Zu Recht gilt aber die Unschuldsvermutung, solange das Gegenteil nicht bewiesen ist.

Oft ist die Kriminaltechnik der Schlüssel zur Lösung eines Falls, also der Nachweis physischer Spuren, mit deren Hilfe sich ohne Zweifel beweisen lässt, dass zum Beispiel eine Person X an Ort Y war.

Bei Delikten innerhalb der Familie, so wie bei Rebecca, funktioniert diese Art der Beweisführung leider nicht: Die Vermisste und der mutmaßliche Täter sind Teil ein und derselben Familie. Haare des Mädchens oder Faserspuren ihrer Decke im Auto des Verdächtigen sind in diesem Fall nichts Ungewöhnliches und beweisen dementsprechend nichts. Dennoch deuten sie klar in eine Richtung.

Ich wünsche der Familie von Rebecca sehr, dass das Mädchen noch lebt, halte das Szenario aber für unwahrscheinlich.

KESY hat zwei Fahrten des Schwagers Richtung Brandenburg registriert. Welche Motive (bei Unschuld) könnte es geben, der Polizei diese zu verschweigen?

Was könnte wichtiger sein, als Rebecca zu finden, und was könnte schlimmer sein, als des Mordes verdächtigt zu werden? Einen Drogendeal zu verschweigen und stattdessen lieber des Mordes verdächtigt zu werden scheint nicht logisch. Dazu kommt, dass Florian R. sich erst angeblich nicht mehr an die Fahrten erinnern konnte und später dann dazu schwieg.

Diese unerklärten Fahrten in Verbindung mit den Faserspuren von Rebeccas Kuscheldecke im Auto sind starke Indizien, aber keine Beweise.

Falls es eine Entführung gab, was macht die enorme Medienaufmerksamkeit mit dem Entführer, der das sicher genau verfolgen wird? Welche Auswirkung hat das auf den Täter?

In diesem Fall glaube ich nicht an einen Entführer außerhalb der Familie. Aber im Allgemeinen verfolgen Täter Medienberichte aufmerksam und insbesondere in den USA halten sie sich auch gerne in den Bars auf, in die Cops am liebsten gehen. Oft sind sie überengagierte Helfer, die sich an den Suchaktionen beteiligen, in

INTERVIEW MIT PROFILER MARK T. HOFMANN

der Hoffnung, Details aufzuschnappen – was die Ermittler bereits herausgefunden haben und was nicht.

Es gibt Tätern ein beruhigendes Gefühl, zu wissen, dass die Ermittler auf einer falschen Spur sind. Oder es gibt ihnen genug Zeit zu fliehen, sobald diese die richtige Spur aufgenommen haben. Das bringt die Täter in eine Vorteilsposition, sie sind der Polizei immer einen Schritt voraus.

Auch wenn jedes Detail zu der vermissten Person beziehungsweise zu den Ermittlungen in die Öffentlichkeit durchsickert, sind viele Verhör- und Fragetechniken nicht mehr möglich. Gerade in Vermisstenfällen sollten Angehörige daher Medienauftritte, Statements und Interviews möglichst mit der Polizei abstimmen und keine Details preisgeben, die den Erfolg ihrer Arbeit gefährden.

VERMISSTENFÄLLE

Wie viele Menschen werden im Jahr als vermisst gemeldet?

11 000 Menschen wurden Jahre 2018 als vermisst geführt, teilte das BKA auf Anfrage von Medien mit – wobei die Zahl umstritten ist, vergleicht man sie beispielsweise mit den Zahlen des LKA Berlin. Demnach könnte es noch weitaus mehr Vermisstenmeldungen geben als angenommen. Manche Schätzungen sprechen sogar von 100 000 pro Jahr (allerdings können hierbei auch doppelte Meldungen verzeichnet sein).

Wann gilt jemand überhaupt als vermisst?

Grundsätzlich ist nicht jede Person, die nicht sofort auffindbar ist, gleich ein Vermisstenfall. Gerade Erwachsene fahren auch mal spontan in den Urlaub oder besuchen Verwandte, ohne sich vorher »abzumelden«. Die Polizei in Deutschland betrachtet eine Person erst dann als vermisst, wenn einer der folgenden Umstände gegeben ist:

- Hilflosigkeit (die Person ist krank oder geistig verwirrt und braucht dringend Hilfe). Beispiel: ein Patient, der aus der Psychiatrie fortgelaufen ist
- Verdacht auf eine Straftat oder Suizidgefahr
- Die verschwundene Person ist minderjährig (und ohne Erziehungsberechtigten unterwegs)

Wie viele Fälle bleiben ungelöst?

Jugendliche und Kinder machen die Mehrheit aller Verschwundenen aus. Doch nur sehr selten liegt eine Straftat und Fremdeinwirkung vor. Klassische unspektakuläre Fälle sind: Ein Kleinkind verläuft sich beim Familienausflug oder ein rebellischer Teenager reißt von zu Hause aus. Dementsprechend positiv liest sich die Aufklärungsstatistik. Nach einer Woche sind bereits 50 Prozent aller Vermisstenfälle aufgeklärt, 80 Prozent aller Fälle können nach einem Monat zu den Akten gelegt werden und nach einem Jahr herrscht sogar in 97 Prozent aller Ermittlungen Klarheit darüber, was passiert ist. Nur 3 Prozent aller Fälle, meistens sind das diejenigen, welche die größte mediale Aufmerksamkeit erfahren, bleiben auch nach 365 Tagen ungelöst. Bei ihnen sinkt mit der Zeit die Wahrscheinlichkeit, dass der Fall noch gelöst wird. Sie werden zu »Cold Cases«. Das heißt, die Ressourcen der Ermittler verringern sich und die Ermittlungen werden minimiert, bis es neue Hinweise gibt.

Wie geht die Polizei bei der Suche nach Vermissten vor?
Zur Aufklärung nutzt die Polizei vor allem folgende Möglichkeiten, um Vermissten auf die Spur zu kommen:
- Absuchen des letzten bekannten Aufenthaltsorts oder anderen für die Person bedeutsamen Plätzen
- Handyortung, Auswertung von Chatprotokollen, Rekonstruktion eines Bewegungsprofils (falls vorhanden, auch mithilfe von Überwachungskameras)
- Befragung von Zeugen aus dem näheren Umfeld
- Spürhunde (sogenannte Mantrailer, siehe Seite 73)
- Beobachtung möglicher Geldtransfers von Konten der vermissten Person, Kreditkartennutzung, Ticketbuchung, Onlineverhalten in sozialen Netzwerken (falls noch vorhanden)
- Öffentlichkeitsfahndung

PASST AUF EUCH AUF

Diese letzten Worte schreibe ich gerade um 4 Uhr morgens. Wie bei meinem ersten Buch, »Die Welt ist böse«, habe ich vor allem nachts geschrieben und ich kann euch, werte Leser, versichern, das war auch diesmal keine gute Idee. Die Geschichten – zu einigen davon habe ich wochenlang recherchiert – haben mich wirklich mitgenommen, mich bis kurz vor dem Einschlafen nicht losgelassen und manchmal sogar bis in die Traumwelt verfolgt. Man muss sich immer vergegenwärtigen, dass es sich nicht um fiktive Krimis handelt. Sie sind wahr. Ich glaube daher, dass kaum einer von euch diese Geschichten ohne irgendeine Gefühlsregung liest.

Manchmal hatte ich Mitleid mit den betroffenen Personen, so wie dem Vater von Timmothy Pitzen, der jeden Tag verzweifelt weiterhofft, dass sein Kind wieder auftaucht. Manchmal fühlte ich unfassbare Wut auf Leute wie die Ermittler in Island, die unschuldige Menschen zwangen, ein Verbrechen zu gestehen, das sie nie begangen hatten. Manchmal ertappte ich mich mit fast so etwas wie Respekt – so wie bei den Männern, die Alcatraz so genial bezwangen. Und manchmal, wie beim selbst ernannten Rächer Pedro Filho, wusste ich so gar nicht, was ich von alldem halten sollte.

Ich saß stundenlang vor Google Maps, schaute mir Satellitenbilder von Praia da Luz an und lief in Gedanken den möglichen Weg des Entführers von Maddie McCann ab. Ich starrte auf die Straßen der Stadt, als könnte ich den Fall dadurch endlich lösen. Als würde mir dadurch diese eine Sache auffallen, die bisher noch keiner entdeckt hatte. Natürlich was das naiv und unrealistisch, aber ich hatte eine Hoffnung.

Mir ist wichtig, dass man bei aller Diskussionsfreude über all diese Fälle immer ein Mindestmaß an Respekt zeigt – vor allem gegenüber den Angehörigen. Fälle wie der von Maddie McCann oder Rebecca R. haben gezeigt, was passiert, wenn man diese Grundwerte mit Füßen tritt. Die Geschichten dieser beiden Mädchen haben mich besonders berührt, und auch wenn es nicht

NACHWORT

sehr wahrscheinlich ist, hoffe ich, dass sie doch noch aufgeklärt werden können und alles ein gutes Ende nimmt.

Zum Schluss will ich mich noch bei einigen bedanken. Zuerst einmal bei dem Verlag, der mir die Chance gegeben hat, »Der Mensch ist böse« überhaupt in die Läden zu bringen. Dann bei meinem Kumpel und Manager Aaron, der mich immer genervt hat, damit ich die Deadline auch einhalte (glaubt mir, ohne ihn wäre das Buch 2022 noch nicht fertig). Und zum Schluss bei euch, weil ihr das Buch gekauft und bis hierhin auch gelesen habt. Ich hätte niemals geglaubt, dass überhaupt so viele Menschen mein erstes Buch lesen, dass ich deswegen die Möglichkeit bekommen würde, noch ein zweites zu verfassen. Ich habe eine unfassbar treue Community. Ohne euch wäre ich nicht hier. Ein riesiges Dankeschön an euch alle, die ihr mich teilweise seit Jahren verfolgt und unterstützt.

Das war es von mir. Der Mensch ist böse. Passt auf euch auf!

IMPRESSUM

© 2019 GRÄFE UND UNZER VERLAG GMBH, München
Alle Rechte vorbehalten. Nachdruck, auch auszugsweise, sowie Verbreitung durch Bild, Funk, Fernsehen und Internet, durch fotomechanische Wiedergabe, Tontrager und Datenverarbeitungssysteme jeder Art nur mit schriftlicher Genehmigung des Verlages.

Projektleitung: Simone Kohl
Lektorat: Sylvie Hinderberger
Umschlaggestaltung:
independent Medien-Design, Horst Moser, München
Layout: Björn Fremgen, KONTRASTE
Coverfoto: Gettyimages
Illustration: Adobe Stock: S. 35, 183, 201;
iStock S. 73, 93, 123, 221, 239, 253, 283
Herstellung: Markus Plötz
Satz: Björn Fremgen, KONTRASTE
Reproduktion: Repro Ludwig, Zell am See
Druck und Bindung: C. H. Beck, Nördlingen

ISBN 978-3-8338-7132-0
3. Auflage 2019

Die GU-Homepage finden Sie unter www.gu.de

 www.facebook.com/gu.verlag

Ein Unternehmen der
GANSKE VERLAGSGRUPPE